诈骗网站
智能识别技术与综合治理

Intelligent identification technology
and comprehensive management of fraudulent websites

周胜利 著

中国财经出版传媒集团
经济科学出版社
Economic Science Press
北京

图书在版编目（CIP）数据

诈骗网站智能识别技术与综合治理/周胜利著. --
北京：经济科学出版社，2023.9
ISBN 978 - 7 - 5218 - 5268 - 4

Ⅰ.①诈… Ⅱ.①周… Ⅲ.①智能技术 - 应用 - 诈骗
- 网站 - 识别 - 研究 - 中国②智能技术 - 应用 - 诈骗 - 网
站 - 整治 - 研究 - 中国 Ⅳ.①D669.8

中国国家版本馆 CIP 数据核字（2023）第 197838 号

责任编辑：杨　洋　杨金月
责任校对：王肖楠
责任印制：范　艳

诈骗网站智能识别技术与综合治理
周胜利　著
经济科学出版社出版、发行　新华书店经销
社址：北京市海淀区阜成路甲 28 号　邮编：100142
总编部电话：010 - 88191217　发行部电话：010 - 88191522
网址：www.esp.com.cn
电子邮箱：esp@esp.com.cn
天猫网店：经济科学出版社旗舰店
网址：http://jjkxcbs.tmall.com
北京季蜂印刷有限公司印装
710×1000　16 开　16.75 印张　260000 字
2023 年 9 月第 1 版　2023 年 9 月第 1 次印刷
ISBN 978 - 7 - 5218 - 5268 - 4　定价：60.00 元
（图书出现印装问题，本社负责调换。电话：010 - 88191545）
（版权所有　侵权必究　打击盗版　举报热线：010 - 88191661
QQ：2242791300　营销中心电话：010 - 88191537
电子邮箱：dbts@esp.com.cn）

目 录
CONTENTS

引言 ·· 1

第 1 章 诈骗网站特征与漏洞分析 ·· 17

 1.1 诈骗网站概述 ·· 17
 1.2 诈骗网站特征 ·· 19
 1.3 诈骗网站漏洞分析 ·· 28
 1.4 本章小结 ·· 51

第 2 章 基于卷积神经网络的诈骗网站文本分类 ·································· 53

 2.1 概述 ·· 53
 2.2 相关技术概述 ·· 54
 2.3 模型实现 ·· 62
 2.4 模型评估 ·· 64
 2.5 本章小结 ·· 69

第 3 章 基于 BERT 迁移学习模型的诈骗网站文本识别方法研究 ············ 70

 3.1 BERT 文本分类模型概述 ··· 70
 3.2 诈骗网站文本识别模型流程设计 ·· 73

3.3 实验及分析 …………………………………………………… 79
3.4 本章小结 …………………………………………………… 85

第 4 章 诈骗网站图像智能识别技术研究 …………………………… 86

4.1 相关技术概述 ……………………………………………… 86
4.2 模型设计 …………………………………………………… 89
4.3 实验与分析 ………………………………………………… 98
4.4 本章小结 …………………………………………………… 110

第 5 章 基于 RoBERTa 模型和 Inception – ResNetV2 决策融合的诈骗网站识别模型 ……………………………… 112

5.1 模型概述 …………………………………………………… 112
5.2 相关技术概述 ……………………………………………… 114
5.3 模型实现 …………………………………………………… 120
5.4 IRWD – RIRF 评估 ………………………………………… 125
5.5 诈骗网站可视化识别系统 ………………………………… 132
5.6 本章小结 …………………………………………………… 136

第 6 章 基于相异模型集成的多模态诈骗网站识别方法研究 ……………………………………………… 138

6.1 相关技术基础 ……………………………………………… 138
6.2 诈骗网站特征分析方法 …………………………………… 140
6.3 实验分析 …………………………………………………… 146
6.4 本章小结 …………………………………………………… 153

第 7 章 基于评分卡的诈骗网站量化分析 …………………………… 154

7.1 基本原理 …………………………………………………… 154
7.2 模型构建 …………………………………………………… 161
7.3 模型对比分析 ……………………………………………… 173

7.4 本章小结 …… 180

第8章 基于网络行为的诈骗网站识别预警 …… 181
8.1 被害人网络行为定量分析 …… 181
8.2 模型建立思路与数据预处理 …… 183
8.3 数据挖掘与模型建立 …… 188
8.4 本章小结 …… 202

第9章 基于网络流量的诈骗网站识别 …… 203
9.1 基础技术 …… 203
9.2 问题定义 …… 209
9.3 模型设计 …… 209
9.4 实验分析 …… 214
9.5 本章小结 …… 220

第10章 诈骗网站治理 …… 221
10.1 诈骗网站黑灰产业链特点分析 …… 221
10.2 诈骗网站的蔓延原因 …… 223
10.3 诈骗网站的治理现状 …… 224
10.4 诈骗网站治理的法律依据 …… 225
10.5 诈骗网站搭建犯罪案例分析 …… 227
10.6 诈骗网站综合治理框架 …… 228
10.7 本章小结 …… 231

第11章 面向电信网络诈骗综合治理的网络安全课程评估 …… 232
11.1 电信网络诈骗综合治理背景 …… 232
11.2 公安院校网络安全课程构建现状数据分析 …… 233
11.3 基于评分卡方法的网络安全课程效能评估 …… 234
11.4 公安院校网络安全课程构建优化路径 …… 240

11.5 本章小结 …………………………………………………… 242

第 12 章 总结与展望 …………………………………………… 243
12.1 本书总结 …………………………………………………… 243
12.2 未来研究展望 ……………………………………………… 246

参考文献 ………………………………………………………… 248

引　　言

● 研究背景

电信网络诈骗是一类高科技、远程、非接触性犯罪，主要发生在网络空间，具有隐蔽性强、取证难、追捕难、定性难等特点（Pramanik et al.，2017）。近年来，随着电信网络技术和互联网金融业务的快速发展，犯罪嫌疑人利用民众趋利避害、友情救助的心理，通过诈骗网站诱导购物、投资理财、贷款办理等方式实施电信网络诈骗，严重危害民众生命财产安全，搅乱正常生产生活秩序，已成为影响社会和国家稳定的突出公共安全问题。诈骗网站作为实施电信网络诈骗的主要载体，是犯罪分子和被害人发生交互的主要媒介。开展针对诈骗网站的精准识别，有助于准确揭示犯罪规律、控制犯罪影响范围，对打击防范电信网络诈骗犯罪具有重要意义。面对猖獗的电信网络诈骗形势，国家有关部门已集中展开多次诈骗网站整治专项行动，并针对电信网络诈骗的打击与防范问题开展了形式多样的分析研判工作，取得了一定的成效，但是诈骗网站的识别和综合治理仍存在识别欠高效、研判欠精准等问题（Blumer et al.，2007）。因此，为进一步提升打击防范电信网络诈骗工作的效能，遏制电信网络诈骗犯罪的多发高发势态，本书将运用基于大数据、机器学习等新兴领域的先进技术，开展针对诈骗网站的智能识别与综合治理研究。

● 国内外理论研究现状

国内外针对电信网络诈骗网站的识别治理研究主要涉及电信网络诈骗犯罪机理、诈骗网站文本处理、图像识别、流量分析、访问行为分析等多个领域。

在犯罪机理研究方面，早期研究者通过总结电信网络诈骗犯罪特点，为相关部门的打击防范工作提供理论支撑。朱艾男（2020）指出，当前的电信网络诈骗具有组织化、信息化、跨境化的特点。孙川和戴翔（2013）对电信网络诈骗的作案方式、管理方式、技术手段工具等进行了详细的分析。程科（2011）对钓鱼网站类电信网络诈骗的流程特性做了总结。为有效获取电信网络诈骗的威胁情报，迪普和考尔·吉尔（Deep & Kaur Gill，2007）利用数据关联分析技术，依托电信部门，实施大数据环境下的信息挖掘识别工作。劳布尔和饶（Raubl & Raoh，2010）通过分析电话记录来关联威胁情报，并利用 Sawang 图形化调查工具对诈骗共犯进行可视化识别。约尼塔等（Ionita et al.，2015）通过对情报的分析，建立了电子商务风险（e-value business）识别模型，实现了对电信网络诈骗的量化分析评估。

早期犯罪机理研究主要从犯罪分子的视角进行，但电信网络诈骗犯罪过程中必然存在犯罪嫌疑人和被害人的交互作用，为此，对被害人及被害过程进行的研究，成为剖析犯罪形成规律的新方向。相关研究主要从两个方面进行：一是被害人线下特征研究；二是被害人网络行为分析。被害人线下特征涵盖人的心理特性、人口学特征、信息识别能力等多方面内容。研究人员认为，电信网络诈骗犯罪的被害人群体存在共性线下特征，通过对其总结分析，可得出被害人的易被害原因。被害人线下特征研究主要有以下三个方面。

一是心理特性研究。陈等（Chen et al.，2021）指出，被害人在被害过程中容易产生心理恐慌。叶洪和段敏（2020）通过分析"杀猪盘"案件，指出被害行为是受到情感启发作用的影响，向静和刘亚岚（2021）进一步从被害人视角开展心理状态分析，推导被害人产生强信任的机制原因。如赵雷等（2020）认为，不同群体间的心理倾向存在差异，应进行分类研究，并通过分析青年被害群体,得出其普遍具备情绪控制力差等心理特征。上述研究成果多采用典型案件分析、深度访谈等方法,所推导的结论易受样本代表性与研究者个人认知的影响。

二是人口学特征研究。惠蒂等(Whitty et al.,2020)扩大样本规模,设计调查问卷并对结果采用二元逻辑回归和协方差矩阵分析,得出男性和受过教育的人更容易被欺骗。随着机器学习的发展,数据挖掘、相似度分析等技术也被逐步运用至被害人特征的研究。罗文华和张耀文(2021)结合人身和案件特征开展复合特征挖掘研究,建立了基于贝叶斯网络的被害人特征分析模型,总结出多种诈骗类型的被害人特征。上述研究基于统计结果推导出被害规律,说服力强,但在被害特征的选择上多集中于性别、年龄、职业等表象特质,涵盖范围小,较难全面反映被害人特性。

三是诈骗信息辨别能力特征研究。寨洁等(2018)针对产品信息欺诈场景,基于产品评价、推荐信息等维度构建出消费者感知风险测量模型,实现对消费者辨别信息行为的量化研究。后续寨洁等(2019)将研究范围扩展至一般的网络欺诈场景,通过构建并验证基于"受骗者—欺诈者"双边的欺诈信息传播模型,得出传播主体的影响力、信息自然增长速率是影响被害人甄别能力的重要因素,且通过抑制信息传播可提高潜在被害人的信息甄别能力。李辉等(2021)进一步聚焦被害人研究,从被害人动机、机会、能力等方面构建影响被害人对诈骗信息的信任程度及其对诈骗信息分享行为的理论模型,得出被害人自我效能感、智能手机依赖程度等因素对其接受诈骗信息意愿具有显著正向影响的结论。

被害人网络行为分析研究主要包括两个方面:一是网络行为偏好分析。赵联飞(2019)指出,不同年龄段的青年群体在网络行为偏好上存在明显的代际差距。为对网络行为间的关联关系进行编码,王等(Wang et al.,2020)采用图神经网络技术,构建出一种全局上下文增强的图神经网络模型(global context enhanced-graph neural network,GCE-GNN),能更有效地进行全局层面的用户网络行为分析。二是网络欺诈风险探究。吴川徽等(2020)采用元分析方法来探究用户感知风险与网络信息搜寻行为间的关系。此外,部分研究者还关注数据公开与共享对网络欺诈的影响,如陈高华和蔡其胜（2018）指出，犯罪嫌疑人可通过挖掘用户历史网络行为特征来针对性地构造诈骗手段。乌鲁埃尼亚·洛佩斯等（Urueña López et al.，2019）利用自组织映射神经网络分析用户操作、安全事件和互联网欺诈行为间的潜在关联。

近年来，以诈骗网站为主要载体的电信网络诈骗犯罪愈演愈烈，已然形成了有组织、分工明确的黑灰产业链，其中涉及多个专业、分工明确的团伙，直接或间接地为电信网络诈骗犯罪提供资料、设备、技术、洗钱等服务。部分学者针对黑灰产业链的构成特征开展研究。申龙等（2021）分别对黑灰产业链的上、中、下游进行分析，总结了整条产业链的主要特征和形成原因，并提出了相关防范对策。郭聪和崔炜（2020）将互联网黑灰产业链结构分解为个人信息获取、流量资源获取、分发与加工等六个环节，详细剖析出各个环节中的关键环节，并给出针对性的治理建议。王晓伟和赵照（2022）从网络犯罪涉案人员的角度对犯罪产业链进行研究，对电信网络诈骗犯罪人员流的构成进行详细的分析，重点关注其组织形式和构成逻辑，为相关部门开展治理工作提供理论基础。王爱华和李辉（2022）针对网络黑产犯罪的复杂结构进行识别，通过构建包含185个节点的黑产犯罪案件复杂网络，总结出常见网络黑产犯罪团伙的构成特点。

随着大数据、机器学习领域的发展，学术界提出了大量可用于文本处理的模型，为诈骗网站的文本线索获取提供了思路。徐立（2019）针对TextRank算法（Mihalcea & Tarau，2004）仅能基于单词频率提取特征，而不能充分利用单词间语义关联信息的缺陷，提出了增加TextRank候选关键词的维度完善权重公式。为进一步提升文本关键词的提取准确率，黄波和刘传才（2019）、方俊伟等（2019）、荀静和杨玉珍（2018）从算法、权重等方向对TextRank进行了修正，加强了文本的提取效果。周传华等（2019）提出了基于信息增益率和随机森林的特征选择算法，从诈骗网站的HTML、URL等多方面提取特征对诈骗网站进行识别。王燕等（2016）提出的敏感特征选取方法（impmved information gain algorithm，IIGAIN），通过绕过网络协议与爬虫机制，在少量访问的情况下实现对诈骗网站的精确识别。李华康等（2015）针对在线电子数据取证方法普遍存在的海量检索发现慢、全网证据存储压力大等问题，提出一种基于 URL 模式树的站点功能分类模型。该模型通过构造站点 URL 语法规则和 URL 路径语法树，结合语法树核函数的改进，对站点行为模式进行分类，能够快速有效地甄别站点类型。赵蹲宇和张兆心（2017）通过对诈骗网站 URL 数据的分析，结合诈骗网站内部链接关系所组成的网络拓扑结构特征，提出了基于 URL 文本特征、网页链接关系的诈骗网站识别算法，实现了诈骗网站的高效识别。张等（Zhang et al.，2017）通过对诈骗网站的 URL 和 HTML 特征进行语义分析，进一步加强了模型的识别效率。凡友荣等（2018）从访问路径角度，对诈骗网站 URL 中的路径部分提取特征，同时对诈骗网站进行聚类，提取网站模板特征，并结合以上两种特征再次进行聚类分析，实验证明该方法能有效区分诈骗网站。此外，针对传统识别方法中存在大量冗余数据导致诈骗网站检测准确率不够、误判率较高等问题，毕青松等（2020）提出一种基于最大相关最小冗余和随机森林相结合的特征选择方法，并利用极端梯度提升（eXtreme gradient boosting，XGBoost）算法减少冗余训练数据数量，实现高效的诈骗网站检测。

除了在早期研究中被广泛使用的机器学习模型，以卷积神经网络模型为代表的深度学习模型也被大量运用于诈骗网站的文本识别研究中。邵清和马慧萍（2019）联系上下文语境，引入自注意力机制处理词向量后输入模型，进一步提升分类的准确性；而陈巧红等（2019）改进了文本表示方法，将短语利用 Word2Vec 分布式表示后再输入模型。此外，刘等（Liu et al.，2010）开展了针对文本线索的利用工作，利用文本相似性、层次相似性、关键字等关系作为统计特征，基于无监督学习算法（density-based spatial clustering of applications with noise，DBSCAN）① 来对钓鱼网站进行识别。杨鹏等（2019）根据提取的 URL 特征、HTML 特征和网页文本向量特征，结合逻辑回归，把高维与稀疏的文本特征转换成概率特征，建立 XGBoost 网站分类模型，大大提高了识别精度。里帕等（Ripa et al.，2021）在 XGBoost 模型基

---

① SchuBERT E.，Sander J.，Ester M. et al. DBSCAN revisited，revisited：Why and how you should (still) use DBSCAN [J]. ACM Transactions on Database Systems (TODS)，2017，42 (3)：1-21.

础上，通过朴素贝叶斯和随机森林模型，实现对虚假钓鱼邮件和诈骗网站的识别。方等（Fang et al.，2018）针对攻击者将恶意 JavaScript 注入网站窃取信息以进行网络欺诈的问题，提出了一种基于长短期记忆（long short-term memory，LSTM）的检测模型用于区分包含恶意 JavaScript 的网站。胡忠义等（2022）为了缓解诈骗网站识别中 URL 表征不充分的问题，使用预训练模型 BERT（bidirectional encoder representation from transformers）和独热编码技术，从字符、词粒度层面提取 URL 特征，并使用 LSTM 聚合关系特征，实现对诈骗网站的高效识别。

　　文本语义是识别诈骗网站的重要特征维度，现有的一些方法可以较准确地识别诈骗网站。但是，当诈骗网站通过使用高度伪装反侦查手段时，语义识别难度会大幅增加，此时若仅通过使用包含诈骗性质的文本特征进行判定，会出现模型识别诈骗网站精度不足的现象。而随着计算视觉领域的高速发展，近年来已有大量的深度学习模型被用于图像分类识别，如 DBN 深层信念网络（deep belief network）（刘方园等，2018）、RNN 循环神经网络（recurrent neural network）（Lipton，2019）等，因此图像信息也成为鉴别诈骗网站的关键情报来源之一。诈骗网站图像识别范围包括网站图标、页面内图像、图像中文字及页面快照整体特点等。付等（Fu et al.，2006）通过比对诈骗网站与正常网站的色彩相似程度，提出了基于视觉特征的诈骗网站检测方法。曹久新等（2009）利用网页数字图像的视觉特征，将网页进行图像转换后，使用 EMD（empirical mode decomposition）算法来比对页面之间的相似程度。基尔达和克鲁格尔（Kirda & Kruegel，2006）将网页的整体视觉、部分图像的格式内容都列为检测的特征。刘永明和杨婧（2014）提出一种基于哈希感知法的伪装型恶意应用动态检测方法，通过实时检测用户访问目标应用界面的相似度，来对诈骗网站进行识别。孙延安等（Yanan Sun et al.，2020）提出一种利用遗传算法自动构造 CNN（convolutional neural networks）结构的方法，大幅减少了计算机资源消耗。王等（Wang et al.，2019）提出一种通过设计新的编码策略来对神经网络进行优化的方法，该方法结合了多目标粒子群算法，使模型实现多线程运行，极大地增强了传统卷积神经网络的分类准确率。春田等（Haruta et al.，2017）针对伪造成正规网站的诈骗网站，通过结合图像和级联样式表特征，提出了一种基于视觉相似性和最小哈希技术进行诈骗网站识别的方法，极大地加强了识别准确率。此外还有基于图像相似度的识别方法，如深度嵌入分析方法（Chen et al.，2019）、PCA-SIFT 方法（Jiang et al.，2017）等。通过图像特征对诈骗网站进行分析，能极大地提升模型的识别效果。但因诈骗网站图像数据来源较少，以上方法存在训练特征维度偏低、特征要素不完善、占用内存量大等问题。而通过 GAN（generative adversarial networks）拟合真实样本的能力，生成诈骗网站图像样本，能在一定程度上缓解诈骗网站数据收集和标注困难的问题。郑阳（2020）针对机器学习中诈骗网站识别的数据集的收集和标注敏感的问题，提出了一种基于 GAN 的检测方法，可在少样本情况下进行诈骗网站检测。万梦翔和姚寒冰（2021）进一步对经典 GAN 结构进行优化，提升了生成样本的质量，进一步提升了诈骗网站识别的准确性。张等（Zhang et al.，2022）针对传统诈骗网站识别技术只能识别已知类型（如博彩、刷单等）的诈骗网站这一问题，提出了一种基于深度适应网络（deep adaptation networks，DAN）的识别模型，通过利用模型的迁移学习能力来发现新的诈骗网站（即仍处于起步阶段的诈骗网站）。

网络流量分析也是鉴别诈骗网站的关键情报来源之一。在异常流量检测研究方面，佐洛图欣等（Zolotukhin et al.，2014）以流量日志分析为基础，提出了一种对攻击 Web 应用异常行为的检测方法。余等（Yu et al.，2018）、杨等（Yang et al.，2019）采用自然语言识别方法，通过建立相关词库进行分词预处理，实现以神经网络为基础的异常检测模型。帕克等（Park et al.，2018）提出了基于二值图变换的卷积自动编码器，对流量数据分组进行异常检测。在提取流量的有效数据方面，阿尔扎科夫等（Arzhakov et al.，2017）提出使用蜜罐技术收集用户行为统计信息，并基于统计结果来区分不同种类的流量。唐等（Thang et al.，2011）建立了基于密度的噪声应用空间聚类模型来提取流量中的有效数据。在混合模型方面，张等（Zhang et al.，2017）提出采用隐马尔科夫模型、概率分布模型、支持向量机等模型对 HTTP 请求进行异常检测。张蕾等（2019）针对通过镜像网站传播恶意虚假信息来绕过检查的问题，提出了一种面向高速网络流量的恶意镜像网站识别方法，即利用相似度散列算法对每个网页源码分块计算散列值，来进行网站相似性分析，实现高速网络流量下对恶意镜像网页的有效检测。针对越来越多诈骗网站利用加密流量来传输信息的现象，李慧慧等（2021）通过分析恶意加密流量和正常流量的会话协议，提出了一种结合多特征的恶意加密流量检测方法，能在不对加密流量进行解密的前提下识别恶意流量。

网络行为分析也有助于研判诈骗网站。当前网络行为分析的研究主要包括两个方面：一是异常网络行为检测。连一峰等（2002）采用关联分析与序列挖掘技术，通过比较用户当前行为模式与历史行为模式的相似度来判断异常。该方法能够实现对用户异常行为的检测，但缺少应对大规模数据的能力。田新广等（2006）针对上述模型的不足，改进了用户行为模式的表示方式，联合采用多个判决门来判断用户行为，并提出 IDS 异常检测模型。该模型具备更高的检测效能，但存在应用范围有限和检测边界模糊的问题。陈胜等（2019）为了解决传统异常行为检测方法难以应对海量数据，无法及时响应新行为的问题，提出了一种基于深度神经网络，并能够自定义用户行为的检测模型。该模型拥有海量数据检测能力，能够检测未知的异常行为，具有较高精确度与鲁棒性。胡富增和王勇军（2020）探究用户行为特征及行为模式，采用聚类分析算法对用户日志数据进行数据挖掘与聚类分析，最终实现行为模型的建立。该方法结构简洁，但不足之处在于识别成功率偏低，准确率有待提升。二是推荐系统研究。王等（Wang et al.，2019）通过比较其他传统的推荐系统（recommender systems，RS），提出了一种基于会话的推荐系统（session-based recommender systems，SBRS）模型分析用户行为，并在此基础上引入了等级分层框架，分析讨论了推荐模型在用户行为分析上的优点与不足。唐等（Tang et al.，2018）建立了一种卷积嵌入的 Top-N 序列推荐模型，采用卷积滤波器进行分析，具有较理想的效果。孙等（Sun et al.，2919）同样使用卷积神经网络进行建模，提出一种双向编码的序列推荐模型。该模型对用户行为采用双向自注意机制，解决了当下推荐模型中普遍存在的用户动态取向及历史行为问题。希达西等（Hidasi et al.，2015）采用了 RNN 模型，通过调整等级损失函数来解决特定问题，获得了较好的效果。康和麦考利（Kang & Mcauley，2018）分析了常用的两种用于捕获顺序动态的方法：马尔科夫链和循环神经网络，并兼顾前者简约的优势和后者在高密度数据集中表现优秀的特性，提出一种基于自我注意的顺序模型。该模型能够捕获长期语义，同时使用关注机制来进行短期预测。综合以上研究成果可知，当前对于网络行为分析的研究主要应用于推荐系统并服务于移动式应用，在电信网络诈骗犯罪防控领域的应用较少。而在网络行为分析的具体技术上，当前网络行为编码技术主要以挖掘网络流量的表面特征为主，存在特征冗余大且选取困难的问题；对用户行为倾向性的分析大多只考虑单次网络行为，存在缺少对内部特征的挖掘。

上述针对诈骗网站的识别方法研究大多局限于单一模态，但是随着互联网技术的发展，网页中包含大量的图像、文本信息，极大地增强了诈骗网站的伪装性和隐蔽性，这时单一模态所反馈的信息往往是不完整且具有局限性的。融合多模态数据能对诈骗网站进行全面、准确的描述。例如，阿德博瓦莱等（Adebowale et al.，2016）设计了自适应神经模糊推理系统，将钓鱼网站 22 个文本特征、8 个框架特征及 5 个图像特征进行融合，并利用支持向量机进行分类预测。但是，当前基于多模态融合的诈骗网站识别方法依然处在探索阶段，如何高效融合不同模态、提升识别方法的准确率，是目前的研究热点。当前主要存在三种特征融合方法，包括特征层融合方法、模型层融合方法、决策层融合方法。特征层融合直接对各模态特征进行拼接，并未考虑各模态之间的差异性。因此无法描述文本、图像、URL 等之间的关联。因此，当模态数增加时，模型的识别效果可能下降。模型层融合需考虑到各个模态之间的特征和模型流之间的关联，但实现过于复杂。决策层融合是将各单模态识别结果经某种方法进行融合的方式（冯亚琴等，2019）。相较于特征层和模型层融合，决策层融合更容易实现，而且能较为充分地考虑各模态间的差别，更为关键的是，还可以综合各模态的识别结果。总体而言，诈骗网站的情报提取和分析还存在诸多挑战：诈骗网站会采用伪装、混淆免杀、人机识别、网页加密等技术手段来躲避检测与追踪；对海量网站的识别需求将限制高资源消耗识别方法的应用范围；部分如计算机视觉、行为分析等技术在诈骗网站识别领域的应用较少；网站规模的急剧增加引入了海量新特征，但是当前多模态融合的识别方法依然处在探索阶段，且可能导致机器学习算法面临高维特征空间，并最终导致模型效果下降。因此，仍需不断加强对诈骗网站威胁情报的理论研究。

诈骗网站作为威胁网络空间安全的重点对象，在关注识别技术的同时，如何在国家网络安全法规体系总体框架下，整合大数据等数字技术及相关部门实战经验，设计相应的诈骗网站综合治理体系，重构现有监管执法机制，优化诈骗网站的防控对策，实现高效的网络空间安全治理，也是当前诈骗网站治理研究中亟待解决的问题。针对诈骗网站综合治理的相关研究主要包含两个方面：一是顶层治理方案设计；二是诈骗网站犯罪防控策略。

在顶层治理方案设计方面，当前研究主要包括三个方面：一是不同视角下的治理现状。周建青和龙吟（2023）从治理主体协同路径角度，提出要将区块链技术融入法治保障。何邦武（2022）以数字法学的视角，探讨了数据的安全与主权、各类大数据平台在数据处理中的责任等网络空间治理的主要法律难题，并针对性地提出了解决意见。郭志远和潘燕杰（2020）探讨了在大数据背景下，如何完善网络空间治理法治化的问题，并提出了要完善法律规范体系、强化司法保障等意见。上述文献分别从法院、检察机关的视角，深度剖析了各自在网络空间治理中面临的困境与成因，但所提出的对应的解决方案仍有待完善。二是设计顶层思路。蔡鹏程（2022）总结了我国从Web1.0到Web3.0时代网络空间治理的历史脉络，对其中的思维、技术、制度困境做出了详细的论述，并提出了解决方案。文章系统性总结了现状，但在技术把控方面的解决方案仍欠完善。赵等（Zhao et al., 2021）针对中国当前治理困境，提出了一个包含技术创新、治理模式、制度保障的治理实践方案。文章详细分析了国内困境的现状和形成原因，所以其设计的实践方案框架较为完善，但内容还有大量的可深化空间。程乐（2022）全面梳理了党的十八大以来我国在网络空间治理法治化、信息领域核心技术、网络信息内容生态治理等多个方面的网络空间治理成就与经验，但对于所提出的网络空间治理的中国路径论述不够全面。刘晓华（2021）基于社交网络信息交流机制，分析其特征与影响力，结合协同理论提出了面向网络空间治理的社交网络信息交流协同创新机制，可改善社交网络无序紊乱的状态，但主要关注的是针对社交网络的治理方法，应用的场景有限。熊澄宇和张学骞

(2021）从风险预设、应对路径、行为属性三个方面出发，总体梳理网络空间治理问题的认知框架，继而重点阐述系统性困局这一框架的独特构成，并证明了系统性困局将是理解、判断所有治理问题的关键环节。文章重点在于认识分析系统性困境现状，没有提出较为详细的解决思路。三是治理效能评估。治理效能评估是用于评判治理效果的重要途径，相关研究主要集中在评估标准和体系的制定上。王芳等（2020）以南开大学网络社会治理研究中心开发的"大数据提升政府治理效能评价指标体系"作为评价工具，以治理绩效、治理能力、制度保障和公众参与四项评价维度，对我国75个城市进行了评价研究，得出实验结果，并就针对发现的问题提出应对意见。但文章中使用的是实验室制定的评估规则，其结果只能做参考，不能完全反映实际的治理效能。整体而言，目前国内针对网络空间治理效能评估的相关研究相对匮乏。

在诈骗网站相关犯罪防控策略方面，当前研究主要在两个方面进行：一是犯罪防控对策。傅昌波和耿颖超（2017）从宏观角度提出加强情报支持、加快立法进程、强化舆论宣传等防控措施。孙少石（2020）针对网络犯罪横向协作与政府属地控制治理模式间的矛盾，提出需构建中央布局、系统联动、社会参与的多层次、多主体的协同治理模式。二是防控效能分析。在宏观社会治理方面，娄永涛和唐祥（2020）指出应利用犯罪大数据对治理效果开展量化评估，以辅助制定防控决策。张超（2017）建立了五级双类社会治安评估指标体系，满足多角度评估社会治安状况的需求。在具体的防控效能评估上，布拉加和魏斯伯德（Braga & Weisburd，2020）利用荟萃分析技术来评估热点地区的治安策略，柳林等（2019）利用双重差分法评估警用治安视频监控对犯罪的防控效果。现有网络犯罪防控策略研究主要利用宏观、微观（宏观定性分析居多，微观量化分析偏少）方法，缺乏从被害人数据融合角度出发的防控策略分析，且目前针对网络犯罪防控效能的量化评估研究总体较为缺乏。

总之，现有对诈骗网站综合治理的研究主要集中在不同体系的治理现状分析、顶层设计思路及部分突出问题的解决方案上，仍需进一步加强针对诈骗网站的综合治理研究。

• 国内外工程应用现状

商业公司和社会团体在网络犯罪的线索提取、打击预防工作中发挥了巨大作用。在国外，Endgame 公司开发的网络平台能为情报机构提供可疑网络活动的实时分析数据，帮助安全机构快速识别涉网犯罪案件（Woodbridge et al.，2016）。Palantir 公司通过与美国各州的警队合作，将遍布在城市及乡镇各处卡口、警车上的摄像头视频图像数据入库存储，与警方的人口数据库、犯罪数据库、DNA 数据库等进行深度融合匹配，挖掘电信网络诈骗案件嫌疑人线索信息（黄河燕等，2016）。PhishTank 作为基于社区的反钓鱼式攻击服务，提供了一个可自愿提交和共享钓鱼网址的开放平台，并采用黑名单的方式来主动过滤钓鱼网址，但是存在漏判高、时效低的缺陷。

在国内，360 数字安全公司利用大数据建模、机器学习等技术研发了互联网反欺诈平台，能针对威胁情报进行串联分析，还原欺诈场景并对攻击者进行画像，有效地降低了金融欺诈风险（360 数字安全，2020）。中国商业银行开发了指纹特征监测产品，对欺诈特征进行识别，以防范金融欺诈犯罪（赵泽栋等，2019）。

综上所述，对诈骗网站的情报获取仍主要集中在网站的链接分析与关联方面，尚缺乏完善的多模态融合的智能识别研究。

• 研究内容与意义

当前，国内外利用大数据、人工智能等技术，进行诈骗网站识别与治理的研究工作中仍存在以下问题。

（1）诈骗网站相关信息收集滞后。

目前，诈骗网站的情报线索大多来自专业人员在互联网环境中的收集，且对线索的排查甄别工作较为繁复，给诈骗网站的识别治理工作带来高额的时间、人力开销。此外，目前诈骗网站线索的相关数据组织形式欠佳，导致监管人员难以高效获取目标信息。而监管部门间的数据壁垒问题导致的数据难以共享的状况，也给犯罪治理带来一定的阻碍。

（2）诈骗网站识别方法迭代慢且角度单一。

当前对诈骗网站识别的相关研究较为匮乏，相关成果迭代较慢。传统的诈骗网站识别方法往往基于诈骗网站的单一特征（如 URL 等）进行，而诈骗网站中包含的大量的图像、文本等涉诈信息往往被研究人员忽视，仅基于单一特征的诈骗网站识别方法所反馈的信息往往是不完整的，具有局限性。同时，传统识别方法中对于诈骗网站特征的研究还不够深入充分，考虑的特征较为片面。部分研究所使用的技术较为陈旧，较少地将当前领域中的前沿技术迁移到诈骗网站识别任务中，导致对诈骗网站的识别效果较差，或是系统计算资源开销较大。

（3）诈骗网站识别难度高。

当前诈骗网站涉及了借贷网站、风险投资网站、博彩网站、色情网站、钓鱼网站等多种类型。为规避检测，诈骗网站会使用二级跳转域名，并将诈骗信息隐藏到正常的图像和文本中，以不断增强其伪装性、隐蔽性和复杂性。现有的网站分析方法往往仅从文本维度来对网站进行识别分析，容易被诈骗网站绕过，较难适应诈骗网站的识别需求。

研究意义：在理论价值上，研究融合了犯罪学、网络空间安全、人工智能等多学科领域，打破研究思维定式，实现理论创新，推动了诈骗网站识别研究的发展；在实用价值上，研究中提出的诈骗网站自动研判技术，不仅完成了对诈骗网站识别信息的组织方式的整合，还实现了对诈骗网站的快速准确研判，为实战单位治理诈骗网站提供有效线索情报和技术支持；在战略价值上，本书不仅为《国家网络空间安全战略》中明确要求的打击网络犯罪这一任务提供了技术和工具的支撑，还给实战单位完善诈骗网站治理体系提供了参考意见，切实满足了国家网络安全战略的相关需求。

• 本书结构框架

本书正文共分为 12 个部分，组织结构如下所示。

第 1 章，诈骗网站特征与漏洞分析。本章首先对常见的诈骗网站进行简单分类；其次，从诈骗网站的内容、URL、架构方面开展特征分析；最后，通过实践演示的方式，实现对诈骗网站的漏洞分析，为后续建立一套高效、实用的诈骗网站识别方法打下理论基础。

第 2 章，基于卷积神经网络的诈骗网站文本分类。本章主要进行基于自然语言处理（natural language processing，NLP）技术的诈骗网站文本分类研究。具体分类方法为：首先，对搜集到的诈骗网站的中文文本使用条件随机场进行分词操作；其次，使用 TextRank 算法提取分词结果中的关键词，完成初始数据处理；最后，结合卷积神经网络对诈骗网站的中文文本进行分类识别。

第 3 章，基于 BERT 迁移学习模型的诈骗网站文本识别方法研究。本章实现了基于 BERT 迁移学习的诈骗网站文本识别模型。首先，介绍模型整体框架及实验数据来源与处理方法；其次，对比所构建的模型与其他识别方法；最后，通过实验验证模型的诈骗网站识别效果。

第 4 章，诈骗网站图像智能识别技术研究。研究内容分为三部分：页面图像的爬取、经典模型性能测试和基于卷积神经网络的诈骗网站图像识别模型（image recognition model of fraudulent website based on convolutional neural network，IRMFW – CNN）构建。本章首先介绍经典图像卷积神经网络 MobileNetV2 模型和 ResNet18 模型；其次，分析 IRMFW – CNN 模型架构；最后，分别对经典卷积神经网络模型和 IRMFW – CNN 模型的诈骗网站图像分类识别效果进行验证。

第 5 章，基于 RoBERTa 模型和 Inception – ResNetV2 决策融合的诈骗网站识别模型。本章介绍了基于 RoBERTa 模型和 Inception – ResNetV2 决策融合的涉网犯罪网站识别模型（internet-related crime website detecting based on roberta and inception – ResNetV2 decision fusion，IRWD – RIRF）。首先，给出 IRWD – RIRF 的整体架构；其次，介绍 IRWD – RIRF 模型中的数据预处理和获取算法；最后，基于数据进行模型测试。本章对比 RoBERTa 模型、Inception – ResNetV2 模型和 IRWD – RIRF 模型对诈骗网站的识别效果，通过实验证明同时考虑文本、图像特征，基于 RoBERTa 模型和 Inception – ResNetV2 决策融合的识别模型能取得更准确的分类结果。同时，本章还基于 IRWD – RIRF 模型实现了一个诈骗网站识别系统。系统的展示由首页展示、安全登录管理、数据检索、数据可视化及域名分类五部分组成。

第 6 章，基于相异模型集成的多模态诈骗网站识别方法研究。本章利用 Stacking 集成学习思想，在结合诈骗网站文本与图像特征的基础上，进一步融合诈骗网站的 URL 特征，提出一种基于相异模型集成的多模态诈骗网站识别方法，旨在通过额外增加不同模态的基学习器数量来提升集成学习模型的整体性能，并在最后通过对比实验验证其有效性。

第 7 章，基于评分卡的诈骗网站量化分析。本章介绍了基于评分卡的诈骗网站量化分析模型。首先，阐述模型整体框架；其次，介绍信息价值（information value，IV）、证据权重（weight of evidence，WOE）等关键技术；最后，通过与随机森林、支持向量机（support vector machine，SVM）等模型进行对比，展示基于评分卡的量化分析模型的高效性。

第 8 章，基于网络行为的诈骗网站识别预警。本章研究了用户网络行为视角下的诈骗网站识别方法。首先，从被害人视角对网络行为进行定量分析；其次，模拟用户访问网站的过程，捕获网络行为数据包，并使用 SPSS 软件对捕获的数据进行数理分析，挖掘网络行为特征，进而构建出基于逻辑回归的诈骗网站识别方法，并通过实验验证了该方法的准确性。

第 9 章，基于网络流量的诈骗网站识别。本章提出在被害人视角下的基于网络流量的 VIM – TFCN（victim identification model of telecom fraud crime based on network behavior traffic，VIM – TFCN）诈骗网站识别模型。首先，给出 VIM – TFCN 模型的整体框架；其次，介绍模型中的显性特征、行为向量化等关键技术的原理；最后，通过实验验证模型效能。

第 10 章，诈骗网站治理。本章从多个角度探讨诈骗网站的治理方案。首先，介绍诈骗网站的作案特点；其次，从技术、心理学和法律的角度分析诈骗网站迅速崛起的原因，从政策、法规和技术措施等角度总结我国诈骗网站的治理现状；最后，提出诈骗网站的综合治理框架。

第 11 章，面向电信网络诈骗综合治理的网络安全课程评估。本章从公安院校开展的网络安全课程角度出发，首先，对当前公安院校网络安全课程构建现状进行数据分析；其次，结合评分卡模型，选取课程实验、课堂练习和论文等课程环节中的多个变量,对网络安全课程效能进行评估;最后,提出公安院校网络安全课程构建的优化路径。

第12章,总结与展望。总结全书的工作和创新点,并对局限性进行讨论,提出改进方法。

第 1 章

诈骗网站特征与漏洞分析

当前,越来越多的犯罪分子依托诈骗网站进行犯罪活动,相关犯罪给社会造成了不可估量的损失。总结诈骗网站的特征,对于防范打击以诈骗网站作为媒介的电信网络诈骗犯罪具有重要的现实意义。本章主要内容包括:一是对比诈骗网站与普通网站的页面信息,总结诈骗网站的特征;二是分析诈骗网站的架构;三是对诈骗网站进行漏洞分析。具体章节设置如下:1.1 节主要介绍诈骗网站的分类方式;1.2 节对诈骗网站的内容特征、URL 特征及诈骗网站的架构特征进行分析总结;1.3 节对诈骗网站进行漏洞分析,分析漏洞原理;1.4 节对本章所探讨的内容进行总结。

1.1 诈骗网站概述

诈骗网站是犯罪分子用于实施诈骗行为的一种载体,会给访问的用户带来不同程度的损失。本书所研究的诈骗网站,既包含直接实施犯罪的诈骗网站(即盗取访问者的个人隐私信息,借助相关信息对访问者的财产进行侵害),还包括充当媒介的相关网站(访问者通过网站信息进入犯罪分子提前布置好、用于实施诈骗的站点或受害人因受网站信息影响，主动接触诈骗）。

现有诈骗网站种类繁多，主要包括钓鱼类诈骗网站、博彩类诈骗网站、金融贷款类诈骗网站等。诈骗网站会造成访问者的隐私信息泄露，甚至产生经济损失。

钓鱼类诈骗网站一般会伪装成银行网站、网购网站等，通过诈骗剧本、虚假信息等方式欺骗并诱导访问者填写隐私账号、密码、身份证信息，通过电子邮件、短信隐藏链接跳转等方式进行传播。常见的形式主要包括虚假中奖信息、访问高度仿真诈骗网站、刷单诈骗及退款诈骗等。此外，钓鱼类诈骗网站还可以通过隐匿下载病毒等恶意代码控制访问用户的计算机以获得更多信息，进一步扩大了其危害程度。

博彩类诈骗网站通常以博彩游戏网站或赛事博彩网站的形式出现，利用访问者的心理漏洞，以游戏、直播等方式进行网络赌博，从而骗取访问者的财物。博彩游戏诈骗网站主要是通过诱导访问者充值棋牌、钓鱼等游戏的点数进行诈骗；赛事博彩诈骗网站主要是通过诱导访问者进行赌球等赛事押注，通过网站的后台动态地调整相应的赔率，诱导访问者一步步地加大投注赔率，最终导致高额的经济损失。

金融贷款类诈骗网站一般会仿造成一些如银行或借贷的主流金融平台，通过提供虚假的借贷信息，诱导特定需求的访问者填写贷款信息，获取访问者的包括身份证、工作、住址等大量的个人隐私信息，还可以通过缴纳保证金等方式导致访问者产生经济损失。

上述各类诈骗网站都在一定程度上利用了访问者的心理漏洞，此外这些诈骗网站的服务器往往设立在境外，同时还会不定期地停止服务，或是重新部署，具有较高的隐蔽性，给诈骗网站的治理带来一定难度。

1.2 诈骗网站特征

1.2.1 诈骗网站的内容特征

为了获取诈骗网站的内容特征，需要比较诈骗网站和普通网站的静态视觉页面信息。首先，从犯罪分子的动机来看，诈骗分子搭建诈骗网站，目的是盗取访问者的合法财产，或通过盗取个人隐私信息来实施电信诈骗。因此，诈骗网站的页面信息中多包含大量诱导访问者进行注册、登录、转账等操作的文本，用于获得访问者输入的隐私信息，进而导致访问者的隐私泄露或财产损失。其次，诈骗网站以诈骗为主要功能，目标是把访问者留在诈骗页面，提高诈骗成功的概率，因此，其网页内部的链接数量一定低于普通正常网站。而对于一些仿冒其他正规网站的诈骗网站，尽可能多地搬运相同内容，以放松访问者的警惕；再将预先设置的陷阱植入其中，如更改联系方式、植入其他诈骗链接等，实施诈骗行为（见图1-1和图1-2）。

图1-1 某电气公司主网页

图1-2 某诈骗网站仿冒主网页

除此之外，诈骗网站的页面信息内容往往更新不及时，相比于正常网站，会有明显的滞后性；其页面底部的版权认证备案等信息也会有所差异，这些都可以在网页底部 \<div\> 标签的文本内容中获得（见图1-3和图1-4）。

>企业新闻

资讯中心

ZW8-12柱上开关断路器的灭弧原理及结构
ZW8-12户外柱上开关真空断路器采用CT23型弹簧储能式操动机构、可实现电动储能、电动分、合闸，亦可实现手动储能和手动分、合闸。另外ZW8A-12是由ZW8-12断路器与隔离刀组合而成的......
2018/8/13

ZW32-12预付费柱上开关断路器的结构特点
ZW32-12预付费柱上开关高压真空断路器适用于开断、关合城市或农村配电系统的负荷电流、过载电流和短路电流适用于变电站及工矿企业配电系统中作保护和控制之用......
2018/8/13

ZW8-12预付费柱上开关计量箱的特征
ZW8-12预付费柱上开关计量箱，主要由真空断路器本体及计量用组合互感器组成。适用于额定频率50Hz，额定电压6-10kV电力系统的分支及专用变压器中作预付费的计量和保护......
2018/8/10

图1-3 某诈骗网站资讯中心页面

当前位置：首页 >新闻动态

资讯中心

我国高压真空断路器行业的发展历史
高压真空断路器因分断能力小，又受到真空技术和真空材料发展水平的限制，尚不能投入实际使用，使得真空开关在工业上的实际应用被大大推迟了。
2021-03-12 16:56:18

双断口高压真空断路器开断特性的试验与仿真研究
为分析双断口真空断路器的开断特性，建立了双断口真空断路器的合成开断试验平台和基于一种改进真空电弧模型的电磁暂态仿真平台。
2021-03-12 16:54:15

永磁机构的高压真空断路器机械特性受温度影响的研究
对永磁体、永磁机构和永磁机构真空断路器分别进行了高温试验和低温试验，通过试验验证了温度对永磁体的磁通量、永磁机构的静态吸合力和永磁机构真空断路器的机械特性参数的影响规律。结果表明：永磁体的磁通量和永磁机构的静态吸合力与温度为负相关；同时，永磁机构真空断路器的平均分闸速度、平均合闸速度、分
2021-05-19 15:35:39

图1-4 某正规网站资讯中心页面

1.2.2 诈骗网站的 URL 特征

在进行诈骗网站的访问操作时，需通过浏览器访问诈骗网站。网站的统一资源定位器（unified resource locator，URL）是对可以从互联网上得到的资源的位置和访问方法的一种简洁的表示。URL 相当于一个网络资源文件名在整个网络范围的扩展，具有唯一指向性，即每一条 URL 对应资源服务器中的一个特定资源。用户通过 URL 可以访问对应的网站并获取其中所需要的资源。

每一个 URL 都是唯一确定的，URL 的结构可分成协议、域名部分和虚拟目录三个大块和协议、用户名、密码、主机名、端口、路径、参数、查询和片段共计 9 个部分，例如，Scheme：//Login：password@ Address：port/path/to/resource? query_string#fragment。其中较为重要的部分包括：（1）协议部分（scheme），定义了访问网络资源时所用的协议，常见的协议包括：文件传输协议（File Transfer Protocol，FTP）应用格式为 ftp：//、超文本传输协议（HyperText Transfer Protocol，HTTP）应用格式为 http：//、超文本传输安全协议（HyperText Transfer Protocol Secure，HTTPS）应用格式为 https：//等。（2）主机名（host），表示网络资源存储服务器的域名或者 IP 地址。（3）路径（path），表示用户待访问的网络资源在存储服务器中的位置，如 http：//127.0.0.1/test/test.xml 中的路径为"/test/test.xml"。但由于并不是每个部分都需要完整的出现在 URL 中，有时也将 URL 简化为：<协议>：//<主机>：<端口>/<路径>或<协议>：//<主机>/<路径>的形式，以冒号隔开协议部分和网络资源定位路径部分，通常由一串字母、数字、特殊字符组成，同时 URL 对字符的大小写没有要求。

安全的网络域名一般都相对易于认证，而大部分的高风险网站为了模拟已注册域名或避免用户核查，一般存在着一些伪装行为。研究中发现诈骗网站的 URL 有以下三个特征。

（1）协议部分。

诈骗网站大多使用 HTTP 协议进行传输。因为 HTTPS 数据传输的过程是加密的，更耗费服务器资源，且使用 HTTPS 协议需要到专业的数字证书认证机构申请证书，上缴一定费用。因此，诈骗网站一般都选择使用页面响应速度较快的 HTTP 协议。

（2）域名部分。

正规网站的域名一般都较为简洁规范，且能够表示一定网站相关的信息。而大多数仿冒正规网站的诈骗网站都从 URL 的域名部分开始下手，通过使用相似的域名，如 http：//itemm‐taobao.com/taobao/trt/，就是通过在"item"后添加字母"m"来仿造淘宝网的恶意网站；或添加一些没有排列规律的字符串或特殊字符导致这些域名长度相较于正常域名更长。此外，由于大多数诈骗网站是建立在一些非法服务器之中的，因此可以通过 URL 中包含的 IP 地址信息，通过分析 IP 的所属国家和地理位置等信息，对诈骗网站进行进一步的判断。

（3）DNS。

DNS 是将域名转化为 IP 字段的重要协议，其记录信息包含了网站的一些特征信息。对 DNS 记录主要提取以下四种：A 记录、MX 记录、NS 记录、CNAME 记录。A 记录指向服务器，可以用来查询服务器 IP。MX 记录是网络用户与网站邮箱服务器之间建立连接的记录。NS 记录描述的是解析域名时所用到服务器的名称。CNAME 记录即别名记录，它描述的是网站是否存在子域名不同而指向相同域名的情况。诈骗网站为了骗取用户个人信息，可能会加入用于接收邮件的邮件服务器，从而留下 MX 记录。在诈骗网站通过多个域名连接同一主机时，则可能会留下 CNAME 记录。

1.2.3　诈骗网站的架构特征

搭建一个网站，主要有以下步骤：购买注册域名、购买服务器、搭建网站、域名解析、网站备案。诈骗分子往往会使用国外的服务器和境外的 IP 地址来尽可能地逃避相关单位的打击。

诈骗网站架构从性质上划分，最常见的是游戏类诈骗网站。在游戏类诈骗网站中，对应的网站源文件中会有许多游戏模板、计费、收入等文件，其中游戏模板通过 DPI 技术进行调用（见图 1-5）。

图 1-5　游戏类诈骗网站源文件

除此之外，很多相关的诈骗网站会链接同一个游戏提供商，如博彩类诈骗网站中点击游戏后，会跳转到新域名下的博彩游戏网站（见图 1-6）。

诈骗网站架构从开发框架上划分，最常见的是 Thinkphp 架构诈骗网站。Thinkphp 架构一般使用 MVC 模式，分成模型（model）、视图（view）和控制器（controller）三个部分，其中模型部分会持有诈骗网站的全部数据（包括状态数据等），接收来自视图部分的请求，在进行对应的处理后返回对应的数据；而视图部分主要实现诈骗网站与用户进行直接交互；控制器主要用于决定来自视图部分的用户请求数据将传输到的模型部分，即实现链接模型部分与视图部分，诈骗网站的各项功能都是靠控制器来实现的。诈骗网站的运行目录一般放在 public\×××.php 和根目录中。Thinkphp 的路由方式有多种，可通过×××.php 做入口，再进行路由（见图 1-7）。

图 1-6　博彩网站举例

图 1-7　admin.php 做入口进行路由

下面以某诈骗网站为例，分析该网站的架构。首先，查看网站源码，可知该诈骗网站使用的是 Thinkphp 架构；其次，在网站根目录下也可以看到很多渗透后留下的备忘文件，包括漏洞点信息（见图 1-8）。

名称	修改日期	类型	大小
Admin	2022/7/25 21:59	文件夹	
Common	2022/7/25 21:59	文件夹	
Config	2022/7/25 21:59	文件夹	
Data	2022/7/25 21:59	文件夹	
error	2022/7/25 21:58	文件夹	
Index	2022/7/25 21:59	文件夹	
phpMyAdmin4.8.5	2022/7/25 22:50	文件夹	
Static	2022/7/25 21:59	文件夹	
ThinkPHP	2022/7/25 21:59	文件夹	
ueditor	2022/7/25 21:59	文件夹	
.htaccess	2022/7/25 21:58	HTACCESS 文件	0 KB
1fileManager	2021/6/21 11:34	PHP 文件	177 KB
1漏洞点	2021/11/27 14:17	文本文档	1 KB

图 1-8　诈骗网站源码根目录

其中较为重要的是 Config 文件夹，其中保存了网站搭建时的设置，包括数据库设置、访问方式设置、模板跳转位置等信息。以数据库设置为例，查看文件后可得知，该诈骗网站使用 MySQL 数据库，相应的数据库名为"wxzq_zctocker_com"，对应的数据库管理用户名及密码分别为"wxzq_zc-tocker_com""JRh6CCZfTASsBTd8"，且数据表以"90_"开头。通过分析网站源码文件，能获取该网站的相关构建信息，有助于分析诈骗网站架构（见图 1-9）。

上述网站源码中包含了前台和后台部分。利用相关技术手段，将该诈骗网站进行重构并进行访问测试，可以以更加直观的方式分析网站架构。

在网站前台部分，首先需要先登录才能访问主页，进行注册操作，完成注册后，会跳转到下载分发页面，此时该页面已经无法访问了。该页面的作用就是分发下载诈骗 App，而诈骗 App 后面连接的就是重构的诈骗网站（见图 1 – 10）。

```php
<?php
return array(
    /* 数据库设置 */
    'DB_TYPE'   => 'mysqli',            // 数据库类型
    'DB_HOST'   => '127.0.0.1',         // 服务器地址
    'DB_NAME'   => 'wxzq_zctoker_com',  // 数据库名
    // 数据库名
    'DB_USER'   => 'wxzq_zctoker_com',  // 用户名
    'DB_PWD'    => 'JRh6CCZfTASsBTd8',  // 密码
    'DB_PREFIX' => '90_',
);
?>
```

图 1 – 9　诈骗网站数据库设置文件

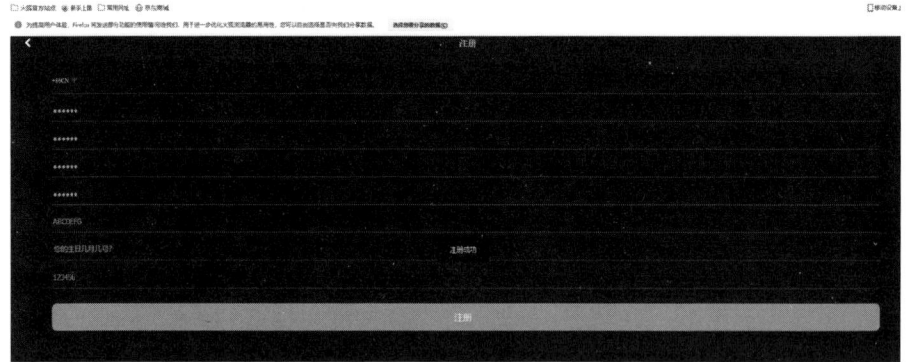

图 1 – 10　前台注册

使用对应的注册手机号进行登录，进入主页。开始对网站前台进行访问操作，发现在该诈骗网站的首页部分主要包含一些虚假的公告信息，以及虚假投资理财页面的入口按钮；在理财页面部分主要包括该诈骗网站主营的诈骗业务，即虚假的投资理财项目，并可以通过后台实时对显示的数据进行操控；在资产页面可以获取用户已购买的虚假理财产品等账目数据，同时支持转账支付等功能；个人中心部分可获取用户交易的具体记录，并能对用户账号进行设置等操作；客服联系部分中包含了提前设定的客服公告，并提供了

用户与虚假的客服进行沟通的渠道（见图 1-11）。

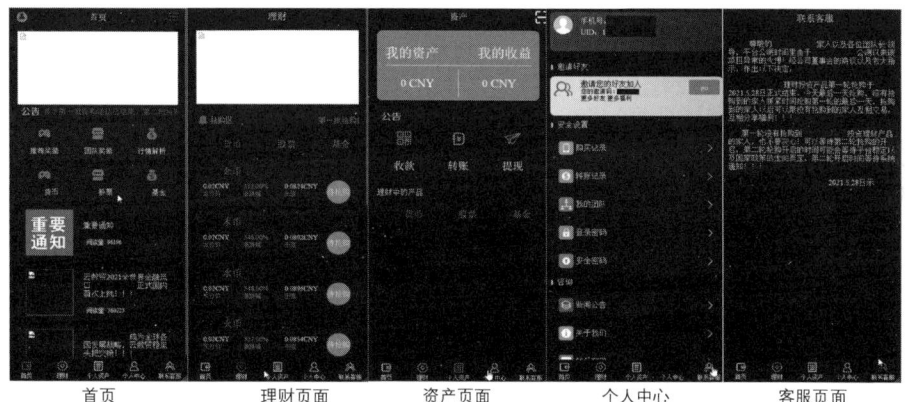

图 1-11　前台功能架构

从网站源码中可得知该诈骗网站的后台登录链接，再通过使用相关渗透测试技术（在 1.3 节中会进行详细介绍）后获取管理员登录信息，完成对该诈骗网站后台页面的登录访问。在后台页面的首页部分，包含了统计信息、网站设置、收款方式设置、系统管理权限设置四个部分，用于控制整个诈骗网站中涉及的权限设定并包含了用户注册数据、用户交易记录数据、理财产品信息控制及网站伪装杂项设置内容等共计 10 项功能，且能够实时对其中的数据进行修改，利用该机制并结合特定的诈骗剧本可轻松实现诱导用户购买虚假理财产品的目的（见图 1-12）。

通过访问该诈骗网站，能够对诈骗的架构特征及页面特征有一个更加直观的理解。只有在充分了解并总结诈骗网站架构特征后，才能更快找出诈骗网站的漏洞利用点，加快对同类或通用模板诈骗网站的分析速度。

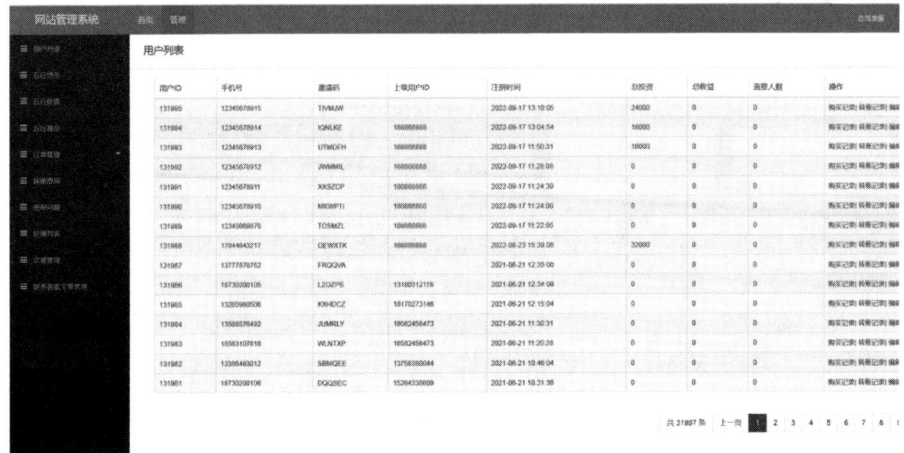

图 1-12　后台管理页面

1.3　诈骗网站漏洞分析

　　网络犯罪具有隐蔽性强、技术手段复杂、证据易灭失等特点，但只要能够灵活运用网络攻防技术与工具，掌握诈骗网站渗透技术方法，及时合法固定电子证据，有效与其他相关人员协同工作，一定可以有效地应对和打击涉诈骗犯罪，维护社会的信息安全和稳定。在本节中通过利用渗透测试技术对多种诈骗网站存在的漏洞进行利用测试，提出并总结了诈骗网站渗透测试的思路和方法，以提高涉网诈骗案件的办案效率。针对诈骗网站漏洞进行的渗透测试流程包括多个阶段，主要包括信息收集阶段、漏洞分析阶段、漏洞利用阶段、后渗透阶段四个阶段。

1.3.1　信息收集阶段

　　在进行渗透测试之前，需要了解目标网站的所有方面，如目标网站的服务器、应用程序、数据库、敏感数据存储位置、业务流程和关键人员等。只有对这些信息进行全面的了解，才能更好地判断漏洞类型和利用方向，提高漏洞利用成功率。此外，通过信息收集还可以提高漏洞利用的隐蔽性，减少被发现的概率，进而提高漏洞利用的成功率。信息收集主要包括系统性能探测、端口扫描、漏洞分析及地址扫描等。这些步骤可以通过远程扫描方式进行，需要使用地址扫描、远程控制探测程序、漏洞扫描和端口扫描等工具，以合理完成主机扫描和系统内部扫描。信息收集阶段流程如图 1-13 所示。

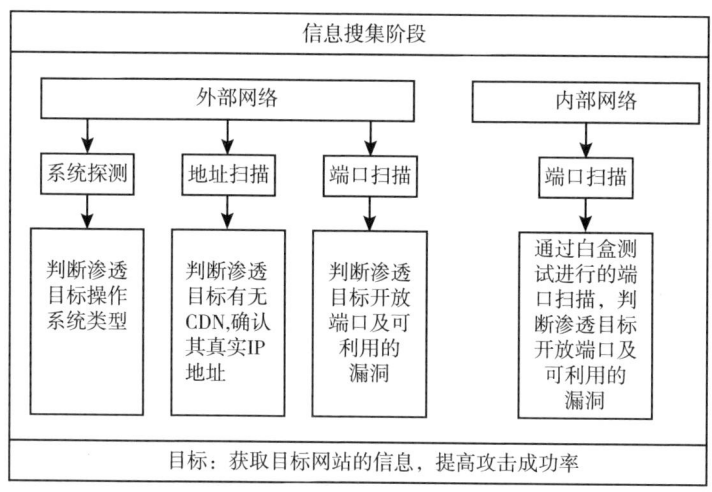

图 1-13　信息收集阶段流程

在对诈骗网站的外部网络进行渗透测试时，需要合理应用系统探测和地址扫描技术，通过判断渗透目标的操作系统类型并判断渗透目标有无 CDN，确认其真实 IP 地址，从而确定具体的收集目标，并选择合适的主机系统进行扫描。此外，还需要对网络外部端口进行查找和扫描，以发现目标的开放端口和可能存在的安全漏洞和弱点。在进行诈骗网站的渗透测试时，需要建立更加完善的端口扫描机制，通过判断渗透目标的开放端口及存在的漏洞，找出系统和端口中可利用的漏洞问题。同时，要注意隐藏渗透测试者的身份，防止犯罪嫌疑人发现异常而提前关闭或转移诈骗网站。

在对诈骗网站的内部网络进行渗透测试时，通过白盒测试模式进行端口扫描，由内到外测试主机端口，通过判断渗透目标开放端口及可利用的漏洞，找出网络服务和实施过程中存在的问题，从而能保障提权操作成功及方便进行横向移动，以便掌握更多的电子证据。总体而言，信息搜集阶段的最终目标就是获取目标网站的信息，提高漏洞利用成功率。

通过构建完善的信息搜集流程机制，可以为后期的数据收集创造良好基础。此外，在前期的研究中，本章也总结出了信息收集需要使用合适的工具，如 Nmap、theHarvester、Shodan 等，能够极大地提高信息搜集的效率性和准确性。通过使用自动化信息收集软件，能以更加便利、更加直观的方式对诈骗网站中存在的漏洞进行分析，找出有效的漏洞并加以利用，进而提高进行诈骗网站的渗透测试的成功率。

1.3.2　漏洞分析阶段

在信息收集阶段任务完成后，需要考虑如何获得目标诈骗网站的访问控制权，即进行漏洞分析阶段，这一阶段也是整个渗透测试流程的重点。在针对实战的渗透测试中，大部分的诈骗网站会添加一定程度的防护措施，且诈骗网站对外界的开放时间也相对较短，这提高了对渗透测试进行的速度和准确度的要求。通过前一阶段收集到的信息，调查人员能够掌握到渗透目标诈骗网站中的部分可利用漏洞点，根据搜集到的相关漏洞信息制定一系列的渗透手段进行测试。漏洞分析主要分为漏洞测试、漏洞验证和漏洞分析，具体的漏洞分析流程如图 1-14 所示。

漏洞测试是漏洞分析的第一步，其主要目的是通过手工或自动化扫描方式对目标系统进行主动或被动测试，找出可能存在的安全漏洞和安全隐患。主动测试是通过对目标系统进行主动的渗透来发现潜在漏洞；被动测试是通过监听目标系统的活动并分析传输的数据流，找出其中可能存在的安全问题。这两种测试方式可以采用手工测试或使用自动化工具进行，如 Burp Suite、Metasploit、Nessus 等。

第 1 章　诈骗网站特征与漏洞分析

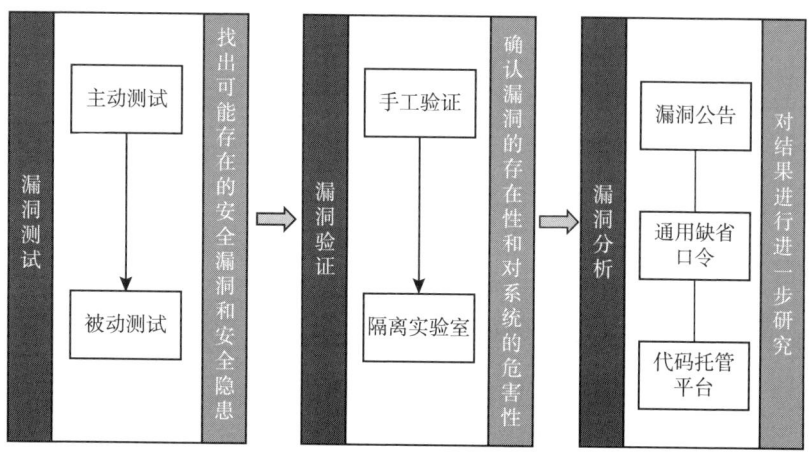

图 1-14　漏洞分析流程

漏洞验证是漏洞分析的第二步，同时也是验证漏洞测试的结果，其目的是确认发现的漏洞是否真正存在及其对系统的危害程度。漏洞验证的方式有很多种，可以根据扫描器的扫描结果进行关联验证，也可以通过手工验证和隔离实验室验证等方式进行。其中，手工验证和隔离实验室验证方式可以更加真实地模拟渗透测试条件，帮助发现和了解漏洞的本质，是更为常用的验证方式。同时，在漏洞验证过程中调查人员要避免对目标网站造成不必要的损害或影响。

最后还需要对漏洞验证的结果进行进一步研究。由于大部分诈骗网站是诈骗网站运营直接通过网络联系黑灰产业团伙所购买的网站模板进行制作的，在前期收集到这类信息后，调查人员一般会对一些代码托管平台、通用缺省口令等公开资源进行白盒审计，对未知的漏洞进行深入剖析，发现和利用渗透测试路径上的关键漏洞，同时也可直接寻找公开漏洞进行复现，且该方法操作性更简单。

1.3.3　漏洞利用阶段

在此环节中，可以通过漏洞分析阶段获得的漏洞利用点，采取适当的方式部署漏洞利用方案。如漏洞利用的最佳时间、漏洞利用的入口、漏洞利用的方法和需要使用的工具等。而漏洞利用主要从操作系统、数据库、中间件及 Web 网站等几方面进行，具体方式包括拒绝服务、口令破解、系统漏洞利用、Web 漏洞利用等。在本节中首先会总结诈骗网站中普遍存在的漏洞类型，其次会通过实战渗透测试案例，详述上述常见的 Web 漏洞的利用方式。

1.3.3.1 诈骗网站中常见的可利用漏洞原理

诈骗网站的源码一般由黑灰产业团伙进行编写提供，主要为了满足诈骗团伙获取用户个人信息、提供虚假诱导信息等目的而量身开发，对于所开发网站的安全性考量相对欠缺，这为进行漏洞利用提供了极大的便利。通过相关诈骗网站治理的实战经验，可总结出一般诈骗网站中存在的可利用漏洞类型，主要内容如图 1-15 所示。

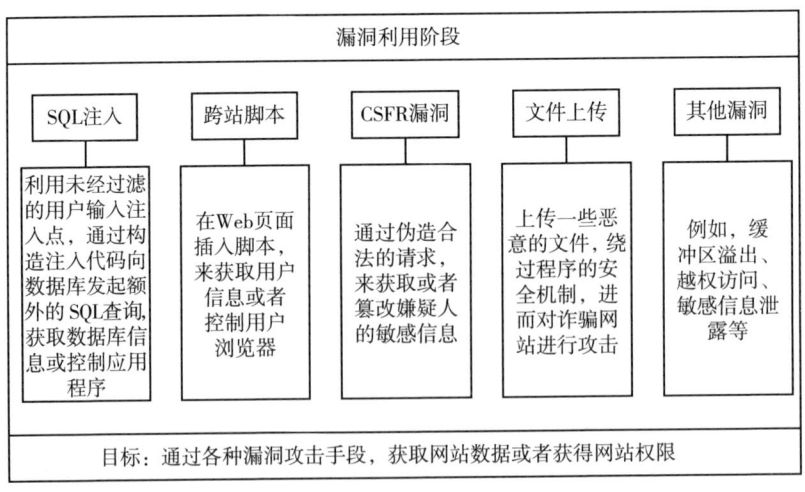

图 1-15　漏洞利用流程

1. SQL 注入漏洞

诈骗网站中一般会存在输入用户相关信息或查询交易记录的功能，而其中会包含大量用于输入文本数据的输入文本框，用户在文本框中输入相关数据后服务器会从中获得数据,存储用户的数据,或进一步前往数据库中查询相关信息并返回结果给用户。而其中有关查询功能涉及的工具就是 SQL 命令。因为查询的信息来源于数据库,所以可以通过输入特定构造的 SQL 语句来查询数据库中其他位置的信息。常见的 SQL 注入漏洞的分类如下所示。

(1) 基于错误输入的 SQL 注入漏洞。

基于错误的注入方式通常会构造一些异常的输入值,使测试者的 SQL 查询语句执行失败,使服务器端返回错误信息,测试者通过对返回的错误信息进行分析,从中获取服务器中存储的部分敏感信息。假设测试者构造了一条正常的查询语句:"SELECT * FROM users WHERE username = ' $username' AND password = ' $password'",可以进一步在查询语句中的 $username 或 $password 部分注入代码段:"'OR 1 = 1 UNION SELECT @@version,database(),user(),@@hostname --"。其中"--"表示注释掉输入中之后的内容,以避免产生语法错误。同时,还可以构造 UNION 查询语句,将多个查询语句合并成一个查询结果,并通过使用@@version、database()、user() 及@@hostname 等系统函数获取部分系统相关的敏感信息。

(2) 基于盲注的 SQL 注入漏洞。

对于部分诈骗网站,测试者构造的查询语句在经过网站服务器端执行后,相应的查询结果不能回显到可视页面中,此时需要使用其他的特殊手段获取敏感信息,这个过程被称为盲注测试。基于盲注的漏洞利用方式主要包括两类:一是使用布尔型变量进行盲注测试,由于服务器端不返回查询结果,可以通过判断构造的查询语句是否正常被执行来获取响应信息。二是基于时间的盲注测试,通过构造特定的查询语句,使诈骗网站页面的响应时间受到影响,从而判断查询信息。举一个基于时间盲注的例子,测试者构造了一条正常查询语句:"SELECT * FROM users WHERE username = ' $username' AND password = ' $password'",可以进一步在查询语句中的 $username 或 $password 部分注入代码:"'OR SLEEP(5) --"。其中 SLEEP(5) 表示让服务器等待 5 秒,测试者可以通过观察服务器的响应时间来判断是否注入成功,从而逐步获取目标站点的敏感信息。

(3) 堆叠输入的 SQL 注入漏洞。

由于 SQL 语句中"mysql_multi_query( )"语句支持多条 SQL 语句，因此测试者可构建一条在 SQL 语句中嵌入多条 SQL 语句的查询语句，以达到同时进行多个查询或更新操作的目的。测试者构造了一条正常查询语句："SELECT * FROM users WHERE username = ' $username' AND password = ' $password'"，可以进一步在查询语句中的 $username 或 $password 部分注入以下代码："'; SELECT database( ); --"。其中，";"表示 SQL 语句的分隔符，用于插入多条 SQL 语句。同时还可以在其中插入"SELECT database( )"语句来获取当前表所在的数据库名。

(4) 报错注入的 SQL 注入漏洞。

报错注入方式是通过构造特定的查询语句，让服务器在执行 SQL 查询时直接返回错误，从而获取网站相关数据信息。常见的报错函数有：extractvalue( )、exp( ) 等。举一个例子，测试者构造了一条正常查询语句："SELECT * FROM users WHERE username = ' $username' AND password = ' $password'"，可以进一步在查询语句的 $username 或 $password 部分注入代码："' OR(SELECT COUNT(*)FROM(SELECT 1 UNION SELECT 2 UNION SELECT 3)x) >10 --"。其中，测试者在原有查询语句的基础上构造了一个子查询，当子查询的结果大于 10 时，服务器会返回报错信息，可以根据返回的报错信息来获取网站相关信息。

2. XSS 漏洞

跨站脚本（cross-site scripting，XSS）漏洞是一种常见的诈骗网站中的安全漏洞，其可能存在于任何允许用户输入内容的动态网页中。例如，诈骗网站中的表单、搜索框、评论、聊天框等前端应用。测试者可以利用该漏洞来注入特定代码段（如 JavaScript 代码），然后在嫌疑人的浏览器中执行该代码，进而实现各种测试目标，比如获取对方的管理员账号、密码、cookie 等敏感信息，甚至直接修改网站内容或结合浏览器自身的漏洞对嫌疑人主机进行远程控制等。

诈骗网站中常见的 XSS 漏洞的分类如下所示。

（1）反射型 XSS 漏洞。

反射型 XSS 漏洞是指测试者将特定代码注入 URL 中，然后将 URL 发送给嫌疑人，当对方访问该 URL 时，特定代码会被注入网站页面中，并在对方的浏览器中执行。反射型 XSS 漏洞的特点是注入的恶意代码只会在请求中体现，不会永久存储在服务器上。举一个例子，测试者构造了一条特殊 URL：http：//example.com/search.php？q = < script > alert('XSS') </script >。其中，测试者在该 URL 中注入了一段 JavaScript 代码，即"< script > alert（'XSS'）</script >"。当对方点击该链接时，会弹出一个提示框，之中显示"XSS"字样。

（2）存储型 XSS 漏洞。

存储型 XSS 漏洞也被称为持久型 XSS 漏洞，测试者将特定的脚本代码插入诈骗网站数据库中的一些特殊的存储区域，这些存储区域往往会被大量的用户访问，如评论框、注册信息栏等区域。当嫌疑人访问该网站时，注入的特殊代码将被执行，从而产生一定影响。存储型 XSS 漏洞的利用效果具有持久化的特点。举一个例子，测试者将特定代码"< script > alert（"XSS Attack"）；</script >"插入诈骗网站的登录页面存储区域中，当嫌疑人访问该网站时，该段代码会自动执行。

（3）DOM 型 XSS 漏洞。

DOM 型 XSS 漏洞是指测试者注入的特殊代码会修改诈骗网站页面的 DOM 结构，进而绕过服务器端的过滤机制，最终在嫌疑人的浏览器中执行。这种漏洞不涉及服务器端，而只需要诱使嫌疑人访问恶意网页即可。举一个例子，测试者将"< script > var password = document.getElementById("password").value；document.write("Your password is：" + password）；</script >"这段代码注入一个表单输入框中，当嫌疑人在该表单输入框中输入密码并提交表单时，所注入的脚本代码会将嫌疑人输入的密码信息显示在网页上，从而实现获取密码的目的。

以下是部分 XSS 漏洞常出现的位置。

①输入框：例如，搜索框、评论框等。可以在输入框中插入特定代码段，当嫌疑人访问该页面并使用该输入框时，插入的代码段会被执行。

②URL 参数：可以将特定代码作为 URL 的参数发送给嫌疑人。当对方点击链接或者通过浏览器访问该 URL 链接时，插入的代码会被执行。

③Cookies：当目标诈骗网站使用 Cookie 来存储用户信息或会话数据时，可以通过在 Cookie 中插入特定脚本来利用 XSS 漏洞。

④脚本：如果目标诈骗网站允许用户上传脚本文件，如 JavaScript。可以通过上传包含特定代码的脚本文件来利用 XSS 漏洞。

⑤HTML 标签：在 HTML 标签中注入特定代码段，如在 img 标签中使用 JavaScript 代码。

⑥数据库：如果目标诈骗网站使用不安全的方式从数据库中提取数据并显示在页面上，可以通过在数据库中注入恶意代码并将其显示在诈骗网站的页面上来获取信息。

3. CSRF 漏洞

跨站请求伪造漏洞（cross-site request forgery，CSRF）是诈骗网站中一种常见的漏洞，也被称为 one click 漏洞，这是由于在该类漏洞的利用场景中测试者会伪造一个请求连接，欺骗嫌疑人进行点击操作，嫌疑人完成点击操作后整个漏洞利用环节就会结束，测试者会获得嫌疑人的身份信息或者可以篡改嫌疑人的敏感信息。CSRF 漏洞的形式有很多种，下面将介绍其中几种类型。

(1) GET 型的 CSRF 漏洞。

GET 型的 CSRF 漏洞也被称为基于图片的 CSRF 漏洞，测试者通过在嫌疑人访问的网站中插入图片链接或者 iframe 等元素，将请求参数放在插入图片的 URL 链接或者 iframe 的 src 属性中，当嫌疑人访问包含这些元素的页面时，浏览器会自动发起 GET 请求，从而实现漏洞的利用。例如，测试者利用 GET 请求方式，将请求参数添加在 URL 链接中进行传递，请求的 URL 链接中包含测试者设置的诱导网站地址。然后在该网站中添加一张特殊的图片，在嫌疑人访问的页面中通过 img 标签引入这个图片，即可实现 CSRF 漏洞利用。

（2）POST 型的 CSRF 漏洞。

POST 型的 CSRF 漏洞原理是测试者通过伪造表单提交，让嫌疑人在不知情的情况下提交请求链接，从而实现漏洞利用。测试者通常会在指定的网站上构造一个表单，之后在表单中设置隐藏域，将请求参数伪装成表单进行提交。例如，测试者利用 POST 请求方式，通过构造一个特殊表单，并将表单的提交地址设置为嫌疑人所访问网站的请求地址，然后在表单中设置隐藏域或者改变表单的 action 属性，将请求参数伪装成表单提交，从而实现漏洞利用的目的。

（3）JSON 型的 CSRF 漏洞。

JSON 型的 CSRF 漏洞是近年来出现的一种新型漏洞利用方式。该方式利用了基于 JSON 格式传输数据的 Web 应用程序。由于 JSON 格式数据的灵活性和可扩展性，测试者可以构造 JSON 数据包，通过修改应用程序的请求，实现漏洞利用。

例如，假设某诈骗网站中存在一个用于用户发布动态的 JSON API 接口。客户端通过向该 API 发送 POST 请求，提交动态内容。请求格式如下："POST/api/add_dynamic HTTP/1.1 Host：example.com Content – Type：application/json{" content":" dynamic content"}"。

测试者可以通过构造一个相似的 JSON 数据包，将请求的内容替换为其他特定内容，例如，在 "POST/api/add_dynamic HTTP/1.1 Host：example.com Content – Type：application/json{"content":" < script > malicious code </script >"}" 中插入 " < script > malicious code </script >" 语句，达成了修改该 JSON 格式数据的目的。

（4）反射型的 CSRF 漏洞。

反射型的 CSRF 漏洞的原理是测试者通过构造特定的请求 URL 链接，诱导嫌疑人点击该 URL 链接，从而触发请求并携带测试者构造的特殊参数。服务器在接收到该请求后，解析参数，执行对应操作并返回结果，使测试者能够在嫌疑人不知情的情况下控制嫌疑人的账户。

例如，假设某诈骗网站后台存在一个搜索功能，嫌疑人在搜索框中输入关键字后点击搜索按钮进行搜索。URL 链接格式如："http：//example.

com/search？keyword = xxx"。测试者通过构造相似的搜索 URL 链接，将搜索框中的内容改为特定的内容，例如，"http：//example.com/search？keyword = < script > malicious code </script >"，当嫌疑人点击该 URL 链接进行搜索时，服务器会自动解析" < script > malicious code </script >"这段代码并将其作为参数，从而执行所构造的特定代码，测试者即可通过执行结果获取嫌疑人相应的数据。

4. 文件上传漏洞

几乎所有具有上传文件功能的网页都有可能出现文件上传漏洞，例如，注册用户时上传头像、编写文章时上传插图、发送邮件时上传附件等。诈骗网站中为了实现验证用户交易记录等目的，一般会允许用户上传图像等文件，这为进行文件上传漏洞利用提供了条件。因此，文件上传漏洞往往是渗透诈骗网站的重要入口。文件上传漏洞的原理是通过诈骗网站网页中的文件上传功能，上传一些包含特殊代码的文件（如图像等），通过绕过诈骗网站设置的安全机制，进而对诈骗网站进行信息获取。诈骗网站中常见的文件上传漏洞的分类如下所示。

（1）后缀名绕过型文件上传漏洞。

后缀名绕过型文件上传漏洞是指测试者对某些不受限制的文件类型进行重命名后修改文件类型为受限制型，来绕过文件上传限制。例如，将包含特定意图的 PHP 文件重命名为图片文件（如 jpg、png 等类型），上传后通过脚本程序等方法来执行上传的特定代码。

但由于后缀名绕过型文件上传漏洞的实现较为简单且漏洞利用后会爆出诈骗网站中的大量信息，已经受到诈骗团伙的关注，在一些诈骗网站的后台中会对文件名严加过滤。但仍然存在着其他绕过的方法，如文件名大小写绕过（如使用 Php、AsP 等类似方式进行的文件命名）、后缀名字双写嵌套（如使用 pphphp、asaspp 等）；此外，还可以利用诈骗网站会对一些特殊文件名做默认修改的系统特性绕过或者利用诈骗网站中 asp 程序中的漏洞等方法。总体而言，由于后缀名绕过型文件上传漏洞的利用点十分宽泛，存在着多种利用方法且漏洞的利用效果较好，为测试者提供了大量的渗透测试机会，因此是一种较为常用的漏洞类型。

（2）MIME 绕过型文件上传漏洞。

MIME 绕过型文件上传漏洞的原理是测试者通过将一个受限制的 MIME 类型重命名为不受限制的 MIME 类型来绕过文件上传限制。例如，将一个可执行的文件或者脚本文件上传为一个诈骗网站可接受上传的 MIME 类型，如图片或文本文件。一般通过使用 burp 代理来修改 Content – Type 的参数，从而到达修改 MIME 类型的目的。

（3）图片马型文件上传漏洞。

图片马型文件上传漏洞的原理是测试者通过上传包含特定意图代码的图片文件到诈骗网站服务器中，并运行嵌入在图片文件中的特殊代码来获取诈骗网站服务器中的数据信息。诈骗网站在用户注册的页面上一般会有上传头像的功能，因此测试者会在图片文件的二进制内容中嵌入一个后门程序，绕过程序对文件类型的检测，然后再上传图片处，上传图片马进行漏洞利用，进而获取诈骗网站服务器中的信息数据。

1.3.3.2　诈骗网站中常见的可利用漏洞分析与实验

下面对诈骗网站中常见的如 SQL 注入漏洞、XSS 漏洞、文件上传漏洞进行实战分析。

1. SQL 注入漏洞分析

将针对 SQL 注入漏洞的利用分析设定为以下四个步骤。

（1）寻找注入点。

寻找该诈骗网站中所有可能的 SQL 注入漏洞点，主要包括提供搜索功能、登录注册功能、URL 参数等潜在链接服务器数据库的注入点。

以图 1 – 16 和图 1 – 17 中诈骗网站后台登录管理员页面的网页为例，在输入框中输入错误的登录信息之后网站会回显错误信息，返回的信息中会包括错误输入的用户名。因此，可分析得出该诈骗网站会以明文的方式进行消息传递，且在网站后台中会将用户输入的用户名在数据库中进行比对，所以可以尝试在此处进行 SQL 注入漏洞利用测试。

图 1-16 管理员后台登录界面

图 1-17 管理员后台登录错误返回信息

（2）SQL注入漏洞初步测试。

在SQL注入漏洞的初步测试中，一般会选择注入如"' or 1 = 1 --""; show database( );"等语句用于展示该诈骗网站使用的数据库的相关信息，测试是否能够得到预期的结果。通过查看是否能够得到与正常查询不同的结果，来判断该注入点是否真实存在SQL注入漏洞。在该诈骗网站后台登录网页的用户名输入框中注入特定的堆叠 SQL 查询语句："123";show-databases;#",发现返回部分有关该网站所使用的数据库相关信息,即该网站使用的数据库名为 wxzq_zctoker_com(见图 1-18 和图 1-19)。

图 1-18 注入测试语句输入

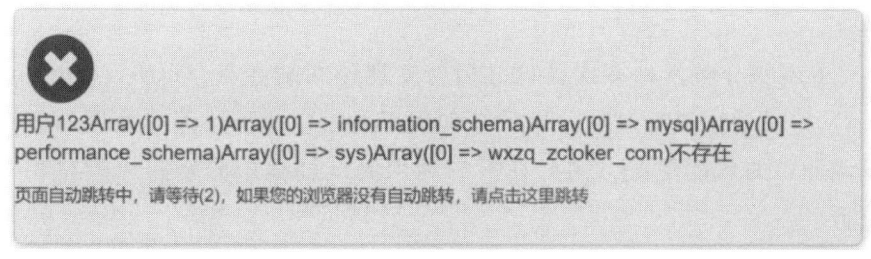

图 1-19 注入测试返回结果

（3）根据需求利用不同方式对 SQL 注入漏洞进行深入测试。

在 SQL 注入漏洞的深入测试部分中，一般会根据经验在注入点中使用适合的注入方式，如上节部分介绍的 UNION 查询、布尔盲注、时间盲注等，来获取所需的信息结果。

基于初步测试结果可知，该诈骗网站的后台登录页面中存在着堆叠 SQL 注入漏洞。通过合理利用该漏洞可以访问数据库任意位置的数据，因此考虑获取该诈骗网站的管理员账号信息。首先，需要确定该诈骗网站的数据库中存在的全部数据表内容，在用户名输入框中输入构造的特殊 SQL 查询语句"123"; use wxzq_zctoker_com; show tables; #"获取数据表名，通过错误信息可知返回 90_common_admin_member、90_config、90_pass 共计三张数据表的信息。其次，通过分析数据表的命名方式，确定表 90_common_admin_member 为记录管理员信息的数据表。因此锁定表 90_common_admin_member 进行深入查询，在用户名输入框中输入特殊的 SQL 查询语句"123"; use wxzq_zctoker_com; select from 90_common_admin_member; #"获取该数据表中记录的数据，通过返回结果可知管理员的账号密码及电话等信息。但由于此处泄露所得的密码是经过加盐处理的，所以没办法直接使用，此时需要考虑破解加盐操作或是选择其他的漏洞继续利用。部分实验结果如图 1-20 至图 1-23 所示。

（4）自动化测试。

上述步骤是 SQL 漏洞的手工利用方式，此外还可以使用如 sqlmap、SQLiv 等 SQL 注入工具，对注入点进行自动化测试。这些工具可以自动识别注入点，并利用各种注入技巧进行测试，可以提高测试效率和准确率。

在对该诈骗网站多次尝试之后，发现该网站会对"from""union""or"等敏感词进行过滤，导致自动化工具难以生效，使对该网站进行手动测试的效能更好，同时在漏洞利用测试过程中的暴露风险也相对更低。

第 1 章　诈骗网站特征与漏洞分析

图 1-20　注入测试返回结果

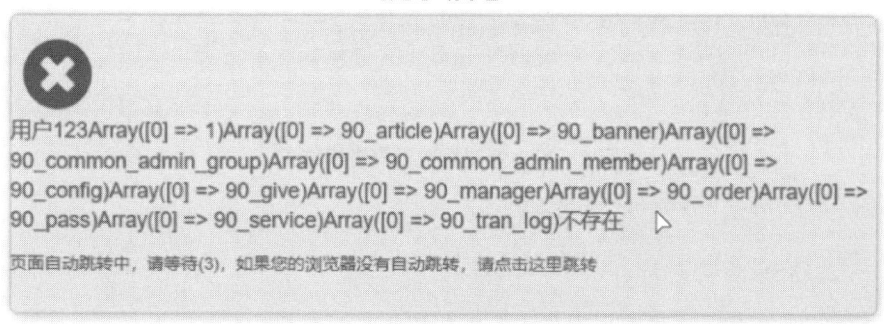

图 1-21　确定数据表测试结果

诈骗网站智能识别技术与综合治理

图 1-22 管理员数据表查询测试

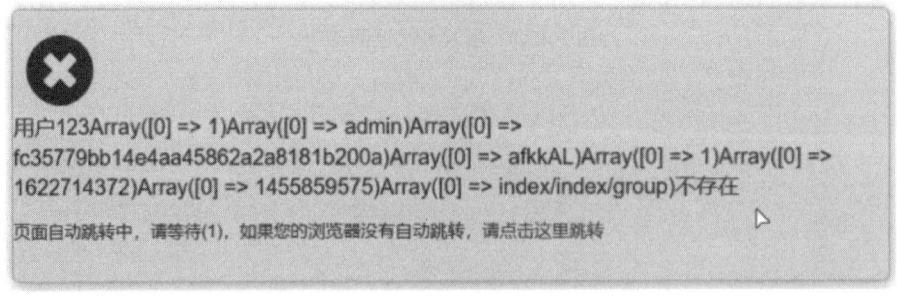

图 1-23 管理员数据表查询结果

2. XSS 漏洞分析

将针对 XSS 漏洞的利用分析设定为以下四个步骤。

（1）检查网站是否接受用户输入。

XSS 漏洞通常是由于网站未能正确处理用户输入而导致的。因此，第一步需要确定网站能否接受用户输入，具体表现为如输入框提交、URL 参数、

cookie、HTTP 头等方式。

根据前文中对该诈骗网站的后台登录页面进行的分析可知，该诈骗网站的后台网页在输入错误的用户名时，网站会将错误信息进行回显，即可以在该注入点对 XSS 漏洞进行利用测试。

（2）初步利用 XSS 漏洞。

在确定网站能够接受用户输入后，下一步需要确定该网站是否满足 XSS 漏洞利用条件，通过尝试注入 XSS 代码进行测试。常规的测试方法为在输入字段中插入特定的字符（如 < >、"、' " 等）后判断所插入的字符是否被网站直接渲染在页面上，来判断该注入点是否存在 XSS 漏洞。在该诈骗网站后台登录网页的用户名输入框中尝试注入一个简单的 XSS 代码 " < script > alert("XSS") </script > "，该代码表示用户在点击登录按钮后会展示 "XSS" 回显成果。根据测试结果表明该网页确实存在可利用的 XSS 漏洞，因此可以进行后续的 XSS 漏洞利用测试（见图 1 – 24 和图 1 – 25）。

图 1 – 24　XSS 漏洞注入测试

图1-25　XSS漏洞注入测试结果

(3) 深入测试各类型的XSS漏洞。

在确定目标诈骗网站存在XSS漏洞之后，需要测试各类型的XSS漏洞（包括反射型XSS、存储型XSS和DOM型XSS）在目标网站中的可利用情况。

对于该诈骗网站的后台登录界面，在用户名输入栏填入特殊的XSS代码"＜sCRiPt sRC＝//xss.pt/shkmbb＞＜/sCrlpT＞"，使该次通信重定向到所设定的"/xss.pt/shkmbb"路径中，并通过自行搭建XSS漏洞测试平台成功截获返回数据，从截获的数据中可读取相应的内容，说明在此处存在可利用的XSS漏洞（见图1-26和图1-27）。

(4) 使用自动化工具辅助分析。

上述步骤是XSS漏洞的手工利用方式，此外在分析XSS漏洞时，还可以使用一些如Burp Suite、OWASP ZAP等自动化工具来辅助分析。这些工具可以自动扫描检测XSS漏洞，并在扫描结束后提供详细的报告，能在短时间内更准确地定位大量可能的漏洞利用点。

3. 文件上传漏洞分析

文件上传漏洞需要目标诈骗网站提供文件上传服务，因此需要在目标诈骗网站中寻找是否有上传按钮或者上传表单，或者在源代码中查找是否有文件上传相关的代码。同时需要注意目标网站中对上传文件的类型是否存在限制，即网站服务器只接受如图片、文本、压缩文件等特定类型的文件。

第 1 章　诈骗网站特征与漏洞分析

图 1-26　src 请求测试

图 1-27　src 请求测试结果

在该诈骗网站中，通过第 1.2 节内容可知在该诈骗网站的个人中心处存在上传图片作为头像的功能。因此，通过构建特殊的 php 代码文件"<?php @eval($_POST［'a'］);?>"后，修改文件格式为 jpeg，在该文件上传漏洞点处上传文件。诈骗网站的服务器在解析 eval 函数后，会将括号内的字符串作为 php 代码执行（见图 1-28）。

图 1-28　文件上传漏洞测试

使用 burp 软件截获上传操作产生的流量包，在截获的数据包中将 jpeg 类型修改为 php，回显结果表明上传成功，说明该网站对文件上传的类型没有添加限制（见图 1-29）。

在成功上传特殊构造的文件后，使用浏览器的开发者模式，查找该诈骗网站的图片存储路径为"/Data/Uploads/20230507/15174977064.php"。使用蚁剑工具连接该图像链接，连接密码为构造特殊代码时设定的参数"a"。在连接成功后可以通过蚁剑工具查看目标网站的全部网站源码，且能够根据漏洞测试的需要进行增删改查的功能，实现对该诈骗网站的控制（见图 1-30 和图 1-31）。

第1章 诈骗网站特征与漏洞分析

图1-29　上传类型限制测试结果

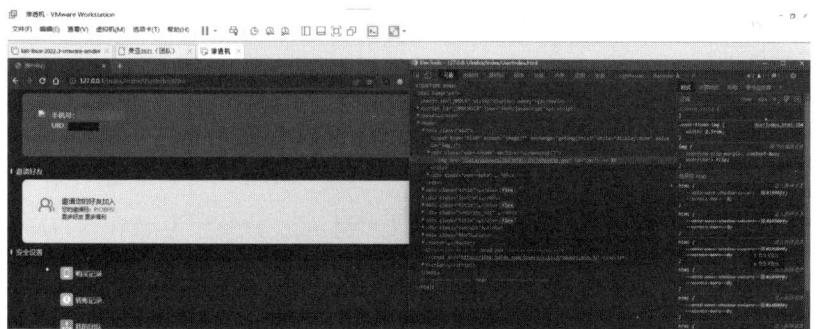

图1-30　漏洞利用测试

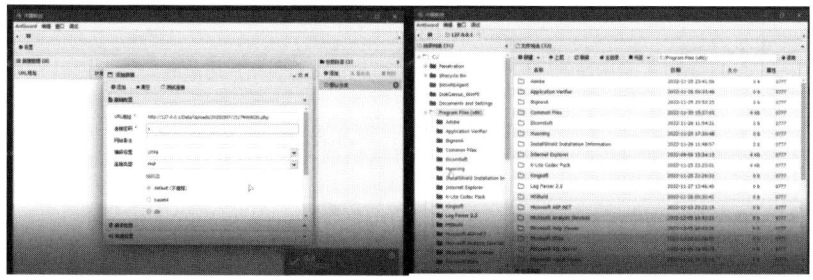

图1-31　漏洞利用测试结果

1.3.4 后渗透阶段

在诈骗网站渗透技术应用研究中，后渗透测试是非常重要的一步。如果只是单纯地通过网络漏洞进行测试，获取的信息往往不足，而后渗透测试能够在一定的时间内持续获取诈骗网站相关数据，对后期的定罪提供更大的帮助。在诈骗网站的后渗透测试中，通常会使用各种方式获取诈骗网站的管理权限，以便更好地控制整个诈骗网站或进行更加隐蔽的渗透测试，可有效锁定诈骗嫌疑人的身份和所在地，从而为取证工作提供有力的证据支持，进一步加大对诈骗者的打击力度。后渗透测试的主要方法分别为后门植入、嗅探拦截和横向渗透，后渗透阶段流程如图 1-32 所示。

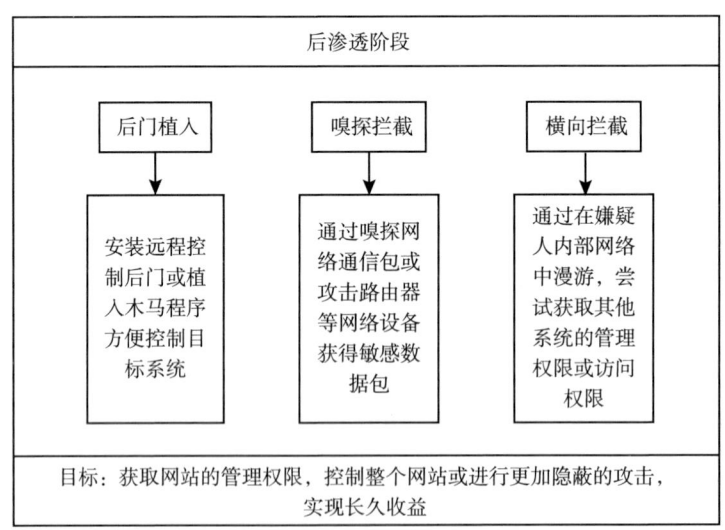

图 1-32 后渗透阶段流程

（1）后门植入。

后门植入通过安装远程控制后门或植入木马程序，控制被渗透的系统，并长期持续从诈骗网站中获取敏感信息。在后门植入过程中，为绕过防病毒软件和其他安全防御工具，通常会使用免杀技术，以便更好地持续控制目标系统。

（2）嗅探拦截。

嗅探拦截通过嗅探网络数据包或路由器等网络设备获得诈骗网站中的敏感数据包，如获取加密密钥或密码等，从而对嫌疑人的网络活动进行监控掌握，对后续的抓捕工作有着巨大的作用。

（3）横向渗透。

横向渗透通过在嫌疑人内部网络中漫游，尝试获取其他系统的管理权限或访问权限，然后进一步扩大控制范围，并通过获取更多关于诈骗网站后端存在的系统，得到更多难以直接获取的证据。

1.4 本章小结

随着互联网和移动支付的普及，电信网络诈骗也日益猖獗，给人们的生活和财产安全带来了严重威胁。针对这些问题，本章从诈骗网站的分类开始，对诈骗网站的内容特征、URL 特征进行分析，并从用户访问和源代码两个角度对诈骗网站的架构特征开展分析；同时，本章还对诈骗网站的渗透测试方法进行了深入探讨，并就诈骗网站的信息获取和渗透测试流程进行了实战演示。

诈骗网站特征与防范研究的研究价值主要体现在以下两个方面。

一是推动网络攻防技术发展。渗透技术作为一种关键的网络攻防手段，通过对诈骗网站的渗透测试，能够进一步促进网络攻防技术的发展，推动网络安全理论的深入研究。

二是维护社会信息安全和稳定。电信网络诈骗是当前社会面临的一大难题，通过科学研究和有效技术手段的应用，让更多的人学会网络安全知识，可以更好地维护社会的信息安全和稳定，打击网络犯罪。

但是本章研究仍存在着一些局限性。例如，在进行诈骗网站渗透测试时，需要考虑是否符合国家相关法律法规，需要遵循法律程序，否则可能会面临法律风险，即使最后成功获得证据，但是证据来源不合规，也无法进行定罪。传统的取证手段和方法往往存在一定的局限性，可能无法获取足够的证据，但诈骗网站渗透需要一定的技术和能力保障，而人员和设备的水平不同，会导致应用效果参差不齐。此外，现有网络技术发展飞快导致新的网站类型层出不穷，渗透的方法也需及时调整，否则容易出现滞后于网络技术发展的局势。

综上所述，本章对诈骗网站的内容、URL及漏洞特征进行了全面的分析，相关实验也有助于加深对诈骗网站的认识。接下来，本书将会继续深入研究诈骗网站的文本、图像等特征，来提高对诈骗网站的识别能力。本书计划结合自然语言处理、深度学习等技术，利用语义分析等手段识别和预防诈骗网站，探究协同集成各种安全技术的部署方式，提高网络安全防御的整体效能。

第 2 章

基于卷积神经网络的诈骗网站文本分类

2.1 概 述

本章提出并实现了针对诈骗网站的分类模型。模型首先采用条件随机场模型和 TextRank 算法提取诈骗网站的文本情报,其次基于卷积神经网络模型对诈骗网站进行研判工作。模型运行流程如图 2-1 所示,主要步骤有以下三步。

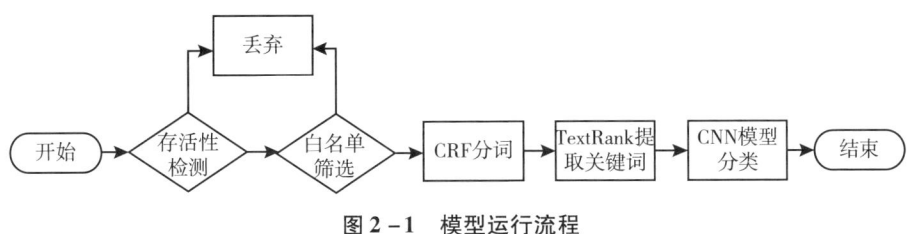

图 2-1 模型运行流程

(1) 数据预处理,在过滤失活网站和白名单网站后,用爬虫爬取访问网站页面上的中文文本,并人工标识网站类型,为后续的模型训练提供数据。

(2) 关键字提取,首先采用基于条件随机场模型的分词技术,对爬取的中文文本进行分词处理，其次利用 TextRank 算法对分词后的各个词进行权重赋值，提取选出相应的诈骗网站文本关键词。

（3）训练基于卷积神经网络模型的诈骗网站识别模型，将步骤（2）中所提取的关键词转换成词向量后传入神经网络进行模型训练。在完成训练后采用测试数据判定分类效果。

剩余内容的组织结构为：2.2 节介绍诈骗网站分类模型中涉及的相关技术；2.3 节说明模型的实现细节；2.4 节测试模型的分类效果，并对结果展开分析；2.5 节总结本章的研究工作。

2.2 相关技术概述

2.2.1 NLP 技术

自然语言处理（natural language processing，NLP）是将语言学、人工智能等多个学科相互融合，使计算机了解自然语言的构成原理，并利用计算机准确处理人类自然语言的任务，实现计算机通过自然语言与人类进行有效的交流，是计算机科学及人工智能领域的一个重要研究方向。自然语言处理的具体形式包括文本翻译、关键词抽取、语法校对、AI 语音、文本分类、语音识别等方向。本章在利用诈骗网站的中文文本信息对诈骗网站进行分类识别时也利用了 NLP 技术。

自然语言处理 NLP 从字面上看就可分为两个部分：一是自然语言部分。自然语言是人类社会发展演变而来的语言，是人类学习生活的重要工具。常见的自然语言主要包括汉语、英语等人类日常使用的语言，而不是如 Python 等编程语言等人造的语言。自然语言具有其特殊性，对它进行理解是一项较为困难的任务，因为自然语言是一种具有离散性、象征性、绝对性的信号系统，并且被广泛使用。二是处理部分。NLP 的核心思想就是使用计算机来理解自然语言。计算机对自然语言的处理包括对自然语言的字体、发音方式、语言语义信息及语言结构等特征的处理,即对原样本中的单词、句子或文本进行识别与转化、输入与输出、分析、理解与生成的操作和处理,从而实现人与机器之间的信息交换。

基于对自然语言的理解和分析过程,将自然语言处理划分为以下五个层次:语音分析(基于发音规则从语音流中区分对应的词与句)、成词分析(根据词数据库总结规律,并能通过分析查找获取所需信息)、组句分析(分析句子的组成结构,识别单词与句子之间的关联特征)、语义分析(分析各个单词的含义、结构及其组合含义,从而确定一种自然语言语句所表达的真实含义)和语用分析(研究语言中存在的外部环境对语言使用者的影响)。基于对不同种类的自然语言处理任务(以对中文进行自然语言处理为例)又可分为:从标签到文本任务(主要包括文本生成、图像描述生成等)、从文本到标签任务(主要包括文本挖掘、文本分类、语义情感等)、从同步的文本到文本任务(主要包括中文分词、词性标注、实体识别等)、从异步的文本到文本任务(主要包括文档翻译、自动摘要等)。

此外,自然语言处理任务通常会遭遇训练样本量不足的问题,对于特定领域的问答匹配任务同样如此。一般来说,具有强大学习能力的神经网络模型需要足够多的数据进行训练,其结构上往往具有较深的网络层数及大量的训练参数。然而在实际情况中一般难以获得大量的优质训练数据集,因此需要采用数据增强技术。通过数据增强操作可以:(1)增加可使用的训练数据量,使模型训练更充分;(2)增加噪声数据,提升模型的鲁棒性;(3)缓解数据分布不均衡问题。简单将数据增强理解为通过一些方法由少量数据获得大量数据的过程。

对于文本数据常用的数据增强方法包括:(1)引入噪声数据:引入噪声数据的方法能够有效防止模型过拟合并提升模型的鲁棒性。引入噪声数据的常用方法有:①删词方法,根据一定的概率随机删除序列中的词,或是根据某一特定规则删除序列中的部分词;②随机遮蔽(mask)方法,即随机使用"[MASK]"标识符替换文本中的词等。(2)替换同义词操作:即从文本中选择一些词,将原词替换为对应的同义词或近义词,以实现增加文本量的目的。(3)回译方法:经过回译操作后得到的文本与原文本在表达形式上存在差异，但文本本身的含义却是近似的。（4）采用生成式对抗网络 GAN 生成数据：生成式对抗网络 GAN（generative adversarial network）是由伊恩·古德费洛等（Ian J. Goodfello et al.）于 2014 年提出的一种神经网络模型。生成式对抗网络 GAN 中一般存在两个存在对抗行为的子模型：一是生成模型（generative model）G，生成模型 G 的核心目标是在训练过程中通过生成尽可能真实的数据去欺骗判别模型 D。二是判别模型（discriminative model）D，判别模型 D 的核心目标则是在训练过程中尽可能将生成模型 G 生成的伪造数据与真实的数据进行区分。整个生成式对抗网络 GAN 的训练过程就是在生成模型 G 和判别模型 D 之间构建一个动态的博弈过程。使用生成式对抗网络方法的主要难点在于：为了获得高质量的数据，需要使用效能较好的训练器模型，并强制构建一个合理的生成模型 G 和一个合理的判别模型 D。在本章中使用 TextRank 算法进行关键词提取的操作，是对原始诈骗网站中文文本数据进行了特定删词方法的文本数据增强。

2.2.2 条件随机场模型

随机场可简单理解为一组随机变量的集合，并且集合中的变量之间具有一定的依赖关系。条件随机场（conditional random field，CRF）是在 21 世纪初，由拉弗蒂等（Lafferty et al.）对隐马尔科夫模型（hidden Markov model，HMM）进行改进而得。CRF 是自然语言处理的基础模型，被广泛应用于中文分词、命名实体识别、词性标注等标注场景。

CRF 是一种判别式无向图模型，对条件分布进行建模，在一定程度上 CRF 可视为定观测值的马尔科夫随机场（Markov random field，MRF）。马尔科夫随机场是一个由无向图表示的联合概率分布模型，无向图中的节点表示随机变量，连接节点的边代表随机变量之间的依赖关系。在马尔科夫随机场中观测值只与相邻的状态节点相关，与其他不相邻的状态节点无关。

在 CRF 中最广泛使用的是线性 CRF 模型，其结构如图 2-2 所示。

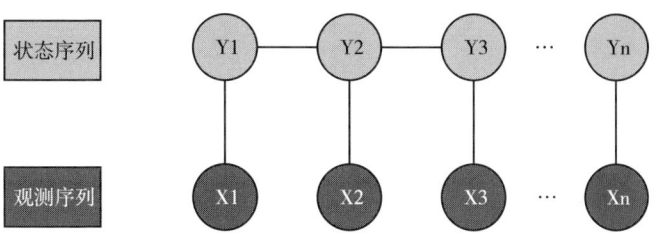

图 2-2　线性链 CRF 结构

CRF 模型对序列化数据进行分割和标记是依赖于建立概率模型来实现的，在观测序列 X 取值为 x 的条件下，记状态序列 Y 取值为 y 的条件概率为：

$$P(y\mid x) = \frac{1}{C(x)}\exp\Big[\sum_{i,k}\lambda_k t_k(y_{i-1},y_i,x,i) + \sum_{i,j}u_j s_j(y_i,x,i)\Big] \tag{2-1}$$

$$C(x) = \sum_y \exp\Big[\sum_{i,k}\lambda_k t_k(y_{i-1},y_i,x,i) + \sum_{i,j}u_j s_j(y_i,x,i)\Big] \tag{2-2}$$

其中，t_k 代表转移特征，它的值决定于当前节点位置及相邻的前一个位置；λ_k 为转移特征 t_k 的权值；s_j 代表节点的状态特征，它的值仅决定于当前节点位置；u_j 为状态特征 s_j 的权值。CRF 通过以上计算方式，能够更加充分地利用上下文标记之间的转移概率，并通过序列化的方式实现对全局参数的优化，解决了其他判别式模型难以克服的标记偏置问题。

对于分词任务而言，CRF 还是一种序列标注模型，能够将整个句子看作一个序列，并通过对序列的全局标注来获得最优的分词结果。它可以考虑每个字之间的相互依赖关系，提高分词的准确性。因此 CRF 模型的训练不仅依赖训练本章数据，还依赖对文本数据的标签准确度。例如，在分词任务中，只应该存在以 [B_char]（即词头）开始，以 [I_char]（即词尾）结束的标签情况，而不应该出现以 [I_char] 开始，以 [B_char] 结束的标签情况。在准备训练集时应尽可能避免出现标记不规范的情况。

使用条件随机场进行分词具有以下四个优势：（1）CRF 可以利用上下文信息来进行分词，而不仅依赖于单个字或词的特征。（2）CRF 同时考虑了每个字或词之间的相互依赖关系，通过添加标记的方式，进一步提高分词的准确性。(3) CRF 可以捕捉非局部特征，即标注决策不仅依赖当前字或词的特征，还可以依赖其他位置的字或词的特征。(4) 相比于基于规则的分词方法，CRF 可以处理更复杂的不规则分词边界。通过学习从输入到输出的映射，CRF 能够自动识别和推断词汇的边界，不受固定规则的限制。

2.2.3 TextRank 算法

TextRank 算法是一种基于图的用于文本排序的算法。TextRank 算法是由网页重要性排序算法 PageRank 算法思想迁移而来的。PageRank 算法根据万维网上页面之间的链接关系计算每个页面的重要性。而 TextRank 算法通过将词视为万维网上的页面节点，根据词之间的共现关系来计算每个词的重要性参数，同时把 PageRank 中的页面间的有向边转化为无向边。

由于 TextRank 算法是由 PageRank 算法改进而来的，因此二者的思想既存在着相似之处，也存在着明显的区别，具体体现为：(1) 构造主体及其关系存在不同：PageRank 算法根据网页之间的链接关系构造网络，而 TextRank 算法根据词之间的共现关系构造网络；(2) 构造的网络中边的性质不同：在 PageRank 算法所构造的网络中，链接边是有向无权边，而在 TextRank 算法所构造的网络中，链接边是无向有权边。

TextRank 算法计算关键值的公式如下，其中使用 w_{ji} 来表示两个节点之间的边连接所具有的不同的重要程度：

$$WS(V_i) = (1-d) + d \times \sum_{V_j \in In(V_i)} \frac{w_{ji}}{|V_k \in Out(V_j)|} WS(V_j) \qquad (2-3)$$

其中，d 为阻尼系数，代表从图中某一特定节点指向其他任意点的概率，取值范围为 (0, 1)，一般取经验值 0.85。在计算图中各点的得分时，需要给图中的点指定任意的初值，并不断进行递归计算直至结果收敛，即图中任意一点的误差率小于事前所设定的阈值时就可以达到收敛，一般该阈值取 0.0001。

对于获取到的分词结果,将采用 TextRank 算法提取关键词,其流程为以下 6 步。

(1) 对给定的文本进行分词并做筛选处理,保留候选关键词。此处的输入是 Jiaba 分词算法输出的分词结果。

(2) 对每个分词完毕的词语进行词性标注,过滤掉不必要的词语,保留指定词性的单词组成新的候选关键词。

(3) 利用步骤 (2) 中的候选关键词构建候选关键词图 G = (V, E),其中 V 为节点集,E 为边的集合。然后采用共现窗口构造窗口中任两点之间的边,其中窗口大小为 K,即最多共现 K 个单词。举一个例子,当存在如图 2 - 3 所示的关键词图 G = (V, E) 时,将构造出如表 2 - 1 所示的结果。

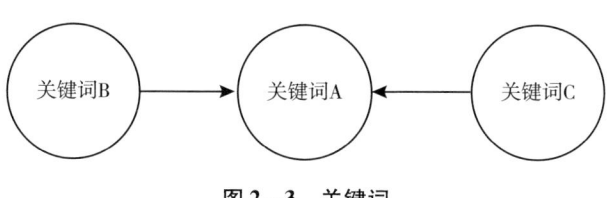

图 2 - 3 关键词

表 2 - 1   权重表

开始	结束		
	A	B	C
A	0	1	1
B	0	0	0
C	0	0	0

(4) 利用公式迭代算出各节点的 TextRank 值:

$$WS(V_i) = (1 - d) + d \times \sum_{V_j \in In(V_i)} \frac{w_{ji}}{|V_k \in Out(V_j)|} WS(V_j) \quad (2-4)$$

其中,In 函数为其他节点指向特定节点集合,Out 函数则表示特定节点指向其他节点集合,d 为阻尼系数。W_{ji} 是两个候选关键词之间的相似度。公式为:

$$W_{ji}(S_j, S_i) = \frac{|\{w_k | w_k \in S_i \ \& \ w_k \in S_j\}|}{\log(|S_i|) + \log(|S_j|)} \quad (2-5)$$

其中，S_i、S_j 分别表示两个关键词节点，W_k 表示关键词中的单字。公式中分母的意思是对关键词中的字数求对数之和，分子的意思是出现在两个关键词中相同的字的个数。

（5）对节点权重进行倒序排序，从而得到最重要的 T 个单词，作为候选关键词。

（6）由（5）中得到最重要的 T 个单词，在原始文本中进行标记，当形成相邻的词组时，则组合成多词关键词。

TextRank 算法的优点：（1）使用无监督方式，无须构造数据集训练；（2）算法原理简单且部署简单；（3）继承了 PageRank 的思想，效果相对较好，相对于 TF-IDF 方法，可以更充分地利用文本元素之间的关系。缺点是分词的结果受文本清洗等因素影响较大，对于某些停用词的保留与否，会直接影响最终结果。

2.2.4 卷积神经网络模型

卷积神经网络（convolutional neural network，CNN）是一种经典的深度学习模型，主要用于处理具有网格结构的数据，如图像、语音和文本等。CNN 的核心思想是通过卷积层和池化层来提取输入数据中的特征，并使用全连接层进行分类或回归任务。

CNN 模型主要由四部分构成，分别为输入层、卷积层、池化层和全连接层。

1. 输入层

第一层为输入层（embedding）。输入层是一个大小为 n×k 的矩阵，其中 n 为一个句子中的单词数，k 是每个词对应的词向量的维度。也就是说，输入层的每一行就是一个单词所对应的 k 维的词向量。此外，这里对原句子使用了填充操作从而使向量的长度一致。输入层的作用就是将输入文本切词后，通过词向量文件及词向量矩阵，将文本向量化，支持后续进行卷积池化等操作。

2. 卷积层

卷积层（conv）工作的核心原理是大小为 h×k 的卷积核 w，卷积核是一个二维矩阵，其作用为压缩提纯，即对词向量进行卷积操作（点乘）来提取特征值形成特征图。特征图也是一个数值矩阵，列为 1，行为 (n−h+1)：

$$c = (c_1, c_2, \cdots, c_{n-h+1}), \text{其中 } c_i = f(w \times x_{i:i+h-1} + b) \quad (2-6)$$

卷积核 w 是 h×k 维的，将卷积层一部分通过点乘之后变为特征图中的一个元素，通过移动卷积核得到一个特征图的所有元素。h 取值不同使不同卷积核运算得出不同的特征图，卷积核的 h 值的大小可以决定提取的特征的长度。

3. 池化层

池化层（pooling）的输入是卷积层的输出，卷积层输出的通道数 m 等于卷积核的数量，每个通道都是一列。池化的操作就是对这些输出通道进行池化计算，主要存在两种计算方式：平均池化（average pooling）和最大池化（max pooling）。不管是平均池化还是最大池化，最终都会生成 m 个数值，将这 m 个数值拼接后，进入最后的全连接层。

池化层夹在连续的卷积层之中，用来压缩数据和参数的量，作用是减少过拟合。池化层是对特征的再提纯，将最重要的特征提取出来。池化层有两种操作：最大采样和均值采样，本章使用的是最大池化操作，即取出特征图中的最大值作为最重要的特征，是对特征图的进一步压缩提纯。最终池化得到的一个一维向量。

4. 全连接层

全连接层（fully connected layers fully connected layers）是模型的最后一层，根据池化层的输出和分类类别数量，构建全连接层，再经过 Softmax，得到最终的分类结果。全连接层将池化后的一维向量以全连接的形式连到 Softmax 层，Softmax 层定义好分类。

2.3 模型实现

2.3.1 数据预处理

数据预处理模块进行了数据的清洗、获取和人工标记，算法实现如表 2-2 所示。算法中向目标网站的 URL 发送数据包并处理响应结果，设定在 3 次请求中均无响应码 200 的 URL 为失活，过滤失活网站。对存活 URL 进行白名单过滤，再利用 Scrapy 框架爬取剩余 URL 中的中文文本，存储其中的 title、keywords 和 description，其他的中文文本会被存储至 other 字段。最终将获取的中文文本和网站类型的人工标记结果存入 MySQL 数据库中。

表 2-2　　　　　　　　　　数据预处理算法

```
输入:网站 URL 列表
输出:过滤后的 URL 访问页面中的中文文本 result
BEGIN
for URL in URL_data:
    for i in range(3)
        {status_code = testResponse(URL)}
    if status_code = = '200'    //只要有一次服务器响应为 200 就判定为存活
                cleaned_urls.append(URL)
        }
not_matched_urls = matchWhiteList(cleaned_urls)
//  对数据库中的 WhiteList 进行匹配,去除 WhiteList 中的 URL
spider = Spider()
url_dicts = spider.run(not_matched_urls)
//将 not_matched_urls 中的中文字段全部爬取,分别将存入'url','title','keyword','description'字段中
存入数据库
END
```

2.3.2 分词与关键词提取

关键字分词模块首先利用条件随机场模型进行分词，然后利用 TextRank 进行关键词提取。算法利用连接上下临近的词汇来得到基于上下文的权重值,大幅度提升关键词提取的精确度和效率,算法实现伪代码如表 2-3 所示。

表 2-3　　　　CRF 分词和 TextRank 关键词提取算法

```
输入:数据库中'other'字段的网页中文字
输出:关键词提取结果存入'other'字段
BEGIN
    other = ( pattern. findall( str( html ) ) )    //  匹配网站中所有的中文字
    other = pseg. cut( other )    //CRF 分词
    tr = TextRank( ''. join( other ) )
    results = tr. getTextRankResult( )
    url_dict[ 'other' ] = ','. join( results )    //TextRank 筛选出 other 字段中的关键词
END
```

通过提取关键词的方式即完成了对诈骗网站中文文本数据的增强。

2.3.3　CNN 模型训练

在 Python 的 keras 库环境下配置 CNN 模型参数,搭建模型的深度学习层。CNN 模型的语料集主要包括诈骗网站中的中文文本所提取出的关键词及对应的分类标签。语料集分为两部分,80% 语料集作为训练集,剩余 20% 作为测试集。首先利用训练集对 CNN 进行训练,其次利用测试集来测试已完成训练的模型,最后根据模型的准确率反馈进行调参和优化。

在模型的训练过程中,首先将网站标签和对应关键词整理成键值对,再采用 word2vec 将关键词转换为词向量字典,输入 CNN 模型中进行模型训练。设置 CNN 模型中的 Embedding 层词向量为 100 维,字典大小为 1000,数字列表长度为 50,CNN 构造如下:添加一个嵌入层(Embedding),用于将文本数据转换为密集向量表示。添加一个一维卷积层(Conv1D),用于在输入数据的局部窗口上执行一维卷积操作。添加一个全局最大池化层(Global Max Pooling 1D),用于提取卷积层输出的最大特征值,从而减少数据

维度。添加一个全连接层（Dense），包含 128 个神经元，并将激活函数设定为'Relu'。添加一个 Dropout 层，用于随机地在训练过程中断开一部分神经元的连接，以避免过拟合。添加最后一层全连接层，输出一个神经元，激活函数设定为'Sigmoid'，用于进行二元分类任务。实现伪代码如表 2-4 所示。

表 2-4　　　　　　　　　　　CNN 模型训练

输入：数据库中文本关键字和标签
输出：训练好的 CNN 模型
BEGIN
　　tag_keywords_seq = token.texts_to_sequences(texts['keywords'])
　　//使用 token 字典将"文字"转化为"数字列表"
　　model.add(Embedding(max_words, embedding_dim, input_length = max_seq_length))//模型搭建
　　…
　　model.fit(X_train_pad, y_train, epochs = epochs, validation_data = (X_test_pad, y_test))//训练模型
　　model.save()//保存模型
END

2.4　模型评估

2.4.1　实验环境与数据

实验环境：Microsoft Windows11 操作系统，CPU 版本 12th Gen Intel(R) Core(TM) i9-12900H @ 2500 MHz，内存 16GB，Python 版本为 3.7.9。

实验数据来源于实战单位打击电信网络诈骗犯罪中获取到的 URL 集合，共计 1267 条，对网站的类型进行人工标识后，可得如表 2-5 所示的诈骗网站中文文本示例数据。

第 2 章　基于卷积神经网络的诈骗网站文本分类

表 2-5　　　　　　　　　诈骗网站中文文本数据示例

序号	URL	网站文本	标签
1	http：//×××××.com	｜彩霸王中特网｜独家妙解香港挂牌｜开奖现场｜高清报码｜马会直播开奖结果｜www.×××××.com｜2016年香港挂牌之全篇｜最完整篇｜｜www.×××××.com｜彩霸王.独家.玄机解 T 码｜买什么中什么｜跑狗玄机图｜香港挂牌之全篇｜管家婆｜白小姐｜六合彩报｜现场开奖｜六合彩图库｜夜明珠｜4887 铁算盘一句解特｜×××××.com｜	博彩
2	http：//×××××/forum/forum-390-1.html	★2019 文心雕龙—幻欲旖旎★征文火热进行中 - SiS001！Board - ［第一会所 邀请注册］	色情

2.4.2　模型测试

使用 CRF 模型对爬取的网站中文文本进行分词。经过 CRF 模型处理后的部分文本分词结果如表 2-6 所示。

表 2-6　　　　　　　　模型处理后的部分文本分词结果

原句	分词结果
澳门新葡京娱乐场 - 最具实力的老虎机游戏平台	澳门/新/葡京/娱乐场/-/最具/实力/的/老虎机/游戏/平台
捕鱼 - 亚洲第一电子平台	捕鱼/-/亚洲/第一/电子/平台
豪客彩_豪客彩招商_豪客彩娱乐平台_新用户注册_时时彩技巧与实战	豪客/彩/_/豪客/彩/招商/_/豪客/彩/娱乐/平台/_/新用户注册/_/时时/彩/技巧/与/实战
皇冠现金网 - 安全、简单、快捷、老品牌、值得信赖！	皇冠/现金/网/-/安全/、/简单/、/快捷/、/老/品牌/、/值得/信赖/！

使用 TextRank 算法从分词结果中提取关键词。部分实现结果如表 2-7 所示。

表 2-7　　　　　　　　TextRank 算法提取关键词结果

分词结果	关键词提取结果
澳门/新/葡京/娱乐场/-/最具/实力/的/老虎机/游戏/平台	实力 游戏 老虎机 葡京 娱乐场 平台 澳门
捕鱼/-/亚洲/第一/电子/平台	捕鱼 亚洲 电子 平台
豪客/彩/_/豪客/彩招商/_/豪客/彩/娱乐/平台/_/新/用户注册/_/时时/彩/技巧/与/实战	娱乐 时时 技巧 豪客 招商 平台 用户注册 实战
皇冠/现金/网/-/安全/、/简单/、/快捷/、/老品牌/、/值得/信赖/!	值得 现金 品牌 信赖 皇冠 安全

通过 TextRank 算法，提取到了"老虎机""捕鱼""现金"等关键词。经过大量数据统计，发现这些词也大量存在于其他诈骗网站样本中，因此这些词将会被深度学习计入关键词库。

完成对诈骗网站文本的关键词提取后，开展对模型的训练和测试。由于在研究初期获取到的有效数据数量有限，而卷积神经网络模型的训练所需数据量较大，因此本章设定分类模型只对拥有较多数据的博彩和色情这两类网站进行类别判定，对应网站数据合计 1267 项。实验中设定 60% 语料集作为训练集，剩余 40% 作为测试集。训练完成后的 CNN 模型相关参数如表 2-8 所示。

表 2-8　　　　　　　　CNN 模型相关参数

层名	输出规格	参数数量
embedding	(None, 1000, 100)	100000
conv1d	(None, 998, 128)	38528
global_max_pooling1d	(None, 128)	0
dense	(None, 128)	16512
dropout	(None, 128)	0
dense_1	(None, 1)	129
总参数	—	155169

在测试时，对网站关键词进行词向量的转换操作，再将词向量传入训练好的模型中，模型将输出网站类型，通过与人工标记类型的对比，可以校验出模型的准确率。

设定模型的迭代次数为 10，批量大小为 64，滤波器数量为 128，词嵌入维度为 100，dropout 概率为 0（即不启用 dropout 层）。测试结果如表 2-9 所示。

表 2-9　　　　　　　　　CNN 训练测试结果

测试集	类别数	迭代次数	准确率（%）	AUC
507	2	5	83.04	0.820
507	2	10	88.36	0.891
507	2	20	91.91	0.897
507	2	30	88.17	0.893

由表 2-9 可知，随着迭代次数的增加，CNN 模型的预测效果在上升后反而降低。经过分析可知这是发生了过拟合的现象，模型可能过度学习了训练数据的细节和噪声，导致在未见过的新数据（即测试集）上的泛化能力下降。因此启用模型中的 dropout 层抑制模型产生的过拟合现象。设定迭代次数为 30，dropout 概率分别设定为 0、0.1、0.3、0.5、0.6（dropout 值一般不超过 0.6）。实验结果如表 2-10 所示。

表 2-10　　　　　　启用 dropout 层的 CNN 训练测试结果

测试集	类别数	dropout	准确率（%）	AUC
507	2	0	88.76	0.880
507	2	0.1	88.95	0.885
507	2	0.3	89.15	0.891
507	2	0.5	90.93	0.893
507	2	0.6	88.95	0.886

由结果可知 dropout 值在取 0.5 时，模型的预测准确率明显提升，CNN 模型整体的预测效果最好。因此将 dropout 值定为 0.5，降低节点间的相互依赖性以实现神经网络的正则化，降低结构风险，最终在测试数据集上实现了 90.93% 的准确率。

同时，本章还使用相同的数据集在预训练的 BERT 模型上进行对比实验，BERT 模型是一种先进的预训练自然语言处理模型，能够解决传统机器学习模型中存在的分词不准、训练所需数据集庞大、对句子上下文信息不敏感等缺陷。预训练模型可以在大量无标签的训练数据集上训练出含有丰富语义信息的文本向量，进而应用到如文本分类、情感分析及句子相似度比较等各类下游任务中。实验结果如表 2-11 所示。

表 2-11 对比实验结果

模型名称	准确率（%）	AUC	训练时间
CNN 模型	90.93	0.893	约 50s
BERT 模型	88.17	0.891	约 3min

由实验结果可知，本章提出的 CNN 模型在准确率、AUC 及训练时长上均优于 BERT 模型。据分析可能是本章使用的数据总体数量偏少，且由于使用诈骗网站关键词文本进行模型训练，使 BERT 模型难以学习诈骗网站文本中的上下文特征，最终导致 BERT 模型在进行迁移学习时对诈骗网站文本特征的学习不足。由于诈骗网站相关资料一般难以直接获取，因此小样本测试数据更符合实战情况，并且相较于 BERT 模型，本章搭建的 CNN 模型在参数的个数上远低于 BERT 模型（预训练的 BERT 模型大小约 450MB，而本章搭建的 CNN 模型大小约 1.81MB），对模型训练时的设备要求更低。因此，在基于本章数据集的利用网站关键词判定网站类型的工作上，CNN 模型相比于 BERT 模型，拥有更好的表现效果。

2.5 本章小结

本章在获取诈骗网站的中文文本语料后，通过 CRF 模型进行分词和 TextRank 算法提取关键词，再采用 CNN 深度学习模型对诈骗网站中的色情网站和博彩网站进行分类识别研究，模型最终分类准确率为 90.93%。但基于 CNN 对诈骗网站进行分类研究，在获取情报信息的过程中，仅考虑了文本特征维度，忽视了图像特征等维度，同时 CNN 的网络结构还有待进一步的优化，以便获取更好的预测效果。

第3章

基于 BERT 迁移学习模型的诈骗网站文本识别方法研究

在第 2 章的研究中,由于模型从诈骗网站文本中提取关键词进行训练,破坏了文本数据的连续性,使 BERT 模型不能很好地学习完整文本中的上下文特征,导致使用 BERT 模型进行的预测效果不佳。因此,为了进一步验证 BERT 模型在完整文本数据下对诈骗网站识别的效果,本章提出基于 BERT 迁移学习模型的诈骗网站监测预警方法。该方法对文本数据及其标签进行标识化处理,再在预训练模型基础上进行迁移训练,最终利用微调后的模型对诈骗网站进行预测分类。通过实战单位诈骗网站数据对该方法进行实验分析,结果表明该方法具有较高的分类准确率,可以提高打击防范电信网络诈骗情报研判效率。具体章节设置如下:3.1 节主要介绍相关技术基础;3.2 节对诈骗网站识别模型流程设计及算法进行分析;3.3 节进行基于 BERT 迁移学习模型的诈骗网站识别方法实验、对比及分析;3.4 节对本章所探讨的内容进行总结。

3.1 BERT 文本分类模型概述

BERT 文本分类模型由 Google Al Language 于 2019 年发布。BERT 模型 (bidirectional encoder representation from transformers) 是一种先进的预训练自然语言处理模型,旨在通过联合调节所有层中的上下文来预先训练深度双向表示,从而解决传统机器学习模型中存在的分词不准、训练所需数据集庞大、对句子上下文信息不敏感等缺陷。预训练模型可以在大量无标签的训练数据集上训练出含有丰富语义信息的文本向量,进而应用到如文本分类、情感分析及句子相似度比较等各类下游任务中。

BERT模型训练的关键环节如下所示。

(1) BERT模型的输入环节。

BERT模型的输入为一系列单词对应的向量序列。在输入序列中,每一个词对应的表征由三部分组成,分别是:词向量(token embedding)、片段向量(segment embedding)和位置向量(position embedding)。其中,词向量一般是随机的初始化向量,片段向量则是训练过程中自主学习得到的文本语义信息,位置向量则是为了体现不同位置差异性,人为加入的位置信息。为了实现对文本的分类,BERT模型在每一个序列的开始部分都插入了一个用来聚合最后一个Transformer层输出的特定的"分类"表示词[CLS]。

(2) BERT模型的输出环节。

BERT模型实质上是多层Transformer的堆叠,因此也具有Transformer模块的输出数据与输入数据的维度相同的特点。对于单词级别的任务来说(如序列标注问题等),会把其他单词对应最后一层Transformer结构的输出,输入到额外的输出层进行预测。对于句子级别的任务来说(如文本分类等),则把标记为[CLS]所对应的最后一层Transformer结构的输出,输出到额外的输出层中进行学习。

(3) BERT模型的预训练任务环节。

BERT模型整体是一个自编码语言模型(Autoencoder LM)。BERT模型利用大量具有自监督性的文本数据集构建了两个预训练任务,分别是掩码语言模型MLM(masked language model)和承接句预测NSP(next sentence prediction)。

掩码语言模型MLM:BERT模型能够不受单向语言模型所限制的原因就是使用了MLM掩码语言模型。掩码语言模型进行预训练的核心思想就是用掩码标记(mask token)[MASK]以15%的概率随机地对每一个训练语料序列中的标记(token)进行替换,然后通过BERT模型对掩码标记

[MASK]位置的原单词进行预测。BERT模型的掩码语言模型具体步骤如下：首先，在每一个训练序列中以15%的概率随机地选中某个单词位置用于预测，对于第i个被选中的单词，将其替换成以下三个标记（token）之一：以80%的概率替换为掩码标记[MASK]、以10%的概率替换为随机的其他掩码标记、以10%的概率使用原本的掩码标记。其次，用该位置对应的T输入全连接中，用Softmax函数输出每个单词标记的概率。最后，用交叉熵计算损失值（loss），预测出该位置原本的单词。该策略令BERT模型不再只对掩码标记[MASK]敏感，而是对所有的单词标记都敏感，这样就能抽取出任意单词标记的向量信息。

承接句预测NSP：掩码语言模型倾向于抽取训练语料中单词层面的特征，因此不能直接获取如问答、自然语言推断等句子层次的特征。为了使模型理解句子间的关系，BERT模型在预训练中添加了NSP承接句预测任务来进行模型的预训练。承接句预测的具体步骤是：首先，从语料库中挑选出句子A和句子B组成一对训练样例；其次，以50%的概率将句子B判断为句子A的下一句，并用标记[IsNext]进行标记；再次，以50%的概率将句子B判定为语料训练集中的一个随机句子（与句子A不相关），并使用标记[NotNext]进行标记；最后，将训练样本输入BERT模型中，预测两个句子是否连接，从而使模型能够更好地学习连续文本片段之间的关系。

BERT模型总结：BERT模型是截至2018年10月的自然语言处理技术发展最新水平模型，通过进行双向的预训练语言模型和微调（fine-tuning）设计横扫了总计11项NLP任务。BERT模型加入了承接句预测机制来和基于Mask机制的预训练语言模型一起做联合训练，因此BERT模型不仅可以学习到词与词之间的关系，还能获取句子级别的语义特征。同时，BERT模型可以对编码器的输入数据进行并行处理，并且不需要自回归计算，减少了模型的计算时间，极大地提升了模型的训练效率。

3.2 诈骗网站文本识别模型流程设计

诈骗网站文本识别模型主要包括两个阶段：数据预处理阶段和诈骗网站标签分类阶段。在数据预处理阶段中，首先，对所有待处理的 URL 进行存活性检测，对不存在于白名单的 URL 进行访问，使用爬虫技术获取网站信息并提取出网站的头部标签、IP 等信息和网站的中文文本；其次，对于头部标签、IP 等信息，利用提取出的信息，并结合多种技术手段，反向查询这些网站的曾用域名信息；最后，将所有提取到的信息进行入库操作，保存在数据库中便于后续使用。在诈骗网站标签分类阶段中，首先构建 BERT 模型，其次将爬取网站所获得的相关中文文本信息完整地输入模型中，在经过自注意力层、Feed Forword 层中进行共计 12 次处理并结合层规范化规则后对诈骗网站进行预测，同时将预测结果入库存储。诈骗网站文本识别模型的具体流程如图 3-1 所示。

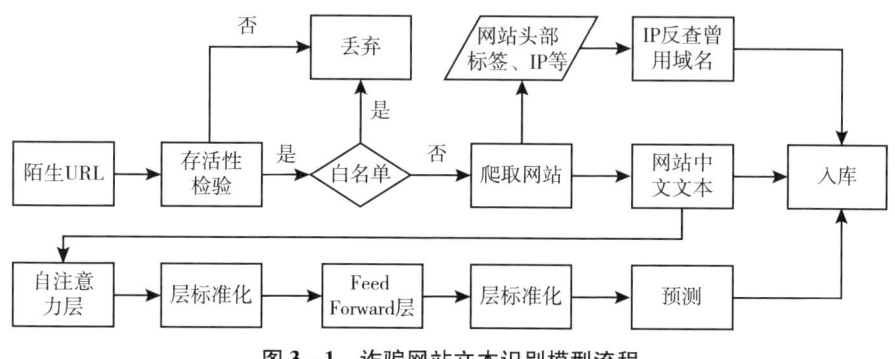

图 3-1 诈骗网站文本识别模型流程

3.2.1 数据预处理

数据预处理的主要功能为数据清洗，具体步骤如下所示。
（1）存活性检测：向域名解析到的服务器（IP）发送数据包并采用协

程技术提高发送请求的并发量，最终通过检查服务器返回的响应来判断域名是否存活（在 3 次请求中有 1 次响应码为 200 即判定为存活）。

存活性检测的算法如表 3－1 所示，此算法以较高效率完成数据清洗任务，将无效域名拦截，极大地减轻了 BERT 模型的计算压力。

表 3－1　　　　　　　　　　存活性检测算法

算法 1 存活性检测
输入 需检测存活性样本 URL_data，选择 N 条 URL 数据，其由 URL 和 URL 对应网址文本组成
输出 各条 URL 是否存活

BEGIN
\# 去重，排除不符合 URL 格式数据并匹配白名单
matchWhiteList(cleanURL(uniqueURL(URL_data)))
for URL in URL_data：
　　for i in range(3)
　　　　status_code = testResponse(URL)
　　if status_code == '200'
　　　　\# 只要有一次服务器响应为 200 就判定为存活
　　　　predict_examples.append(URL)
　　　endif
　　endfor
Endfor
END

（2）白名单：每条存活的域名与数据库中白名单进行匹配（57000 条白名单数据），如果域名在白名单中，则将其丢弃。

（3）爬取诈骗网站：爬取诈骗网站中的所有中文语句并将诈骗网站截图保存。白名单检测及网站数据爬取算法如表 3－2 所示。

表 3－2　　　　　　　　　　爬取诈骗网站算法

算法 2 白名单检测及网站数据爬取算法
输入 活性样本 URL_data，选择 N 条 URL 数据，其由 URL 和 URL 对应网址文本组成
输出 白名单之外的网站中文文本信息

BEGIN
\# 去重，排除不符合 URL 格式数据并匹配白名单
matchWhiteList(cleanURL(uniqueURL(URL_data)))
for URL in URL_data：

续表

```
    for i in range(3)
        status_code = testResponse(URL)
    if status_code = = '200'
            # 只要有一次服务器响应为 200 就判定为存活
            predict_examples. append(URL)
        endif
    endfor
Endfor
# 爬取网站(获取网站中文文本)
Text = Crawl(predict_examples)
END
```

3.2.2 诈骗网站标签分类

该阶段为流程核心，在该阶段中使用经过迁移训练（fine-tuning）的 BERT 模型进行标签分类（预测）。

BERT 模型采用了掩码语言模型 MLM 和承接句预测 NSP 两个任务，分别训练深度双向语言表示向量和学习句子之间的联系，并进行联合训练（见图 3 – 2）。

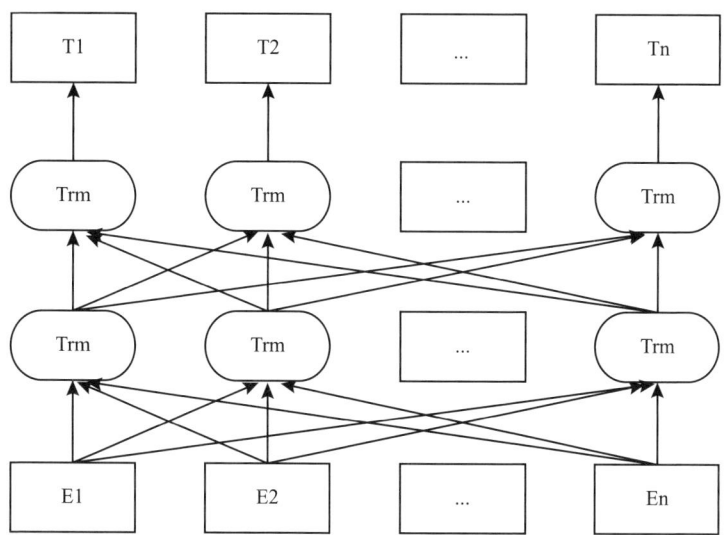

图 3 – 2 BERT 预训练语言模型

BERT 最重要的部分是特征提取器，其由双向 Transformer 编码结构组成，Transformer 编码结构采用了自注意力（self-attention）作为其核心模块，其语义特征提取能力、长距离特征捕获能力、任务综合特征抽取能力、并行计算能力及运行效率都超过了传统 TextCNN 模型（见图 3-3）。

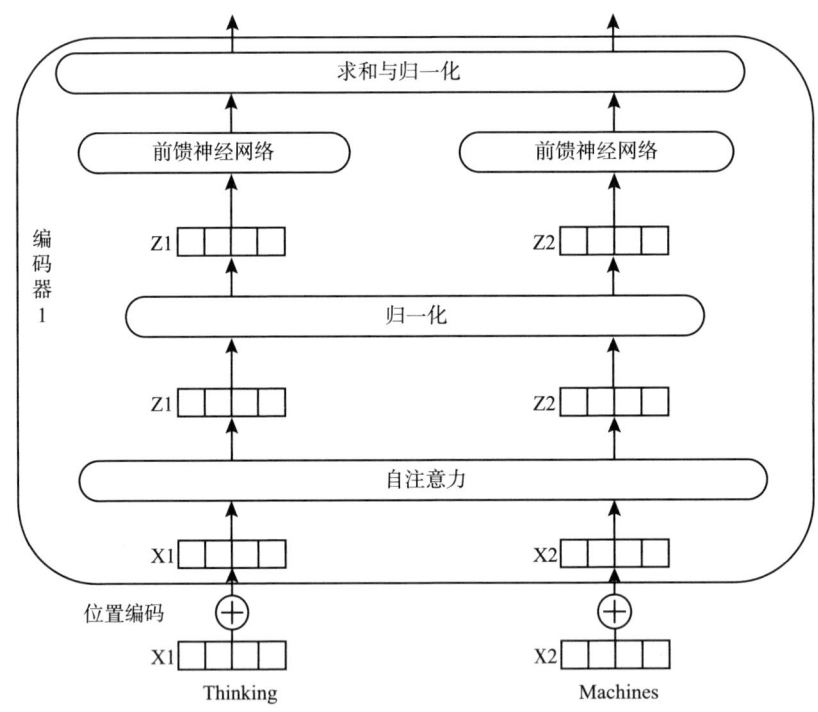

图 3-3　Transformer 编码单元

计算注意力的公式如式（3-1）所示，查询向量（query）、一个键向量（key）和一个值向量（value）为每个编码器输入向量（每个单词的词向量）所生成的三个向量，d_k 为输入向量维度。其核心思想是计算一句话中的每个词对于语句中所有词的相互关系，然后判断这些词与词之间的相互关系，在一定程度上反映了这句话中不同词之间的关联性及重要程度。利用相互关系来调整每个词的重要性（权重），获得每个词新的表达。新的表达不仅蕴含了该词本身，还蕴含了其他词与这个词的关系。

$$\text{Attention}(Q, K, V) = \text{softmax}\left(\frac{QK^T}{\sqrt{d_k}}\right)V \qquad (3-1)$$

为扩展模型专注于不同位置的能力，增大注意力单元的"表示子空间"，Transformer 采用"多头"模式，如式（3-2）、式（3-3）所示：

$$\text{MultiHead}(Q, K, V) = \text{Concat}(\text{head}_1, \cdots, \text{head}_h)W^o \qquad (3-2)$$

$$\text{head}_i = \text{Attention}(QW_i^Q, KW_i^K, VW_i^V) \qquad (3-3)$$

为解决深度学习的退化问题，Transformer 编码单元中加入残差网络和层归一化，如式（3-4）、式（3-5）所示：

$$LN(x_i) = \alpha \times \frac{x_i - u_L}{\sqrt{\sigma_L^2 + \varepsilon}} + \beta \qquad (3-4)$$

$$FFN = \max(0, xW_1 + b_1)W_2 + b_2 \qquad (3-5)$$

本章提出的诈骗网站监测预警方法采用了 Chinese_L-12_H-768_A-12 预训练模型，其中 Chinese 代表其为中文语料训练而成的模型，L 代表 Transformer 层数，A 则表示在每一个 Transformer 编码器中 self-attention heads 的数量，feed-forward/filter 大小为 4H，因此 H-768 表示 feed-forward/filter 大小为 4096。

诈骗网站标签分类模型会在预训练模型的基础上进行微调（fine-tuning）。读取已打好标签的数据，分别对标签和文本进行 tokenization、tokenization 过后的样本数据结构，input_ids 为 tokens 的索引，input_mask、segment_ids 对应模型的 token_type_ids，以上三者构成模型输入的 X，label_id 为标签，对应 Y。然后将其输入进 BERT 模型中进行迁移训练，微调流程如图 3-4 所示。

BERT 模型会利用 [CLS] 分类标记所对应位置的 embedding 输出进行预测，将预测结果阈值设置为经验值 0.8，即当且仅当预测结果中的最大值超过 0.8 时才记录为有效值将其标注。模型预测算法如表 3-3 所示。

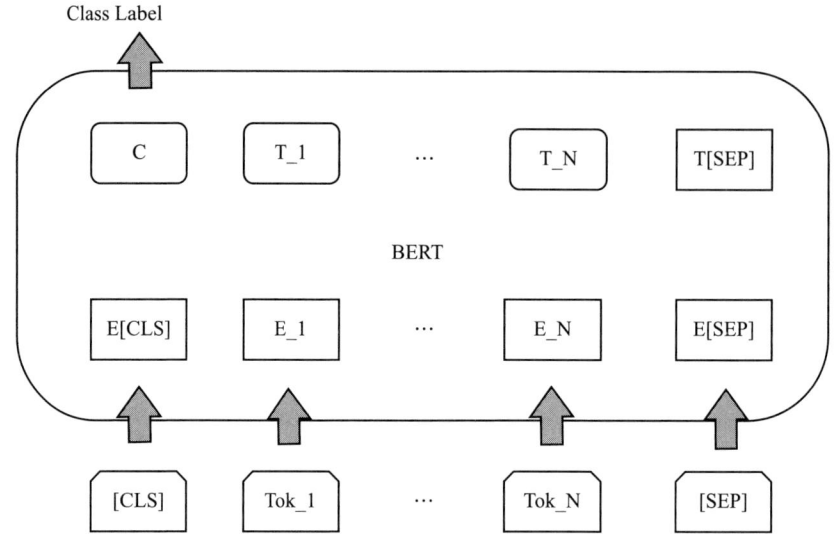

图 3-4 fine-tuning 流程

表 3-3 模型预测算法

算法 3 模型预测
输入 白名单之外的网站中文文本信息及其对应的 URL 信息
输出 各条 URL 对应的预测标签及其可能性百分比

BEGIN
　# 将输入文本转化为词向量
　WordVector = convert2Vector(Text)
　# 将词向量预处理为查询向量(query)、键向量(key)和值向量(value)
　Q, K, V = convert_examples_to_features(Word_Vector)
　# 使用训练好的模型在新数据上预测结果
$$head_i = Attention(QW_i^Q, KW_i^K, VW_i^V)$$
$$MultiHead(Q, K, V) = Concat(head_1, \cdots, head_h)W^O$$
$$result = softmax\left(\frac{QK^T}{\sqrt{d_k}}\right)V$$

　#判断模型预测效果是否有效
　for each prediction in enumerate(result):
　　　if max(probabilities) >= 0.8:# 阈值
　　　　　# 得到预测结果
　　　endif
　endfor
END

模型预测算法首先将所获得网站平台的中文文本信息进行向量化,并将其转化为查询向量(query)、键向量(key)和值向量(value),结合注意力机制,以反映出输入语句中各种不同词之间的相互关联性及词权重。其次,采用经过实战数据微调后的双向 Transformer 预训练模型,并根据相关公式对所获取的网站中文文本信息进行分类预测计算,输出全部大于阈值 0.8 的预测结果。

3.3 实验及分析

3.3.1 实验数据

实验分析以实战单位统计的统一资源定位符(uniform resource locator, URL)数据为基础,共计 12000 条。选取其中 4 条作为示例,如表 3-4 所示。数据属性内容构成包括 whois 数据库数据、管理员信息、被害人信息等。

表 3-4　　　　　　　　诈骗网站 URL 数据示例

序号	URL	网站文本	类型
1	www.××××.com	草赚巴巴是国内最火的网贷口子交流社区。实时更新 2019 最新最全网贷口子提供信用卡申请快速提额技巧套花呗,京东白条提现,网上贷款黑户下款等金融服务,是急用钱和申请贷款的首选平台!	信贷理财
2	www.××××.com	鑫福网是一家专业稳定的实盘股票交易平台,主要提供按日交易、按月交易和免息 T+1 等服务,满足客户多样化的交易炒股需求,为您制定最灵活方案	信贷理财

续表

序号	URL	网站文本	类型
3	www.××××.com	香港赛马会 www.××××.com	博彩网站
4	www.××××.com	时时彩官网，为您提供时时彩开奖，时时彩注册，时时彩开户，时时彩计划	博彩网站

3.3.2 实验环境描述

数据验证分析实验采用 Windows10 操作系统，CPU 配置为 i7-7700HQ @2.60GHz，GPU 配置为 RTX 2070S（8 GB），Tensorflow 为 1.12.0，内存为 16GB。

3.3.3 实验方法

实验主要选取当前文本分类效果较好的 TextCNN 模型与本章提出的基于 BERT 模型的诈骗网站识别方法进行对比，首先分别对两个模型在实验数据集上的预测效果进行分析，其次综合分析基于 Text CNN 模型与基于 BERT 模型进行的诈骗网站识别效果的可行性与先进性。

3.3.4 TextCNN 方法

TextCNN 是利用卷积网络做文本分类中最著名的模型之一，且 TextCNN 模型具有较好的分类性能，故选此模型作对比实验。同时，由于在实战单位获取到的数据中，有效数据的数量有限，使用传统深度学习方法不能很好提取出数据集中的特征，通过设置 TextCNN 实验，还可以验证在训练集数据量较少的情况下，TextCNN 模型提取特征的能力。

根据数据集特征，最终的调优 TextCNN 模型设置如下：（1）卷积层卷积核数量为 32，大小为 3，并采用 relu 激活函数；（2）dropout 层参数为 0.3；（3）最终全连接层的单元参数为 15，激活函数为 softmax 函数。

第3章 基于BERT迁移学习模型的诈骗网站文本识别方法研究

TextCNN相对于其他浅层机器学习算法具有出色的处理能力。在Embedding层中设置词向量为100维，字典大小为2000，数字列表的长度为50，并将输入的词向量进行卷积池化卷积的操作，通过分析诈骗网站中的中文词来给诈骗网站贴上标签。TextCNN模型验证的比对结果如表3-5所示。

表3-5　　　　　　　　TextCNN方法验证比对结果

训练时期	训练数据集	类别数	准确率（%）
第一阶段	815	12	26.21
第二阶段	815	12	39.47
第三阶段	815	12	52.14

TextCNN模型建立共有三个阶段：第一阶段在模型建立的初期，由于训练数据集未打乱顺序，模型分类的准确率只有26.21%；第二阶段重新调试了数据输入的格式，模型的验证语料集准确率上升到39.47%，训练的语料集准确率却达到90%以上，出现了过拟合的问题；第三阶段通过添加Dropout layer随机失活将隐藏层的部分权重或输出随机归零，调试后将dropout值定为0.3，降低节点间的相互依赖性从而实现神经网络的正则化，降低其结构风险，验证语料集准确率到达52.14%。

由于实战单位所收集数据仅有2019条数据有效（80%用于训练，20%用于验证，后又收集412条数据共计815条数据用于验证）且所给数据中47.4%为博彩类诈骗网站，大量标签没有对应数据，该方法的准确率无法进一步提高。三个阶段的混淆矩阵评估如表3-6、表3-7、表3-8所示。ROC曲线如图3-5所示。其中class0代表淫秽色情，有118条；class1代表信贷诈骗网站，有575条；class2代表博彩诈骗网站，有122条。

表 3-6　　　　TextCNN 方法第一阶段混淆矩阵评估结果

样本		预测值			
		class0	class1	class2	合计
实际值	class0	28	49	41	118
	class1	4	124	447	575
	class2	1	70	51	122
合计		33	243	539	815

表 3-7　　　　TextCNN 方法第二阶段混淆矩阵评估结果

样本		预测值			
		class0	class1	class2	合计
实际值	class0	61	24	33	118
	class1	2	177	396	575
	class2	5	29	88	122
合计		68	230	517	815

表 3-8　　　　TextCNN 方法第三阶段混淆矩阵评估结果

样本		预测值			
		class0	class1	class2	合计
实际值	class0	78	7	33	118
	class1	2	249	324	575
	class2	1	2	119	122
合计		81	258	476	815

第3章 基于BERT迁移学习模型的诈骗网站文本识别方法研究

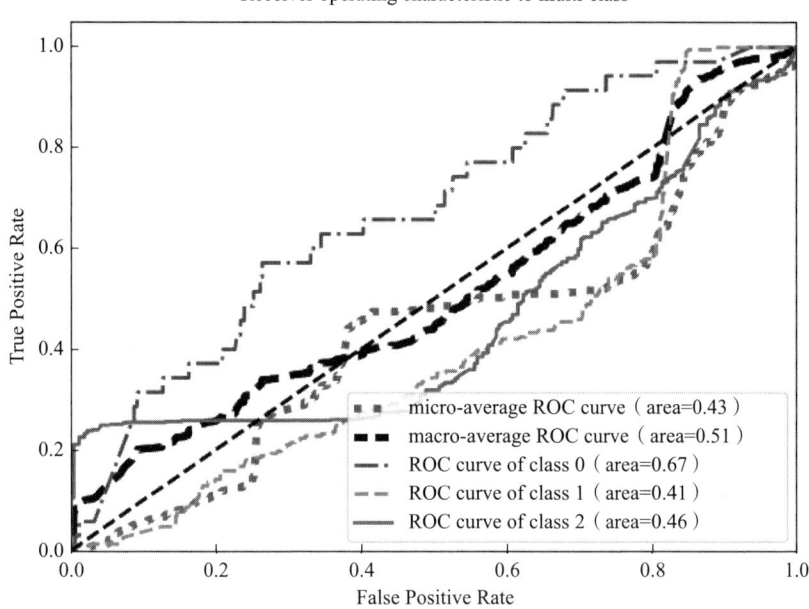

图3-5 TextCNN方法ROC曲线评估（阶段三）

3.3.5 BERT迁移学习方法评估

BERT实验目的主要为验证其基于完整的诈骗网站文本数据对诈骗网站的识别能力，并验证预训练模型在训练集数据量较小的情况下能否取得突出结果。

BERT模型微调：把预训练好的BERT模型用到文本分类上，本章中采用的是BERT-Base，一共12层，隐层为768维，采用12头模式，共110M个参数。max_seq_length（最大序列长度）为128，train_batch_size（训练批大小）为32，learing_rate（学习率）为2e-5，num_training_epochs（训练迭代次数）为3.0。BERT迁移学习方法混淆矩阵如表3-9所示。BERT迁移学习方法ROC曲线如图3-6所示。其中class 0代表淫秽色情，有118条；class 1代表信贷诈骗网站，有575条；class 2代表博彩诈骗网站，有122条。

表 3-9　　　　　　　　　BERT 迁移学习方法混淆矩阵

样本		预测值			
		class0	class1	class2	合计
实际值	class0	110	7	1	118
	class1	2	554	19	575
	class2	0	8	114	122
合计		112	569	134	815

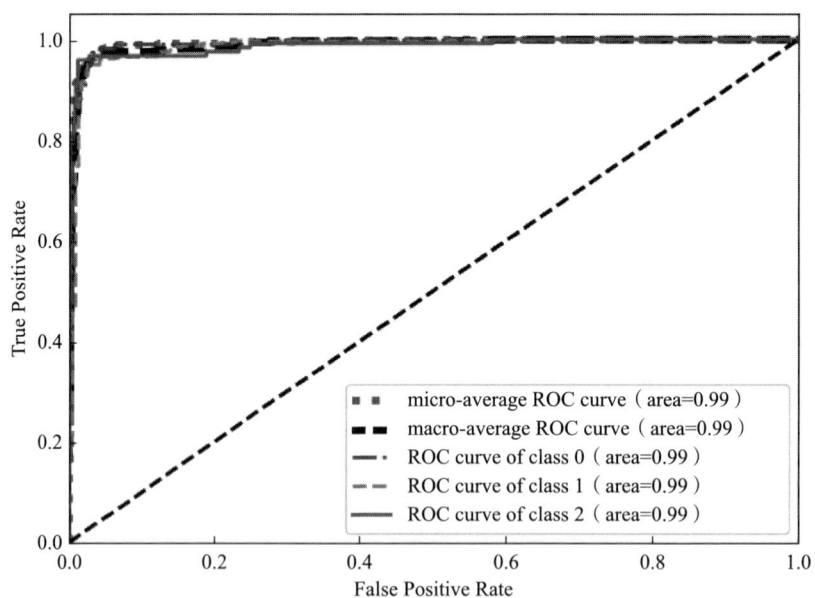

图 3-6　BERT 迁移学习方法 ROC 曲线

3.3.6　BERT 与 TextCNN 对比评估

在 TextCNN 模型中,从阶段一的混淆矩阵可以看出,该阶段模型在针对信贷诈骗网站分类时,当 FPR(样本中本该是负例,但是模型预测为正例的样本数量,除以样本中负例数量,该值越小越好)为 0.49,TPR(样本中是正例并且模型预测为正例的样本数量,除以样本中正例数量,该值越大越好)仅为 0.21,效果极差;阶段二 FPR 为 0.23,对应的 TPR 为 0.30,效果有提升但还是较差;经过调试后(阶段三)FPR 值为 0.0375,TPR 的值为 0.43,效果有明显提升。而 BERT 模型在数据集较小的情况下,模型预测结果十分突出,以 class1 分类预测结果为例,FPR 值为 0.026,TPR 值为 0.96。

从 ROC 曲线与 AUC 值来看,TextCNN 模型的 micro-average ROC 曲线一直徘徊在对角线附近,其对应的 AUC 值也仅为 0.43,而 BERT 模型的 micro-average ROC 曲线紧贴 TPR 轴线,其 AUC 值接近 0.99。

根据 ROC 曲线 AUC 值及混淆矩阵评估分析可得出,对于基于诈骗网站完整文本数据对诈骗网站进行分类识别的任务,BERT 迁移学习模型的诈骗网站监测预警方法实验结果优于 TextCNN,更能满足实战应用需求。

3.4 本章小结

诈骗网站监测预警研究是打击防范电信网络诈骗的重要环节。本章采用基于 BERT 迁移学习方法代替普遍应用的深度学习 TextCNN 算法,并基于实战单位诈骗网站文本数据对预训练模型进行迁移训练,同时验证模型的预测效果。基于 BERT 迁移学习模型诈骗网站监测预警研究主要贡献如下:(1)提出了双向 Transformer 预训练模型代替当前普遍采用的传统深度学习方法,实验结果表明本章提出的方法较 TextCNN 深度学习方法,不仅能够减少人工标注数据成本且精确度更高,还能够快速实现诈骗网站信息的自动发现与研判,大幅提升诈骗网站拦截准确率;(2)对平台域名背后隐藏数据(IP 归属地、服务器 banner、诈骗网站指纹信息等)进行深入挖掘,为电诈数据可视化分析研判工作奠定基础。

本章内容在诈骗网站文本数据基础上进行研究,下一步将结合诈骗网站图像、URL 特征、网站后台特征进行综合分析研判,进一步提高诈骗网站监测预警准确率。

第4章

诈骗网站图像智能识别技术研究

现有诈骗网站识别中使用图像识别技术成果较少,且相关成果主要基于图像的相似性进行判别,存在图像特征选取维度单一等问题。本章针对诈骗网站形式多样、人工识别费时费力的问题,从图像识别入手,提出一种基于TensorFlow 框架的诈骗网站图像识别方法,有效缓解传统的诈骗网站图像识别模式中特征提取单一、泛化能力不足、训练计算量过高等问题。此外,本章使用 MobileNet 模型和 ResNet18 模型,进行诈骗网站图像预测对比实验,测试经典卷积神经网络直接迁移到诈骗网站图像识别领域的效能。实验证明,本章提出的模型在诈骗网站图像识别中,相较于其他模型,在耗时与准确率上具有一定优越性。

4.1 相关技术概述

4.1.1 MobileNetV2 网络

MobileNetV2 网络是由 Google 团队在 2018 年提出的一种卷积神经网络架构,相比于前代 MobileNetV1 网络,具有准确率高、模型小的特点。MobileNetV2 网络的特点之一是使用了倒残差结构(inverted residuals),这个残差结构是由两个尺寸为 1×1 的卷积层和一个尺寸为 3×3 的卷积层组成的。

MobileNetV1 网络残差结构首先对输入特征矩阵，通过 1×1 大小的卷积进行升维并增加通道的大小，其次通过 3×3 大小的 DW 卷积核（depthwise convolution）进行卷积处理，最后通过 1×1 的卷积核进行降维。而传统的 ResNet 架构中的残差结构由两个尺寸为 1×1 的卷积层和一个尺寸为 3×3 的卷积层组成，通过这三个卷积层拟合了残差函数，然后与恒等映射相加后输出 B。首先通过 1×1 的卷积层使输入的 256 维特征向量降低至 64 维，其次通过 3×3 的卷积层学习特征，最后通过 1×1 的卷积层将特征向量恢复至 256 维。可以看出，MobileNetV2 网络的残差块结构和 ResNet 架构中的残差结构是完全相反的。MobileNetV2 网络的残差块结构可以有效地解决深层网络退化问题，并加速模型训练效率的效果。

MobileNet – V2 网络还使用了 Linear Bottlenecks 机制，即 MobileNet – V2 网络中的倒残差结构的最后一层的卷积中没有使用 ReLU 激活函数而是使用线性激活函数。这是因为 ReLU 激活函数对低维特征信息会造成大量损失，而对于高维的特征信息造成的损失很小。而 MobileNet – V2 网络中的倒残差结构是一个两头小中间大的形状，在最后输出的是一个低维的特征，所以改为线性激活函数而非使用 ReLU 激活函数可以防止非线性破坏过多的可用信息。

MobileNet – V2 网络总结：相比于 MobileNetV1 网络而言，MobileNet – V2 网络无论参数量还是性能都有所提升。此外，MobileNet – V2 网络中设计了全新的倒残差模块结构和线性瓶颈机制，提供了具有多种特性的基本构建单元，构建了一个高效的移动模型，同时在内存处理上有极好的性质。

4.1.2 ResNet 残差网络模型

在传统的卷积神经网络模型中，随着网络层数的加深，有时模型的识别精度会出现不增反降的情况，并且经常伴随着梯度消失和梯度爆炸现象的出现，导致模型最终无法收敛。这种现象被称为网络退化现象，即模型的训练误差会随着网络深度的加深而增加。为解决网络退化现象，何凯明团队于 2015 年提出了 ResNet 残差网络模型，并取得当年 ILSVRC 的分类模型第一名。ResNet 残差网络模型使用了两个不同结构的残差模块。在残差模块中，输入可以通过跨越层数更快地向前传播。基于残差块特殊的结构，ResNet 残差网络能够有效地解决网络退化问题。

ResNet 残差网络的优点：（1）ResNet 残差网络首次提出了残差模块的概念，将用于解决网络退化问题；（2）ResNet 残差网络具有超过 1000 层的超深层网络结构；（3）当梯度反向传播时，ResNet 残差网络具有残差结构不容易消失的特点；（4）ResNet 残差网络使用批量归一化操作来加速训练，即使网络结构较深，但训练性能仍然较好，解决了训练深度网络时的梯度退化问题。

4.1.3 卷积神经网络优化算法

优化（optimizer）算法：优化算法的主要目的是通过最小化（或最大化）一个损失函数，在给定输入数据和模型参数的情况下，提高模型的性能和预测能力。当前主流用于优化深度学习的优化算法，包括梯度下降法、动量优化法、自适应学习率优化算法等。

（1）梯度下降法。

梯度下降法（gradient descent）就是通过沿着梯度下降最快的方向求极小值的一种优化算法，存在着经典梯度下降法、批量梯度下降法（batch gradient descent，BGD）、随机梯度下降法（stochastic gradient descent，SGD）、小批量梯度下降法（mini-batch gradient descent，MBGD）等。其中最常用的是随机梯度下降法，该算法在梯度下降法基础上对单个训练样本进行参数更新，加快收敛速率。本章使用随机梯度下降法对 ResNet18 网络进行模型优化。

（2）动量优化法。

动量优化法（momentum）借助物理学科中动量的思想，即某物下坡的速度会越来越快，同时动量会随之增长，这些累计的动量会帮助该物体冲过一些小坡。类比到参数优化问题当中，动量优化法的核心思想：对于某方向上的参数优化，会在更新时一定程度上保留之前更新的方向，这一操作会累积动量，利用该动量可突破局部最小困境。参数的更新公式如下：

$$p_{n+1} = \gamma \cdot p_n + \epsilon \cdot \nabla_\theta G_i(\theta) \qquad (4-1)$$

$$\theta_{n+1} = \theta_n - p_{n+1} \qquad (4-2)$$

其中,参数 p 代表某时刻的动量;参数 γ 代表动量因子,一般取经验值 0.9;参数 n 代表参数更新轮次;参数 ϵ 代表学习率;参数 θ 代表待优化的模型参数;参数 $\nabla_\theta G_i(\theta)$ 代表变化的梯度。

(3) 自适应学习率优化算法。

常见的自适应学习率优化算法有 Adam 算法、AdaGrad 算法、RMSProp 算法等。自适应矩估计算法 (adaptive moment estimation,Adam):Adam 优化器属于 RMSProp 的进阶算法,该算法结合了动量优化法,并引入了指数平均移动方法,能够同时对一阶和二阶的动量进行指数平均移动。Adam 算法的核心思想是:基于一阶动量和二阶动量,通过历史梯度的指数减少均值,结合偏差校正,关系模型的训练参数。Adam 算法具有训练过程平稳、适用于高维度的大数据集等优点。本章使用自适应矩估计算法对 MobileNet 网络进行参数优化。

综上所述,优化器算法的目的是:(1) 自适应地更新卷积神经网络模型输出特征信息的参数;(2) 稳定模型训练过程,降低模型训练过程的波动性;(3) 防止模型参数的优化过程陷入局部最小情况;(4) 提升模型的预测效果。

4.2 模型设计

诈骗网站图像的智能识别研究的总体流程如图 4-1 所示,大体可以分为三个阶段:页面图像的爬取、IRMFW-CNN 模型构建和经典模型性能测试。其中,页面图像的爬取主要获取诈骗网站与非诈骗网站的特征图像样本。在模型构建阶段,构建基于 TensorFlow 框架和卷积神经网络的诈骗网站图像识别模型 (image recognition model of fraudulent website based on convolutional neural network,IRMFW-CNN),并结合 Adam 算法和交叉熵优化模型的参数训练。经典模型性能测试主要使用 MobileNetV2 模型和 ResNet18 模型,并结合 Adam 算法和 SGD 算法对模型进行优化,以对比测试 IRMFW-

CNN 模型、MobileNetV2 模型和 ResNet18 模型对诈骗网站图像的识别能力。

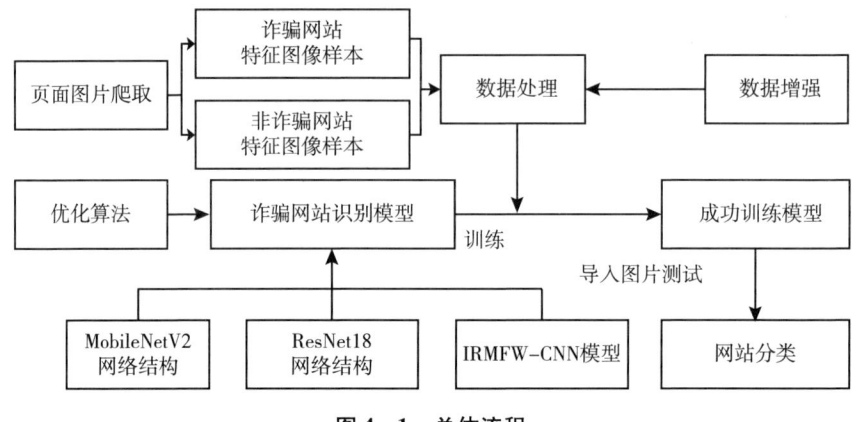

图 4-1 总体流程

4.2.1 图像爬取

网站的图像爬取包括即时截取主页面与获取链接中自带图像两种方式。由于大部分的诈骗网站结构简单，且相同类型的诈骗网站所具有的功能类似。为贴合实战，本章采取即时截取主页面爬取图像的方式进行数据捕获。首先，设置待获取页面图像的宽和高，在截取后统一保存，保证截取的页面图像分辨率相同且宽高一致。其次，通过设定图像大小、分辨率等参数后爬取诈骗网站与非诈骗网站的主页面图像，并按类存放到对应的文件夹中。最后，构成实验所需的诈骗网站图像数据集。

4.2.2 经典卷积神经网络模型搭建

4.2.2.1 MobileNetV2

MobileNetV2 网络结构的卷积层与普通卷积层不同，是一个轻量级的深度卷积神经网络，卷积层更少，参数更少，可以提高模型运算效率、减少时耗,且具有特殊的倒残差结构。

1. 轻量级深度可分离卷积层

采用更高效的模块,更少的卷积层,深度可分离卷积层分深度卷积和逐点卷积(陈鹏飞,2018),每个卷积层都是用轻量级的深度卷积来过滤中间扩展层中的特征,从而降低模型复杂度。

2. 倒残差结构

倒残差结构则是用于深度神经网络反向传播的一种结构,它可以有效地解决梯度消失和梯度爆炸问题。不同于普通残差网络,采用跨层反向连接方式,具有两头细中间粗的结构。倒残差网络使更多的卷积运算可以使用 1×1 卷积进行降维,减少运算量;倒模块使网络层数的增加不会影响下降精度和提升训练难度;通过倒残差扩张的卷积增大了感受野,能够捕获更深层次的特征。输入 x 会先通过若干个卷积和非线性变换得到一个中间表示 z,然后在后续层中将 z 与上层的梯度相加得到输出 y。其中,g(z) 表示倒残差块中除了反向连接之外的其他计算过程,L 表示模型的损失函数,表示上一层的输出。公式如下:

$$y = g(z) + \frac{\partial L}{\partial_{yup}} \qquad (4-3)$$

3. Adam 算法优化

在 MobileNetV2 模型的训练过程中使用 Adam 算法对训练参数进行优化,加快模型训练参数的更新速度,提升模型对诈骗网站图像的识别能力。

Adam(adaptive moment estimation)算法是一种高效、自适应的优化算法,能够有效提高模型训练的速度和精度,也可以避免过拟合和提高模型泛化能力。Adam 算法的公式如下:

$$\widehat{m_t} = \frac{m_t}{1 - \beta_1^t} \qquad (4-4)$$

$$\widehat{v_t} = \frac{v_t}{1 - \beta_2^t} \qquad (4-5)$$

其中,两个公式分别表示梯度的第一时刻平均值和第二时刻非中心方差值,

$\widehat{m_t}$ 和 $\widehat{v_t}$ 表示计算偏差校正后的一阶矩估计和二次原始矩估计，m_t 和 v_t 表示第一时刻和第二时刻的初始化动量，β_1^t 和 β_2^t 表示指数衰减率的时刻估计。Adam 算法使用对模型参数的一阶和二阶动量特征对参数的学习率进行自适应优化。参数的更新公式如下：

$$\theta_{t+1} = \theta_t - \frac{\eta}{\sqrt{\widehat{v_t}} + \epsilon} \widehat{m_t} \qquad (4-6)$$

其中，ϵ 是模型的学习率，η 为步长，θ_t 为参数向量。同时结合正则化和截断等技术，Adam 算法能够更好地优化模型的权重参数，防止其过大或过小。

4.2.2.2 ResNet18 网络

选取合适的卷积神经网络模型和寻优算法，拟在图像特征提取上用 ResNet18 网络，以独特残差结构解决深层网络存在的性能不足问题，以提高特征提取能力。

1. 卷积层

卷积层的功能是对输入的诈骗网站图像数据进行特征提取，以便后续对特征数据进行分析处理。卷积层数越多，模型复杂度越高，提取特征越细致。卷积公式如下：

$$O_{i,j} = \sum_{m=1}^{M} \sum_{n=1}^{N} \sum_{k=1}^{K} K_{m,n,k} I_{(i-1)\times S+m-P,(j-1)\times S+n-P,k} + B_k \qquad (4-7)$$

其中，M 和 N 表示卷积核的宽度和高度，I 是特征图，K 是卷积核的数量，B 是偏置项，O 是输出特征图，S 是步幅，P 是填充大小，而 i 和 j 则代表了输出特征图中每一个像素的坐标，k 表示第 k 个卷积核。最终的目标是构建一个能合理提取出诈骗网站图像特征图的卷积层结构。

2. 池化层

池化层的输入是卷积层的输出，卷积层输出的通道数 m 等于卷积核的数量，每个通道都是一列。池化层的作用是对卷积层得到的特征进行选取与信息过滤，将特征图中单个点的结果替换为其相邻区域的特征图统计量。卷积操作的输入输出特征图尺寸满足式（4-8）：

$$f = \frac{f_i - m + 2 \times p}{s} \tag{4-8}$$

其中，f_i 代表输入特征图的尺寸；f 代表进行卷积操作时输出特征图的尺寸；p 代表填充尺寸，m 代表卷积核的尺寸大小。卷积核中的权重参数和偏置量会在卷积神经网络的训练过程中通过反向传播的方式进行更新。此外在一次卷积操作中，对于同一个输入图像数据，卷积层会通过共享卷积核的权重参数方式，来减少卷积层的计算规模。

3. 残差结构

残差结构是深度神经网络前向传播的一种结构，采用跨层直接连接的方式，使网络可以更深地学习特征。残差模块可以解决梯度消失和梯度爆炸问题。残差块中的跳跃连接将输入与输出相关，使网络可以学习到残差信息，从而更好地进行特征提取和处理。选取合适的卷积神经网络模型和寻优算法，拟在图像特征提取上用 ResNet18 网络，以独特残差结构解决深层网络存在的性能不足问题，以提高特征提取能力。残差块结构主要由两部分组成，包括常规的卷积网络结构部分和恒等映射部分。通过映射部分特征的方式，使输入 X 直接作为输出的初始结果，来实现恒等映射。输入 x 会通过若干个卷积和非线性变换后与原输入相加得到残差块的输出 y，输入 x 会通过若干个卷积和非线性变换后与原输入相加得到残差块的输出 y，公式如下：

$$y = f(x) + x \tag{4-9}$$

其中，f(x) 即残差。当需要构建更深层网络时，需要寻找合适的参数使残差 f(x) 无限接近于 0，即可保持模型的性能。即当新加的一些层的学习效果非常差时，可以通过残差块将这些层的权重参数设置为 0，从而直接跳过这一部分，以确保模型在之后的层次中不会造成性能下降。

4. SGD 算法优化

通过采用 SGD 随机梯度下降的反向传播，不断调整权重参数来最小化交叉熵损失函数。在图像分类中，是机器学习的常用优化算法。

随机梯度下降法 SGD 在模型训练过程的参数更新环节中随机选取一个样本计算其梯度,并根据以下公式优化更新模型的训练参数:

$$\theta_{n+1} = \theta_n - \epsilon \cdot \nabla_\theta G_i(\theta, x_i, y_i) \qquad (4-10)$$

其中,参数 n 为参数更新轮次;参数 ϵ 为学习率;参数 θ 为待优化的模型参数;参数 x_i,y_i 分别为随机选取的数据样本及其对应的标签;参数 $\nabla_\theta G_i(\theta, x_i, y_i)$ 为根据选取样本所计算出的梯度。随机梯度下降法的具体流程如下:对于给定的训练集 x_1,x_2,…,x_n,以及其对应的标签 y_i。首先,随机梯度下降法会初始化权重参数 θ 和学习率 ϵ。其次,在参数的迭代优化过程中,随机梯度下降法会随机从训练集中选取一个样本(x_i,y_i),并依据一定机制更新学习率 ϵ_k,接着计算出小批量样本的平均梯度 g,并依据式(4-4)来更新权重参数 θ。最后,当算法达到预设要求后,算法结束。

4.2.2.3 模型中的参数初始化

卷积神经网络在图像识别中各领域初始化状态参数不同,参数不合理会使识别效率低下,且模型的层与层之间会存在许多冗余连接,这会使卷积神经网络对图像识别的效果不尽如人意。需合理设置初始状态参数,为使初始状态参数尽可能合理,以符合诈骗网站图像识别的条件。模型从 0 开始训练需要大量的时间,但迁移学习可以很好地缓解这个难题。本章使用预训练模型进行迁移学习,利用已科学训练后的模型参数保留绝大多数卷积层、池化层等的参数,固定除最后一层外的所有参数。创建 Adam 算法优化的 MobileNetV2 和 SGD 算法优化的 ResNet18 卷积神经网络的诈骗网站图像识别模型,从而解决诈骗网站图像识别中参数不够完美、泛化能力不足的问题。

4.2.3 IRMFW – CNN 模型构建

1. 图像特征获取

在传统方法中,图像特征通常指获取描述图像的内容和结构,如纹理、颜色、分辨率大小等。而在卷积神经网络中，通常在输入图像上通过滑动卷积核进行卷积运算，从而得到抽象程度逐渐提高的特征图。卷积操作可以让卷积核发现输入图像中的各种特定局部结构，并将这些局部结构组合成更高级别的特征。

2. IRMFW – CNN 模型结构

IRMFW – CNN 模型是一个包含 12 层网络的卷积神经网络，其结构如下所示。

（1）第一层是第一个卷积层，设定输入图像尺寸为 $224 \times 224 \times 3$，在卷积层中包含 32 个 3×3 大小的卷积核提取输入样本图像的特征，并使用 ReLU 激活函数。

（2）第二层为一个最大池化层，使用 2×2 的池化窗口来降低特征图的空间尺寸。

（3）重复步骤（1）和（2），再次添加一个具有 64 个卷积核而其他参数不变的卷积层，然后再接一个最大池化层。

（4）继续重复步骤（1）和（2）两次，再添加一个具有 128 个卷积核而其他参数不变的卷积层，并再次添加相邻的最大池化层。

步骤（3）和（4）的重复操作添加了更多的卷积层和池化层，并且每次卷积层的过滤器数量都翻倍，这样做可以逐渐增加模型的复杂性和表征能力。

（5）添加一个 Flatten 层，将前面的卷积层和池化层输出的特征图展平为一维向量，以便作为全连接层的输入。

（6）最后一层是模型的全连接层，第一个全连接层中包含 512 个神经元并使用 ReLU 激活函数；然后添加一个 Dropout 层用于缓解模型可能存在的过拟合现象；再添加一个全连接层。连续使用全连接层能够更好地提取诈骗网站图像的深层特征，最后使用 Softmax 激活函数对输入进行多类别分类并输出预测结果。训练好的 IRMFW – CNN 模型具体构造情况如表 4 – 1 所示。

表 4–1　　　　　　　　IRMFW–CNN 模型具体构造

层名	输出规格	参数数量
conv2d	(None, 222, 222, 32)	896
max_pooling2d	(None, 111, 111, 32)	0
conv2d_1	(None, 109, 109, 64)	18496
max_pooling2d_1	(None, 54, 54, 64)	0
conv2d_2	(None, 52, 52, 128)	73856
max_pooling2d_2	(None, 26, 26, 128)	0
conv2d_3	(None, 24, 24, 128)	147584
max_pooling2d_3	(None, 12, 12, 128)	0
flatten	(None, 18432)	0
dense	(None, 512)	9437696
dropout	(None, 512)	0
dense_1	(None, 3)	1539
总参数	—	9680067

3. 模型参数优化

IRMFW–CNN 模型使用 Adam 算法优化训练参数并使用交叉熵作为损失函数。

交叉熵（Cross–Entropy）是一种常用的损失函数，主要适用于分类问题，用于衡量模型预测的概率分布与真实标签分布之间的差异。它的计算公式如下：

$$H(p,q) = -\sum [p_i \times \log(q_i)] \qquad (4-11)$$

其中，p 表示真实的概率分布，q 表示模型预测的概率分布，在分类问题中通常使用独热编码（one-hot encoding）表示真实标签。p_i 表示真实标签的第 i 个类别的概率，q_i 表示模型预测的第 i 个类别的概率。

通过最小化交叉熵损失，模型可以更好地拟合训练数据，提高分类任务的准确率。同时，由于交叉熵损失对于概率的敏感性，模型在训练过程中更容易进行梯度下降优化。

4.2.4 数据增强与图片数据的导入与训练

为了扩大图像处理任务的训练数据集规模，需要对图像数据进行数据增强。数据增强，主要对原始数据中的训练集进行图像大小调整、随机裁剪、水平翻转、颜色抖动、旋转、缩放、平移等系列变换来提高模型的泛化性能，减轻模型的过拟合现象。同时也可通过设定参数、增加数据集数量的方式以提高泛化能力。其中，颜色抖动包括亮度、对比度、饱和度和色相的随机变化，颜色抖动和旋转操作可以模拟真实场景下的图像变化，增加训练数据的多样性。

数据增强的常见方法包括以下6种。

（1）数据翻转方法：该方法将数据进行镜面翻折对称的方式进行数据增强。但需要注意数据翻转方法并不同于数据旋转方法中将原始图像数据旋转180°。

（2）数据旋转方法：将图像数据按照随机的角度大小，进行顺时针或逆时针的图像旋转。

（3）图像缩放方法：图像文件进行放大或者缩小操作。当对图像进行放大操作时，增强后图像在尺寸上将大于原图尺寸，这时一般将放大后的图像进行裁剪，将其尺寸还原成原始尺寸。而当对图像进行缩小操作时，一般使用纯色数据进行背景填充，使缩小后的图像与原始尺寸相同。

（4）图像剪裁方法：图像剪裁的核心思想就是在原图像中随机选择一部分，进行剪裁操作后将其放大至原图像尺寸大小。

（5）图像平移方法：图像平移法是较为常用的数据增强方法，这种方法规定以图像左下角作为坐标原点，将图像沿着左右方向或者上下方向或者沿对角线方向进行平移操作，并使用纯色数据对平移后所产生的背景进行填充。由于待识别物体可能出现在图像中的任意位置，所以图像平移的增强方法效果非常好。

（6）添加噪声：通常将高频特征定义为在神经网络模型的深层网络中学习到的特征。高频特征通常对神经网络模型的训练不产生作用，而极易对低频特征产生影响，而神经网络模型又很容易学习低频特征，从而造成神经网络模型结构过深时产生过拟合现象。但由于神经网络对于噪声并不健壮，可以通过选择随机加入噪声数据来消除高频特征的影响后再进行模型训练，提高模型整体的鲁棒性。

在本章中，基于对模型性能与效率的综合考虑，对原始图像进行预处理，将图像分类并生成多个分类数据集，重定义图像大小、分辨率、图片格式及位深度，形成 numpy 数组的矩阵后作为输入。

将导入的图片数据进行不断地调试与训练，直到达到预先设定的阈值后，使卷积神经网络的各初始状态参数达到一个最好的状态。训练结束后，将权值和阈值保存在文件中。这时可以认为各个权值已经达到稳定，分类器已经形成。再次进行训练，直接从文件导出权值和阈值进行训练。

4.2.5 导入测试图片数据并输出分类结果

将待识别的诈骗网站图像导入卷积神经网络模型后综合分析，得到各网站分类结果并梳理导出到表格中，从而实现对诈骗网站的识别与分类。

4.3 实验与分析

4.3.1 实验环境

实验研究环境如表 4-2 所示。

表 4–2　实验环境说明

模型	参数
操作系统	Windows10 专业版 22H2
CPU	Intel（R）Core（TM）i5-9300H CPU @ 2.40GHz
GPU	Intel（R）UHD Graphics 630；NVIDIA GeForce GTX 1050
内存	16GB
编程语言	Python 3.8，PyCharm 2020.2 X64

4.3.2　评价指标

1. 损失率与准确率

损失率是指在每个 Epoch 结束后模型会计算预测结果与实际标签之间的差距，每一次 Epoch 时会使损失函数最小化，从而体现模型训练效果。在 ResNet18 中，损失函数指交叉熵损失函数，其中 N 表示样本数量，C 表示分类数目，y_{ij} 是第 i 个样本的第 j 个类别的真实标签，p_{ij} 是网络输出的第 i 个样本预测为第 j 个类别的概率。公式如下：

$$-\frac{1}{N}\sum_{i=1}^{N}\sum_{j=1}^{C} y_{ij}\log(p_{ij}) \qquad (4-12)$$

准确率是用于衡量分类模型性能的一种指标，它表示模型在所有样本中被正确分类的样本比例，准确率越高识别效果越好。

2. 精确率与召回率

用 T 表示正确识别诈骗网站的数量，用 FF 表示诈骗网站被错误识别为非诈骗网站的数量，用 FT 表示非诈骗网站被错误识别为诈骗网站的数量，精确率 P 的公式如下：

$$P = T/(T + FT) \qquad (4-13)$$

精确率代表模型预测为正的样本中预测正确的概率，精确率低则意味着模型不能较好地识别诈骗网站图像。召回率 R 的公式如下：

$$R = T/(T + FF) \qquad (4-14)$$

召回率 R 代表样本中的正例被预测正确的概率。精确率与召回率通常呈现此消彼长的状况，可以通过精确率与召回率的关系判断模型预测识别样本的能力。

4.3.3　经典卷积神经网络模型对比实验及分析

4.3.3.1　实验步骤

1. 网站特征图像爬取与数据预处理

采取即时截取主页面爬取图像的方式，设置要获取页面的宽和高，截取后统一保存，保证截取的页面图像分辨率相同且宽高一致。通过设定图像大小、分辨率等参数，爬取诈骗网站与非诈骗网站的主页面图像，爬取过程如图 4-2 所示。

```
http://blog.synnex.com.au/.well-known, 快照保存成功
请求异常： HTTPSConnectionPool(host='3556-logowania181608-wydanie.nbaslum.co.pl', port=443)
https://3556-logowania181608-wydanie.nbaslum.co.pl/jktty, 快照保存失败,原因（1）res为空（2）参
http://79.137.34.254:30332/wp-admin/maint/content/content.php, 快照保存失败, 原因, Document is
http://www.domusdecima.it/Lucianomanuja/djugnklk/dhunig.php, 快照保存成功
http://logicmagicdreams.tessalogic.com/, 快照保存成功
C:\Users\Administrator\AppData\Local\Programs\Python\Python38\lib\site-packages\urllib3\c
    warnings.warn(
https://pec-auth-f42b4.firebaseapp.com/, 快照保存失败, 原因, Execution context was destroyed,
请求异常： HTTPSConnectionPool(host='www.pec-sys-servizio-fatturazione.com', port=443): Max
https://pec-sys-servizio-fatturazione.com/, 快照保存失败,原因（1）res为空（2）参数设置错误
http://www.jongarmendia.com/wp-content/plugins/wp-statistics/includes/vendor/s1lentium/ip
C:\Users\Administrator\AppData\Local\Programs\Python\Python38\lib\site-packages\urllib3\c
    warnings.warn(
https://al-amrain.com/content/content.php, 快照保存成功
```

图 4-2　爬虫过程

本实验数据集包括诈骗网站与正常网站图像数据集共计 7000 余条，主要来自实战单位收集的诈骗网站快照，将图像的分辨率统一设定为 1920×4000，位深度为 4。同时，由于原数据集存在分布不均衡及存在数量种类研判错误的问题，为防止数据集误判等原因导致的模型训练失败，通过人工选择的方式，去除原数据集中网站无法读取、页面为空等不正常数据。本次实验主要选取博彩和色情两大类诈骗网站图像数据，其中博彩类诈骗网站图像数据共 1150 张、色情类诈骗网站图像数据共 1350 张，以及正常网站的图像

数据共 1300 张。实验选取的数据分布具体如表 4-3 所示。

表 4-3　　　　　　　　　　诈骗网站图像数据集

种类	数量（张）
博彩	1150
色情	1350
正常	1300

采用 8∶1∶1 的比例对筛选后的数据集进行分割，用随机数 42 的方式固定数据集。考虑到筛选后的数据量较少，对原始数据中的训练集进行图像大小调整、随机裁剪、水平翻转、颜色抖动、旋转、缩放、平移等系列变换来提高模型的泛化性能，并用归一化操作帮助加速模型收敛。然后将数据代入模型，其中诈骗网站图像数据的博彩和色情两个类别作为正样本，正常网页作为负样本。

训练集数据集中，α 为验证集占总数据集的倍数，β 为测试集占总数据集的倍数，计算公式如下：

$$训练集数据量 = 总样本数 \times (1 - \alpha - \beta) \qquad (4-15)$$

数据量比例数量如表 4-4 所示。

表 4-4　　　　　　　　　　诈骗网站图像数据集

数据集	数量（张）
训练集	3040
验证集	380
测试集	380

2. 图像特征提取

MobileNetV2 模型总共包含 27 个卷积层。MobileNetV2 使用的是深度可分离卷积操作，将标准卷积层中的卷积核拆分成两个卷积操作：深度卷积和逐点卷积，从而实现更轻量、更高效的卷积操作。具体地，深度卷积对输入张量的每个通道单独进行卷积计算，得到通道数与卷积核数量相同的张量。接着，逐点卷积对这些通道进行组合，得到输出张量。相比于标准卷积层，在保证精度的情况下，深度可分离卷积可以大幅降低模型的参数量和计算量，从而在移动设备等资源受限的场景下具有更好的效果。

3. 模型训练与结果预测

首先，将训练集按博彩、色情、正常三个类别的数据集导入已进行预训练后的 ResNet18 和 MobileNetV2 中进行迁移学习。其次，训练前将数据集分成训练集、验证集、测试集 8∶1∶1 的比例，同时学习率设置为 0.001，batch_size 值为 32，训练 50 轮后得到训练完毕的 MobileNetV2 模型。最后，将博彩文件夹内的测试图片导入模型进行预测，得分评价与分类情况如图 4-3 所示。

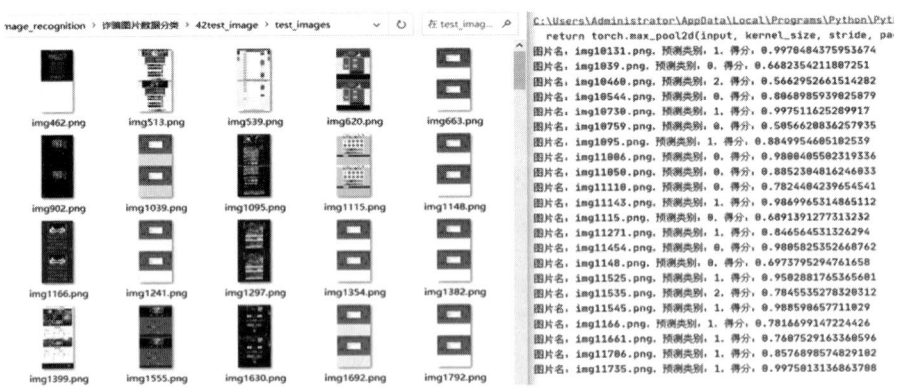

图 4-3　得分与分类显示

图 4-3 中的得分越高意味着越有可能属于这个分类，而预测失败的原因很可能是该图像所具有的特征也广泛存在于其他分类中，导致预测失败。例如，img11535.png，由于博彩元素较少，模型识别在博彩与正常之间预测失败。

4.3.3.2 模型识别结果

1. MobileNetV2 图像识别

MobileNetV2 模型对博彩类、色情类、正常类图像数据进行 50 轮 Epoch 的结果如图 4-4 所示。由图像可看出 MobileNetV2 模型的前 20 轮效率较高,当训练集达到准确率 95% 时,测试集总准确率下降至 85%。此外,随着 Epoch 的增加,训练后准确率反而下降,可能因为模型属于轻量级不够复杂,存在过拟合等现象,说明 MobileNetV2 适合短 Epoch 迁移学习训练。

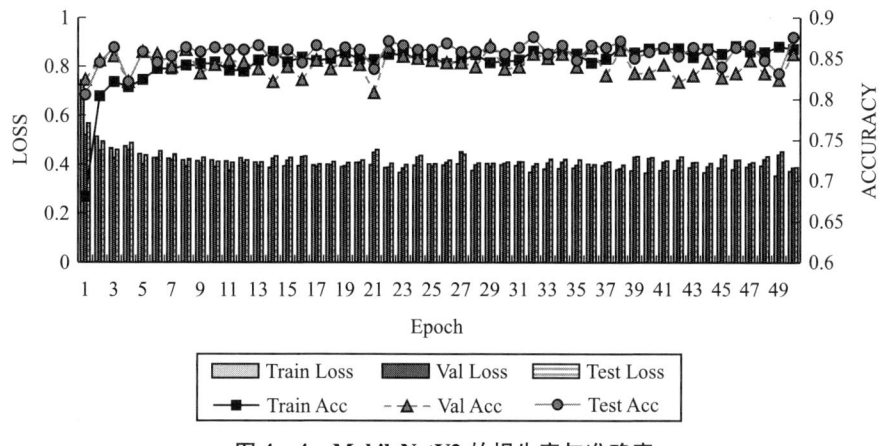

图 4-4 MobileNetV2 的损失率与准确率

2. SGD 优化的 ResNet18 图像识别

在模型的训练期间一般可用损失率来代表每一 Epoch 中计算的损失值和训练数据集之间的比率。在 ResNet18 模型的前几轮的 Epoch 训练中发现损失率较高,但随着 Epoch 数的增加,损失率会越来越低,模型拟合度会越来越好。说明 ResNet18 适合长 Epoch 训练,且不容易过拟合,ResNet18 的损失率与准确率如图 4-5 所示。由 ResNet18 模型对博彩类、色情类、正常类图像数据进行 50 轮 Epoch 三分类的结果分析,当训练集达到准确率 86.15% 时，测试集总准确率达到 87.61%。

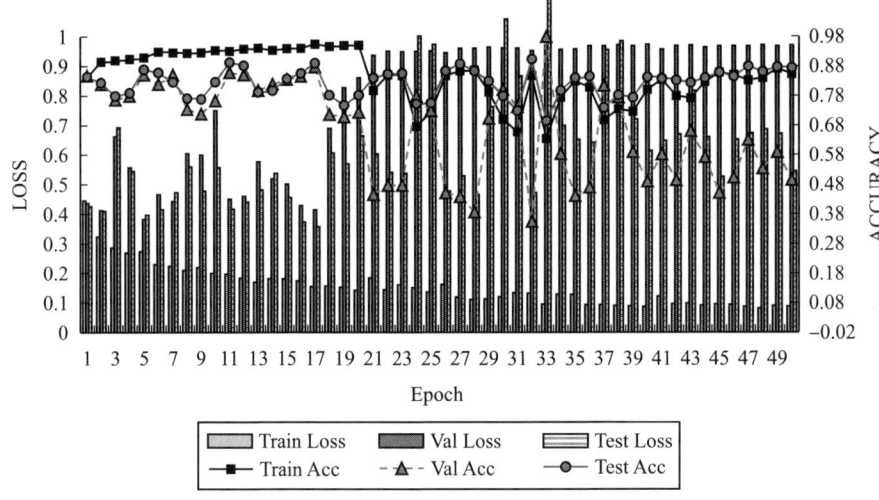

图 4-5 ResNet18 的损失率与准确率

4.3.3.3 准确率、精确率与召回率

1. 精确率与召回率

在模型训练的第 20 轮 Epoch 时，MobileNetV2 模型使用的测试集中包含博彩类诈骗网站图像 115 张，色情类诈骗网站图像 135 张，总计 250 张，其中模型能正确识别的图像共计 222 张，测试集中正常网站图像 130 张，模型能正确识别的图像共计 122 张。即 MobileNetV2 模型本轮训练的精确率为 96.52%，召回率达到 88.80%。ResNet18 测试集中包含博彩类诈骗网站图像 115 张，色情类诈骗网站图像 135 张，总计 250 张，其中模型能正确识别的数据共计 214 张，测试集中包含正常网站图像共计 130 张，模型能正确识别别的数据有 115 张。即 ResNet18 模型本轮训练的精确率为 93.44%，召回率达到 85.60%。实验结果如表 4-5 所示。

表 4-5　　　　　　　　Epoch 第 20 轮精确率与召回率结果

模型	标签	识别数（张）	总数（张）	精确率（%）	召回率（%）
MobileNetV2	博彩、色情	222	250	96.52	88.80
	正常	122	130		
ResNet18	博彩、色情	214	250	93.44	85.60
	正常	115	130		

在模型训练的第 50 轮 Epoch 时，MobileNetV2 模型使用的测试集中包含博彩类诈骗网站图像 115 张，色情类诈骗网站图像 135 张，总计 250 张，其中模型能正确识别的数据共计 225 张，测试集中正常网站图像 130 张，模型能正确识别的共计 119 张。即 MobileNetV2 模型本轮训练的精确率为 95.33%，召回率达到 90.00%。ResNet18 测试集中包含博彩类诈骗网站图像 115 张，色情类诈骗网站图像 135 张，总计 250 张，其中模型能正确识别的数据共计 226 张，测试集中包含正常网站图像共计 130 张，模型能精确识别的数据有 117 张。即 ResNet18 模型本轮训练的精确率为 94.56%，召回率达到 90.40%。实验结果如表 4-6 所示。

表 4-6　　　　　　　　Epoch 第 50 轮精确率与召回率结果

模型	标签	验证集	识别数（张）	总数（张）	精确率（%）	召回率（%）
MobileNetV2	博彩、色情	228	225	250	95.33	90.00
	正常	122	119	130		
ResNet18	博彩、色情	231	226	250	94.56	90.40
	正常	108	117	130		

2. 准确率

在第 20 轮 Epoch 时，MobileNetV2 模型识别出 115 张博彩类诈骗网站图像中的 94 张，135 张色情类诈骗网站图像中的 118 张，130 张正常网站图像中的 122 张。即 MobileNetV2 模型本轮训练的准确率分别为 81.74%、87.41%、93.85%。ResNet18 模型识别出 115 张博彩类诈骗网站图像中的 85 张，135 张色情类诈骗网站图像中的 112 张，130 张正常网站图像中的 115 张。即 ResNet18 模型本轮训练的准确率分别为 73.91%、82.96%、88.46%。本轮实验的准确率如表 4 – 7 所示。

表 4 – 7　　　　　　　Epoch 第 20 轮准确率分析结果

模型	标签	识别数量（张）	总数（张）	准确率（%）
MobileNetV2	博彩	94	115	81.74
	色情	118	135	87.41
	正常	122	130	93.85
ResNet18	博彩	85	115	73.91
	色情	112	135	82.96
	正常	115	130	88.46

在第 50 轮 Epoch 时，MobileNetV2 模型识别出 115 张博彩类诈骗网站图像中的 91 张，135 张色情类诈骗网站图像中的 129 张，130 张正常网站图像中的 119 张。即 MobileNetV2 模型本轮训练的准确率分别为 79.13%、95.55%、91.54%。ResNet18 模型识别出 115 张博彩类诈骗网站图像中的 93 张，135 张色情类诈骗网站图像中的 118 张，130 张正常网站图像中的 117 张。即 ResNet18 模型本轮训练的准确率分别为 80.87%、87.41%、90.00%。同时也测试了验证集的图像识别情况以防止模型出现异常而因未测试而使实验出现差错，验证集数据显示测试结果正常。本轮实验的准确率如表 4 – 8 所示。

表 4-8　　　　　　　　　Epoch 第 50 轮准确率分析结果

模型	标签	验证集	识别数量（张）	总数（张）	准确率（%）
MobileNetV2	博彩	100	91	115	79.13
	色情	113	129	135	95.55
	正常	121	119	130	91.54
ResNet18	博彩	97	93	115	80.87
	色情	125	118	135	87.41
	正常	108	117	130	90.00

综合上述实验结果可得，在本章构建的诈骗网站识别模型中，以 MobileNetV2 模型为例，当 Epoch 数达到 50 轮时，模型对准确率进行验证时博彩类和色情类诈骗网站图像数据的识别数量分别为 91 张和 129 张，两值相加不等于模型对精确率进行验证时识别出的博彩类、色情类诈骗网站图像总数 225 张，说明博彩类和色情类诈骗网站图像数据中存在相同的图像特征（即相同的诈骗元素），因此博彩类诈骗网站中存在部分数据被误识别为色情类诈骗网站。但总体来看，该误差可被接受，模型整体具备识别诈骗网站的能力。而模型的精确率 95.33% 和回归率 90.00% 说明还有一些图像无法确定，有可能是图像分类不准确导致的，与实际情况相符。

用 Adam 算法优化的具有倒残差结构的 MobileNetV2 在 20 轮循环时的识别效果已经优于使用 SGD 优化的 ResNet18 模型，但模型在 Epoch 为 50 轮时的识别效果没有明显提升。从以上分析，在 224×224×3 的图像识别领域，在短时间内，20 轮 Epoch 便能将模型训练好，达到较好的图像识别效果。

对两个模型进行比较分析，所得的准确率、精准率与召回率均较为优秀，但仍然存在可优化的部分。ResNet18 模型在训练时较稳定，而 MobileNetV2 在训练时 LOSS 和 ACCURACY 动荡较大，但因 Epoch 数较小没有影响最终结果。从单次识别效果来看，MobileNetV2 模型的表现更好一些，在基于少量样本数据的诈骗网站图像识别分类中只要 20 轮 Epoch 即可完成模型的训练并实现较高的识别率。本节实验仍存在两点不足：（1）MobileNetV2 和 ResNet18 两个模型的 Epoch 数不等且训练样本的数量基数不够大，使实验的测试结果存在一定偶然性；（2）本章使用的数据集存在着一定问题。在数据源中存在分类不够精确且有误分的现象，虽已经过人工精心挑选且通过数据增强处理，但避免不了数据基数小的问题，并且数据集中的部分图片存在着重复或近似的问题，导致训练出的模型泛化能力较弱。

4.3.4　IRMFW – CNN 模型实验及分析

4.3.4.1　模型训练

定义好 IRMFW – CNN 模型训练的相关超参数，设定输入图像大小为 224×224×3（其中 3 代表使用 RGB 模式），分类数量 num_classes = 3，即本数据集包含博彩、色情、正常 3 类网站的图像数据；batch_size 值为 32，Epoch 设定为 5。将诈骗网站数据集划分为训练集：测试集 = 8：2，训练并验证模型的训练效果。保存训练好的 IRMFW – CNN 模型用于测试，测试结果如表 4 – 9 所示。

表 4 – 9　　　　　　　IRMFW – CNN 模型初次测试结果

项目	精确率（%）	召回率（%）	F1 值（%）	支持度	AUC
博彩	75	73	74	230	0.909
色情	77	90	83	260	0.947
正常	89	78	83	270	0.962
Macro Avg	81	80	80	760	—
Weighted Avg	81	81	80	760	
准确率		80.6		760	

由测试结果可知，IRMFW – CNN 模型整体识别准确率为 80.6%，宏平均（macro average）和加权平均（weighted average）的精确率均为 81%，这意味着模型还没有完全学习到全部的图像特征。同时，可以发现模型对色情和正常网站的精确率和召回率很不平衡，模型整体的识别效果有待提升。结

果分析可知,在训练数据中色情网站的图像样本在特征上与其他类别的样本存在明显差异,导致模型在学习时更容易区分这些类别,从而产生较高的召回率。而正常网站图像中包含了多种网站类型,导致特征可能不具备足够的区分性,使整体的召回率偏低。因此重新设定 Epoch 为 10,并将诈骗网站数据集划分为训练集:验证集:测试集 = 8:1:1,再次训练 IRMFW – CNN 模型并保存。

4.3.4.2 模型测试

使用测试集对保存的 IRMFW – CNN 模型进行测试,相关结果如表 4 – 10 所示。

表 4 – 10　　　　　　　　IRMFW – CNN 模型测试结果

项目	精确率(%)	召回率(%)	F1 值(%)	准确率(%)	AUC
博彩	92.24	93.04	92.24	95.53	0.948
色情	97.67	93.33	95.45	96.84	0.961
正常	93.33	96.92	95.09	96.85	0.967

由实验结果可知,综合考虑三类网站识别效果,IRMFW – CNN 模型的最终识别准确率达到了 96.41%,并且从模型的精确率、召回率、F1 值和 AUC 等评价参数可知,IRMFW – CNN 模型对于博彩、色情和正常三类网站的图像均具有较高的识别效果。同时将 IRMFW – CNN 模型、MobileNetV2 模型和 ResNet18 模型进行对比,结果如表 4 – 11 所示。

表 4 – 11　　　　　　　　三模型对比结果

模型	标签	准确率(%)	Epoch	模型参数
IRMFW – CNN	博彩	95.53	10	9680067
	色情	96.84		
	正常	96.85		

续表

模型	标签	准确率（%）	Epoch	模型参数
MobileNetV2	博彩	79.13	50	3504872
	色情	95.55		
	正常	91.54		
ResNet18	博彩	80.87	50	11689512
	色情	87.41		
	正常	90.00		

由对比结果可知，相较于 MobileNetV2 模型与 ResNet 模型中存在对博彩类诈骗网站图像的识别准确率较低的问题，IRMFW – CNN 模型对三类网站图像的识别准确率更为稳定。同时，IRMFW – CNN 模型在各类别网站图像识别的准确率均高于 MobileNetV2 模型和 ResNet18 模型。此外，IRMFW – CNN 模型的训练轮次也远远低于 MobileNetV2 模型和 ResNet18 模型，并且在模型的参数量上也较为适中。由于 MobileNetV2 是一个适配移动设备的轻量化的 CNN 模型，导致 MobileNetV2 整体的参数数量较小，但相较于 ResNet18 模型，IRMFW – CNN 模型的参数量更低，模型整体训练速度也更快。综上所述，本章提出的 IRMFW – CNN 模型在诈骗网站图像分类识别任务中，相较于 MobileNetV2 模型和 ResNet18 模型更加优秀。

4.4 本章小结

本章以诈骗网站图像识别入手，通过对诈骗网站的图像获取、数据预处理、特征处理结构、优化方式、模型训练、测试与输出等环节构建诈骗网站识别模型。针对诈骗网站图像公开数据集较少的问题，首先收集并整理了诈骗网站图像分类数据，采用大分辨率的图像与 RGB 模式能尽可能保留图像的更多细节特征，使图像识别更精确，其次使用数据增强技术解决数据不够丰富的问题以提升模型的泛化能力。针对现有图像识别技术在诈骗网站识别中实现成果较少的问题，通过使用数量不对称分类图像集来提高容错率，同时调整图像大小，降低计算复杂度和时耗，并验证了 ResNet18 模型和 MobileNetV2 模型经典卷积神经网络在诈骗网站图像识别方面的效能。针对传统模型中对图像特征提取维度单一、特征包含信息量分析不足等问题，本章构建了 IRMFW – CNN 模型，通过提取特征图的方式对诈骗网站的图像进行准确识别。实验证明本章模型在诈骗网站图像识别上的准确率较其他模型具有优越性。

第 5 章

基于 RoBERTa 模型和 Inception – ResNetV2 决策融合的诈骗网站识别模型

5.1 模型概述

目前,越来越多的诈骗网站为规避文本内容监测,将诈骗信息隐藏到图像中,从而绕过诈骗文本搜索,同时某些模拟正规网站的诈骗网站在图像上也具有一定的相似度,导致在实战中基于单一维度特征的诈骗网站识别效果不佳。同时,前文研究中针对文本与图像特征搭建的卷积神经网络虽然在基于实验数据时能够取得较好的效果,但模型的泛化能力不足。经过预训练的深度学习模型具有极强的泛化能力。因此本章提出基于 RoBERTa 模型和 Inception – ResNetV2 决策融合的诈骗网站识别模型 (internet-related crime website detecting based on roberta and Inception – ResNetV2 decision fusion, IR-WD – RIRF),综合诈骗网站的文本、图像信息两个维度的特征来判定网站类型,进一步提升了诈骗网站的识别准确度。模型的运行流程如图 5 – 1 所示。

第 5 章　基于 RoBERTa 模型和 Inception – ResNetV2 决策融合的诈骗网站识别模型

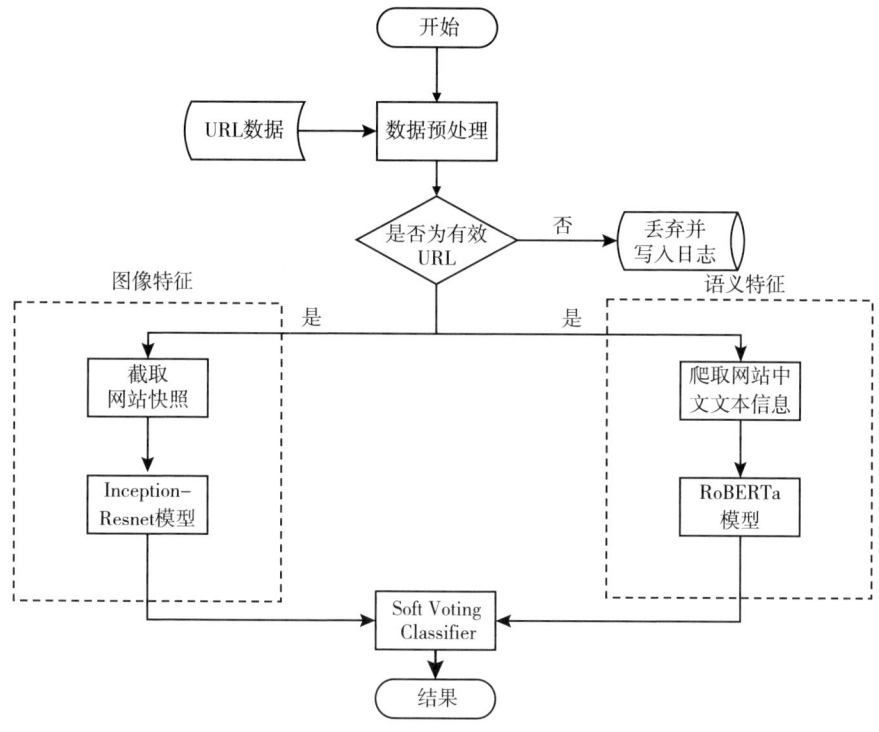

图 5 – 1　模型运行流程

（1）数据预处理，对 URL 进行数据清洗。对收集的 URL 开展存活性检测及白名单匹配，过滤不符合条件的 URL。对剩余的 URL 使用爬虫技术获取网页中的中文文本信息和网页截图，同时对网站类型进行人工标记，实现细节与 2.3 节中的"数据预处理"流程类似，不再赘述。

（2）利用 Python 脚本爬取诈骗网站的中文文本信息，并进行相应的处理后进行存储。使用预训练的 RoBERTa 模型处理网站的文本信息，对目标网站进行分类。

（3）利用 Python 脚本爬取诈骗网站的图像数据，采用 Inception – ResNetV2 模型，通过对网站页面截图进行图像特征识别，继而进行网站类型判定。

（4）结合 Stacking 集成学习思想进行融合决策，采用集成学习投票法中的 Soft Voting Classifier 决策融合算法,综合文本情报和图像情报来对网站类型做出判定。

本章剩余章节的组织结构为:5.2 节介绍诈骗网站识别模型中涉及的相关技术;5.3 节说明模型的实现细节;5.4 节测试模型的分类效果,并对结果展开分析;5.5 节总结本章的研究工作。

5.2 相关技术概述

5.2.1 预训练模型 RoBERTa

随着一系列预训练语言表示模型(pre-training language representation model,PLRM)在大部分自然语言处理任务中出现,预训练语言表示模型表现出了比传统模型更好的效果,近年来预训练语言模型已成为自然语言处理领域中的主流发展方向。预训练模型的核心思想是将训练任务拆解成共性学习和特性学习两个步骤,通过事前使用尽可能多的训练数据,从中提取出尽可能多的共性特征,继而简化模型对特定任务的学习过程。预训练模型在处理实际任务时,不需要对模型进行重大更改。因此预训练模型为了获得通用的语言建模和表示能力,不会再对模型的训练参数进行随机初始化,并且会基于大量的自然语言数据集进行长时间的无监督或自监督预训练。预训练模型的优点在于以下三点:(1)预训练模型使初始化方式不再局限于 one-hot 格式的文本初始化向量表示,更加合理高效;(2)对于小规模的训练数据集任务,预训练模型可以避免模型产生过拟合现象;(3)对于大规模的训练数据集任务,预训练模型可学到文本的通用表示,只需对参数简单微调就能处理不同的下游任务。

BERT 模型是于 2019 年由 Google AI 在 NAACL 上提出的一个预训练语言模型,具备了很强的语义理解能力和上下文感知能力,因此也使 BERT 模型的应用范围广泛。BERT 模型问世之后又涌现了许多包括跨语言预训练的

第 5 章　基于 RoBERTa 模型和 Inception–ResNetV2 决策融合的诈骗网站识别模型

模型，RoBERTa（robustly optimized BERT approach）模型便是其中之一。RoBERTa 模型是由 Facebook AI 研究院于 2019 年提出的，旨在改进 Google 的 BERT 模型，因此 RoBERTa 模型也是一种基于 Transformer 架构的预训练语言模型。RoBERTa 的预训练模型可以通过在大规模无标签的文本数据上进行自监督学习来获得。当前 RoBERTa 模型主要应用于文本分类、命名实体识别、问答系统、文本生成等自然语言处理任务中。

RoBERTa 模型在训练过程中采用了一些改进策略：（1）RoBERTa 模型使用了更长的训练时间，来更好地学习语言的深层特征。RoBERTa 模型进行了百万级步数的训练，远超 BERT 的十万级步数。（2）RoBERTa 模型使用了更大的训练数据集。它使用了大量的无标签文本数据，包括维基百科、图书、网页等。通过使用大量的上下文语料进行模型训练，使 RoBERTa 模型能更好地理解语言。（3）RoBERTa 模型还使用了更大的批量大小（batch size）进行训练。较大的批量大小可以提高训练效率和模型性能（批量大小是指在每次训练中输入给模型的样本数量）。（4）RoBERTa 还对预训练阶段进行了一些修改。RoBERTa 模型使用与 BERT 模型相同的掩蔽语言模型任务进行模型预训练，但 RoBERTa 模型放弃了 BERT 模型中的下一句预测模型，因为研究表明这个任务对于模型的性能提升并不明显。（5）RoBERTa 使用了动态掩码策略，在每个训练步骤中随机掩盖一部分输入。这样可以增加模型对于输入中不同部分的理解能力，提高模型的鲁棒性。

为了适应诈骗网站中文文本分类研究，本章使用 RoBERTa-wwm-ext 预训练模型。相较于 RoBERTa 模型，RoBERTa-wwm-ext 模型使用了一些改进方法来增强模型在处理中文文本时的性能：（1）在原始的 RoBERTa 模型中，使用的是 WordPiece 分词方法，它将单词划分成子词。但在中文文本中，词与词之间没有空格或明显的分隔符，这导致使用 WordPiece 分词时可能会将一个完整的词划分为多个子词，从而可能带来误差。为了解决这个问题，RoBERTa-wwm-ext 模型首先将中文文本按照词级别进行切分，其次采用 WordPiece 算法进行分词，从而确保一个完整的词被保留为一个单独的词。（2）对于中文文本，如果只随机掩盖部分字符，RoBERTa 模型可能无法正确学习到整个词的含义。因此，RoBERTa-wwm-ext 模型将整个词作为一个单位进行掩盖,从而确保模型在预训练阶段正确理解完整的词语。

总的来说,RoBERTa-wwm-ext 模型相对于原始的 RoBERTa 模型在中文文本处理上更加准确和有效,能够更好地捕捉中文的语境和语义信息,并在基于中文进行的自然语言处理任务中取得较好的表现。

5.2.2 Inception – ResNetV2 模型

一般而言,如果需要改善神经网络模型的预测性能,一般都是通过增加网络的深度和宽度来实现。但是只是简单地对神经网络进行扩张,会极大地提升整个神经网络模型所需的参数数量,从而增加整个网络的计算规模,甚至可能导致模型产生过拟合现象。而 Inception 模型整体的核心思想是最终需要形成一个更深的矩阵,通过并联的方式将不同大小的卷积层结合起来,将经过不同卷积层处理后的结果矩阵拼接在一起。

Inception 类的神经网络模型最突出的特点就是在神经网络模型中使用了大量的 Inception 模块。Inception 模块能在对神经网络的深度和宽度进行扩充的同时,降低过拟合风险。Inception 模块结构由 4 部分组成,分别是 1×1 大小的卷积核、3×3 大小的卷积核、5×5 大小的卷积核和 3×3 大小的最大池化核(max-pooling),模块最后对四个成分运算得到的特征进行过滤融合(filter concatenation)。Inception 模块结构示意如图 5 – 2 所示。

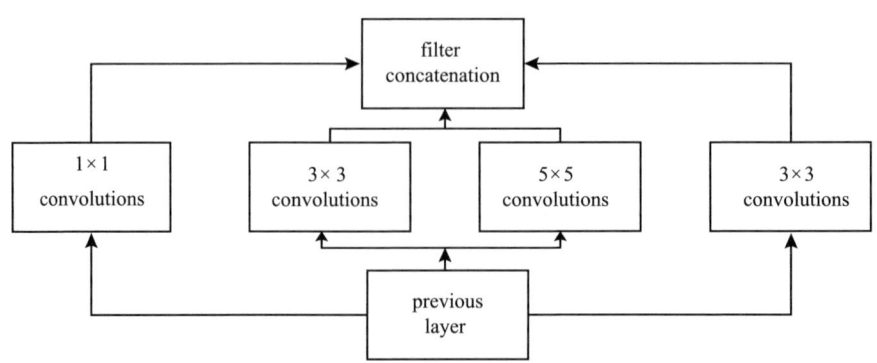

图 5 – 2 Inception 模块结构示意

第 5 章　基于 RoBERTa 模型和 Inception – ResNetV2 决策融合的诈骗网站识别模型

使用 1×1、3×3 等不同大小的卷积核能在不同大小的感受野上进行不同级别的特征提取，提升模型对输入样本数据的特征提取效能。Inception 模块为了进行不同尺寸的特征提取，一般会对尺寸较大的图像先进行降维处理。池化处理过程会降低提取特征图维数，而不会引入额外参数，能降低模型的过拟合风险，同时池化操作也可以为模块增加一个通路用于提取特征。Inception 模型虽然优秀，但也存在着并行卷积计算速度慢导致模型整体开销大的问题，因此又进行了多次改进，先后推出了 Inception-Vl 模型、Inception-V2 模型、Inception-V3 模型、Inception-V4 模型、Inception – ResNet 架构及 Inception – ResNetV2 架构。

本章着重说明 Inception – ResNetV2 模型。Inception – ResNetV2 模型是 Inception 体系模型中的新成果，是在 Inception – V3 模型的结构上结合了 ResNet 的残差网络结构从而提出的。Inception – ResNetV2 模型的结构主要分为三大部分。

（1）Stem 模块。

Stem 模块是一种并行结构，通过将许多不同类型的卷积层并联在一起，同时使用不对称卷积核结构，既可以加快模型计算能力，提高模型泛化能力，使网络深度进一步增加，又增加了网络的非线性能力，在不丢失模型特征表示的情况下，从而减少模型的复杂性。

（2）Inception – ResNet 模块。

Inception – ResNet 模块包括 5 个 Inception – ResNet – A 模块、10 个 Inception – ResNet – B 模块和 5 个 Inception – ResNet – C 模块。其中，Inception – ResNet – A 模块含有四个分支，分别是：未处理的直接输出、经过一次 1×1×32 卷积层处理、经过一次 1×1×32 卷积层处理和一次 3×3×32 卷积层处理、经过一次 1×1×32 卷积层处理及一次 3×3×48 卷积层处理和一次 3×3×64 卷积层处理。Inception – ResNet – B 模块含有三个分支，分别是：未处理的直接输出、经过一次 1×1×192 卷积层处理、经过一次 1×1×128 卷积层处理及一次 1×7×160 卷积层处理和一次 7×1×192 卷积层处理。Inception – ResNet – C 模块含有三个分支，分别是：未处理的直接输出、经过次 1×1×192 卷积层处理、经过一次 1×1×192 卷积层处理及一次 1×3×224 卷积层处理和一次 3×1×256 卷积层处理。这三个 Inception – ResNet 结构块都是非对称卷积核结构，主要差异是使用的 Inception 结构中包含不同数量的堆叠起始区块。

(3) 归约模块。

归约（reduction）模块包括 Reduction - A 模块和 Reduction - B 模块。模型采用全局池化方式代替了全连接层方式，并利用 Dropout 避免过拟合，使用 Softmax 函数进行分类。通过对上一层输出的特征参数向量使用非线性激励函数，加强模型对特征的表达，在保持特征图尺寸不变的前提下，大大提高非线性的特性，进而允许将网络层次进一步加深。

在 Inception - ResNetV2 模型中，除了使用 3×3 大小和 1×1 大小的卷积核外，在 Stem 模块的右分支中还使用了非对称的 7×1 大小和 1×7 大小的卷积核，使 Inception - ResNetV2 模型的输入张量在经过各个模块处理后，输出张量的维度变化为 $35 \times 35 \times 256$ 大小。传输张量经过 Inception - ResNet 系列子模块处理后，其大小和维数与前一层保持一致，使用非对称卷积可以减少矩阵计算量。Inception - ResNet - B 和 Inception - ResNet - C 模块也使用非对称卷积结构，例如分别为 7×1 和 3×1。通过多分支结构，Reduction - A 和 Reduction - B 模块结合了最大池化和小尺寸卷积核，减小了特征张量图的尺寸。为避免模型过拟合的风险，使用平均池化层和 Softmax 层调整最终输出维度，并使用 dropout 层随机减少了一些全连接支路。

5.2.3 集成学习

在统计学和机器学习中，集成学习是一种先进的监督机器学习算法，可以应用于分类问题、回归问题、异常点检测等，其中提高模型的分类精确度是集成学习的重要突破目标。集成学习方法的基本思想是通过集成策略将多个分类器的优势整合起来完成学习任务。在集成模型中，即使其中一个分类器得到了错误的预测，其他分类器也可以对错误进行修正，从而减少错误，达到相互学习的效果。因此，集成学习方法的泛化性能明显优于单个分类器。

集成学习的方式一般有两种：同质和异质。同质是指个体学习器全是同一类型，这种同质集成中的个体学习器又称"基学习器"。异质是指个体学习器包含不同类型的学习算法，例如，同时包含决策树和神经网络。本章是从诈骗网站的文本和图像两个角度进行诈骗网站的识别，因此使用的是基于异质的集成学习方式。

异质集成学习的优点有：（1）通过使用不同类型的模型或算法，可以减少单一模型或算法的局限性，并且更好地捕捉不同模型或算法之间的互补性。（2）综合不同模型或算法的优势，并弥补其各自的不足之处。通过整合多个模型或算法的结果，可以获得更准确、稳定的预测或决策。（3）通过减少过拟合并增加模型的泛化能力来提高性能。由于不同模型或算法的多样性，异质集成能够更好地应对数据的复杂性和噪声，从而提高模型的泛化能力。（4）由于使用了多个模型或算法，异质集成可以通过对比和综合不同模型或算法的输出来减少错误的影响，从而提高模型的鲁棒性。

集成学习算法主要包含 Bagging、Boosting 及 Stacking。本章主要基于 Stacking 集成学习方法进行 RoBERTa 模型和 Inception – ResNetV2 模型的集成构造。

Stacking 算法的核心思想是可以采用不同类型的学习器来解决单一学习器学习不充分的问题，单一学习器通常能够学习到问题的一部分，但不能学习到问题的整个空间。Stacking 的做法是首先构建多个不同类型的一级学习器，并使用他们来得到一级预测结果，其次基于这些一级预测结果，构建一个二级学习器，来得到最终的预测结果。如果某个一级学习器错误地学习了特征空间的某个区域，那么二级学习器通过结合其他一级学习器的学习行为，可以适当纠正这种错误。Stacking 算法分为两层，主要包含基分类器（base classifier）和元分类器（meta classifier）两部分，基分类器可以选取多种差异性较大的分类器进行训练，其工作机理为采用训练集训练多类基分类器，再将基分类器的预测结果作为新的训练集，用于元分类器的训练，并且，以基分类器在测试集上的测试结果作为元分类器的测试集进行测试。Stacking 算法就像是 Bagging 算法的升级版，Bagging 算法中的融合各个基础分类器是相同权重，而 Stacking 中第二层学习的过程就是为了寻找合适的权重或者合适的组合方式。

Stacking 算法的实现步骤如下：（其中基学习器：即上述所说的一级学习器。元学习器：即上述所说的二级学习器。）

（1）学习器选择：Stacking 对学习器没做什么限制。但考虑到基学习器面向的是更高维的数据，而元学习器面向的是更低维的数据，因此通常会选择稍复杂的学习器作为基学习器，而选择较简单一点的学习器作为元学习器。例如，对于文本分类问题可以选择 RoBERTa、LSTM 等卷积神经网络作为基学习器；对于图像分类问题，可以选择 Inception 网络、ResNet、DenseNet 等深度学习网络作为基学习器；对于综合两个维度识别结果的问题，可以选择软投票法、逻辑回归等机器学习算法作为元学习器。

（2）数据划分：①基学习器的训练集和测试集；②元学习器的训练集和测试集。

（3）基学习器的训练和预测与元学习器的训练和预测。

（4）对测试集进行预测。

本节选择以 RoBERTa 模型为诈骗网站文本的基分类器，以 Inception – ResNetV2 模型为诈骗网站图像的基分类器。由于 Stacking 算法要求使用简单的元学习器，因此采用投票法中的软投票（soft voting）作为元学习器。软投票是一种集成学习方法，用于解决分类问题。软投票的基本思想是将多个分类器的预测结果综合起来，以获得更准确的分类结果。每个分类器都会对样本进行预测，并给出一个类别标签或类别概率。软投票会根据每个分类器的预测结果进行加权平均或概率平均，然后选择具有最高平均值的类别作为最终的分类结果。软投票的优势在于能够利用多个分类器的优势，从而提高整体的分类性能。通过集成多个分类器，软投票可以减少单个分类器的偏差和方差，提高分类的准确性和鲁棒性。此外，软投票还可以通过对分类器的权重进行调整，进一步提高分类的性能。

5.3　模型实现

5.3.1　数据预处理与获取

实验数据的获取以实战单位提供的诈骗网站 URL 数据为基础，通过自行编写爬虫程序对目标诈骗网站进行中文文本和图像的获取。由于从实战单位获取的 URL 数据存在格式不规范、域名过期等问题，为避免浪费服务器资源，应首先对数据进行预处理，主要进行存活性验证与白名单验证，剔除已失活的 URL 与存在于白名单中的 URL。在完成数据预处理后开始对目标网站进行爬取，以获取所需的诈骗网站中文文本与图像数据。

（1）对于诈骗网站的中文文本信息爬取，主要基于 Python 爬虫实现对目标诈骗网站中文文本信息的收集与分类，并最终将获取的中文文本和网站类型的标记结果存入 Mysql 数据库中。

（2）对于诈骗网站的图像爬取有即时截取主页面与获取链接中自带图像两种方式。因大部分诈骗网站结构简单，且相同类型的诈骗网站功能类似，为贴合实战，采取即时截取主页面爬取图像的方式，设置要获取页面的宽和高，截取后统一保存，保证截取的页面图像分辨率相同且宽高一致。通过设定图像大小、分辨率等参数，爬取诈骗网站与非诈骗网站的主页面图像，并按类存放到 Mysql 数据库中。

5.3.2 RoBERTa 模型文本分类

5.3.2.1 数据格式转换

预处理完毕的数据存储在 Mysql 数据库中，要将其转化为 RoBERTa 模型的输入格式，因此定义了如图 5-3 所示的数据转化模块，通过继承 DataProcessor 父类，调用 get_train_example 函数将训练数据转化为 guid、text、label 格式，其中 text 代表文本，guid 为文本的唯一标识，label 为文本标签，并统一将数据转化为 unicode 编码。

5.3.2.2 Embedding 过程

将 RoBERTa 模型的输入数据通过三层 Embedding 结构进行转换，原理如图 5-4 所示。首先，读取 tokenization 过后的样本数据结构。其次，将 input_ids 作为 tokens 的索引代表词向量编码，input_mask 作为位置编码，segment_ids 作为句子关系编码,构成模型输入的 X,将 label_id 作为标签,对应输入的 Y。最后,将(X,Y)输入 RoBERTa 模型中进行迁移训练。

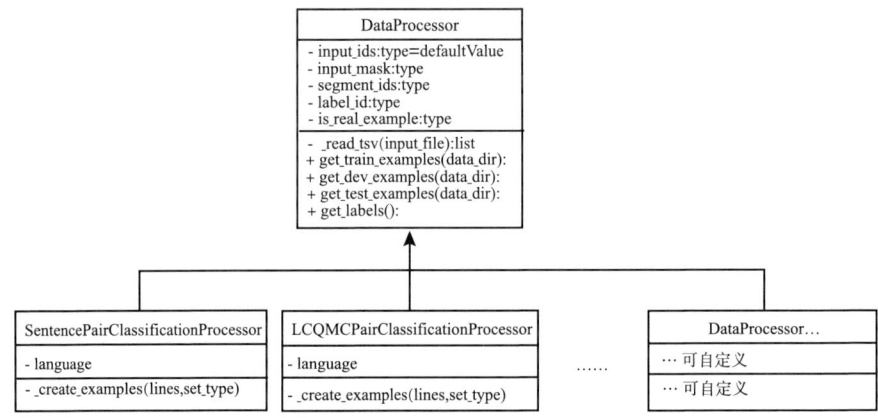

图 5-3　数据格式转化模块

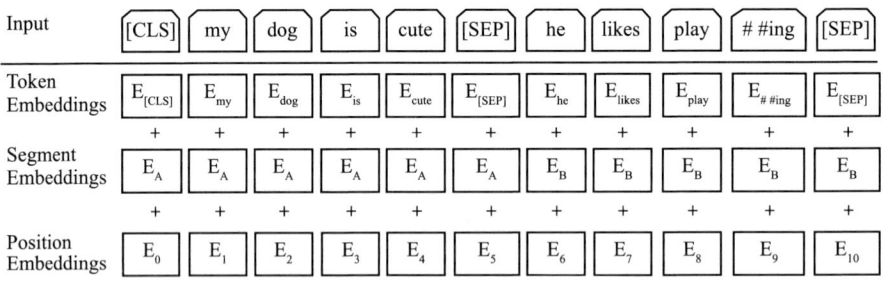

图 5-4　Embedding 输出原理

5.3.2.3　模型微调

此步骤的主要任务是从 RoBERTa 模型的 RoBERTa-wwm-ext 预训练模型中导入模型参数,并在此基础上添加一个额外的输出层来对模型进行微调训练,在本章采用了单层神经网络和 Softmax 函数,经试验证明取得了较好的效果。Softmax 函数,又称归一化指数函数,函数表达式为:

第 5 章　基于 RoBERTa 模型和 Inception–ResNetV2 决策融合的诈骗网站识别模型

$$\text{Softmax}(x) = \frac{e^{x_i}}{\sum_{j=1}^{n} e^{x_j}} \qquad (5-1)$$

Softmax 函数的分母综合了原始输出值的所有因素,即 Softmax 函数得到不同概率之间的相互关联。由于 Softmax 函数在将输入向量元素归一化为概率分布之前,会将输入向量元素之间的差异放大(通过指数函数),当应用于分类问题时,会使不同类别之间的概率差异显著,产生最大值的概率接近于 1,使输出分布的形式更接近于真实分布,从而加强模型的预测能力。

5.3.2.4　结果预测

对经过迁移训练(fine-tuning)的 RoBERTa 模型进行标签分类,算法实现如表 5-1 所示。算法利用 [CLS](分类标记)位置的 Embedding 输出结果做预测,将结果阈值设置为 0.8,即当且仅当预测结果中的最大值超过 0.8 时才记录为有效值,并将其标注。

表 5-1　　　　　　　　　　RoBERTa 模型预测

输入:测试集中的语料集
输出:预测结果
BEGIN
　　predict_input = convert_examples_to_features(predict_examples)
　　# 使用训练好的模型在新数据上预测结果
　　result = estimator.predict(input_fn = predict_input_fn)
　　# 判断模型预测效果是否有效
　　for each prediction in enumerate(result):
　　　　if max(probabilities) > = 0.8:# 阈值
　　　　　　# 得到预测结果
　　　　endif
　　endfor
END

5.3.3　Inception–ResNetV2 图像分类

由于图像等多媒体数据具有非结构化的特性,因此无法像处理结构化数据一样进行预分类。所以 Inception – ResNetV2 模型首先利用卷积神经网络对图像数据进行深度特征抽取，使其能够支撑图像分类；其次，利用 ResNet 残差神经网络算法进行图像特征提取，解决梯度消失问题，使神经网络学习达到理想深度；最后，利用 Inception 模块解决传统神经网络感知图像中大核卷积问题，减小模型参数个数。

5.3.4　基于 Stacking 集成学习的融合决策

集成学习方法的基本思想是通过集成策略将多个分类器的优势整合起来完成学习任务。在集成模型中，即使其中一个分类器得到了错误的预测，其他分类器也可以对错误进行修正，从而减少错误，达到相互学习的效果。因此，集成学习方法的泛化性能明显优于单个分类器。

本章主要基于 Stacking 集成学习算法，将用于诈骗网站文本分类的 RoBERTa 模型和用于诈骗网站图像分类的 Inception – ResNetV2 模型作为基学习器，将软投票分类器（soft voting classifier）作为元学习器进行模型集成。

对于软投票分类器使用概率平均进行加权，其中每个分类器的预测结果根据其预测的类别概率进行加权。具体来说，即将模型对所有的样本预测为某一类别的概率的平均值作为标准，其中概率最高的对应类别作为最终预测结果。例如，当模型 I 预测 A 类的概率为 a1%，预测 B 类的概率为 b1%，模型 II 预测 A 类的概率为 a2%，预测 B 类的概率为 b2% 时，其预测结果的计算公式为：

$$\text{MAX}\left\{\frac{(a1+a2)}{2},\frac{(b1+b2)}{2}\right\} \qquad (5-2)$$

最终可得诈骗网站识别模型的伪代码如表 5 – 2 所示。

表 5-2　　　　　　　　诈骗网站识别模型伪代码

输入:网站 **URL**
输出:网站类型判定结果
BEGIN
　# 爬取网站中文文本和快照截图
　text,pic = crawler(URL)
　# 利用 BERT 模型预测网站类型概率
　predict_possibilitiesA1,predict_possibilitiesB1 = RoBERTa 模型(text)
　# 利用 Inception – ResNetV2 模型预测网站类型概率
　predict_possibilitiesA2,predict_possibilitiesB2 = Inception – ResNetV2(pic)
　# 最大值即为最终结果
　$res = \max\left\{\dfrac{(predict_{possibilitiesA1} + predict_{possibilitiesA2})}{2}, \dfrac{(predict_{possibilitiesB1} + predict_{possibilitiesB2})}{2}\right\}$
END

5.4　IRWD – RIRF 评估

5.4.1　实验环境与数据

实验环境:Ubuntu16.04 操作系统,CPU 版本为 Intel Xeon E5 – 2680 v4 @2.40GHz,GPU 为 Tesla M40(12 GB),内存为 128G,python 版本为 3.6.5,Tensorflow 版本为 1.12.0。

实验数据以实战单位打击电信网络诈骗犯罪所获取的 URL 集合为基础,共计 889 条。文本分类实验抽取 693 条,图像分类实验抽取 255 条,IRWD – RIRF 模型抽取 400 条进行分类实验。数据内容包括域名、网站中文文本信息、网站截图路径、网站类型,选取其中 2 条作为示例,内容如表 5 – 3 所示。

表 5-3　　　　　　　　　诈骗网站 URL 数据示例

序号	URL	网站文本	网站截图	类型
1	www.×××××.com	河内五分彩官网客服 QQ 免费提供精准河内五分彩计划，河内五分彩平台投注，河内五分彩开奖直播，河内五分彩历史记录，河内五分彩走势图等，集合了河内五分彩各大信誉优势！	img×××.png	博彩网站
2	http://×××××.com	香港马会，六合开奖，香港马会开奖结果，马会资料大全免费资料，香港马会开码结果直播 开奖结果 2019，六合在线查询网	img×××.png	博彩网站

5.4.2　实验结果与分析

5.4.2.1　RoBERTa 模型文本分类实验

RoBERTa 模型实验的目的是测试预训练模型在小样本数据集上是否能取得良好的文本分类能力。实验中测试数据共计 693 条，其中 class0 代表色情网站，总计 118 条；class1 代表博彩网站，总计 575 条。

将预训练好的 RoBERTa 模型结合迁移学习技术运用到诈骗网站文本分类任务上，本章采用的是 RoBERTa 模型的 RoBERTa-wwm-ext 预训练模型。该预训练模型一共包含 12 层，其中隐层为 1024 维，采用 16 头模式，共 110M 个参数。相关训练超参数设置如下：最大序列长度（max_seq_length）为 128，训练批大小（train_batch_size）为 32，学习率（learing_rate）为 2e-5，训练迭代次数（num_training_epochs）为 3.0。模型通过测试集所得的精确率、召回率和 F1 值如表 5-4 所示。

表 5-4　　　　　　　　　RoBERTa 模型实验结果

模型	标签	精确率（%）	召回率（%）	F1 值（%）
RoBERTa	色情	68	72	70
	博彩	94	93	94

第5章 基于 RoBERTa 模型和 Inception–ResNetV2 决策融合的诈骗网站识别模型

由实验结果可知，RoBERTa 模型对于博彩类诈骗网站的识别效果较好，精确率达到了 0.94，召回率达到了 0.93；但对于色情类诈骗网站文本的识别效果较差，精确率仅有 0.68。据分析，可能是色情类诈骗网站中的文本更多是以多个关键词的形式而组合出的句子，其文本语义较难被算法识别，导致识别效果较低。RoBERTa 模型迁移学习方法的实验结果 ROC 曲线如图 5-5 所示。

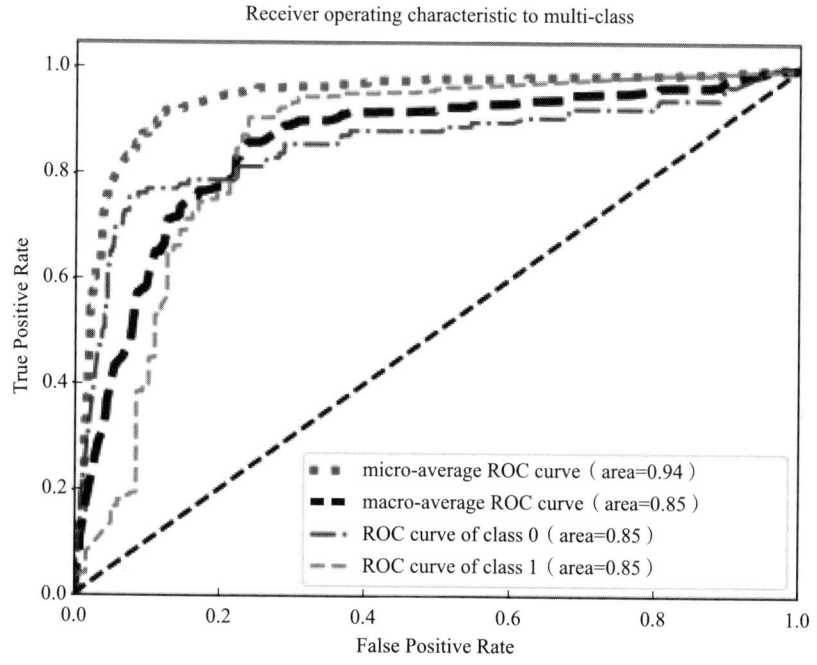

图 5-5　RoBERTa 模型迁移学习方法 ROC 曲线

从 ROC 曲线与 AUC 值来看，RoBERTa 模型的微平均 micro-average ROC 曲线紧贴 TPR 轴线，其 AUC 值接近 0.94。但是根据 F1 值计算的宏平均 macro-average ROC 曲线相对较差，其 AUC 值为 0.85，与色情和博彩网站的 AUC 值相同。

实验结果证明，在数据集较小的情况下，将 RoBERTa 预模型利用迁移学习技术应用于诈骗网站文本分类任务时，RoBERTa 模型对于色情和博彩类诈骗网站具有一定的识别能力。并且根据图 5-5 中的 ROC 曲线、AUC 值及其他评估指标分析可得出，基于 RoBERTa 模型迁移学习模型的网站文本分类实验结果效果较优，但是在受样本类别影响更小的宏平均 macro-average 指标中仍存在不足。

5.4.2.2 Inception – ResNetV2 图像分类实验

Inception – ResNetV2 图像分类实验的目的为验证 Inception – ResNetV2 模型是否能够在诈骗网站图像分类问题上取得较好的结果。实验使用的测试数据共计 255 条，其中 class0 代表色情网站，共计 76 条；class1 代表博彩网站，共计 179 条。

Inception – ResNetV2 模型采用 M40 显卡进行训练，相关训练超参数设置如下：训练批大小（train_bach_size）设置为 32，学习率（learning_rate）设置为 2e-4，训练迭代次数（num_training_epoch）设置为 17，训练轮数（Epoch）设置为 60。最终模型训练总耗时 1 小时。然后将测试集带入训练好的模型当中，实验结果如表 5-5 所示。

表 5-5　　　　　　　Inception – ResNetV2 图像分类结果

模型	标签	精确率（%）	召回率（%）	F1 值（%）
Inception – ResNetV2	色情	73	95	83
	博彩	71	25	37

根据实验结果可知，Inception – ResNetV2 模型对色情类诈骗网站有一定的识别效果，F1 值达到了 0.83；但模型对博彩类诈骗网站的识别效果较差，精确率和召回率极不平衡。此现象是由于训练图像样本数据偏小，使模型未能完全学习到博彩类诈骗网站图像的全部特征而产生的。根据模型预测结果绘制 ROC 曲线如图 5-6 所示。

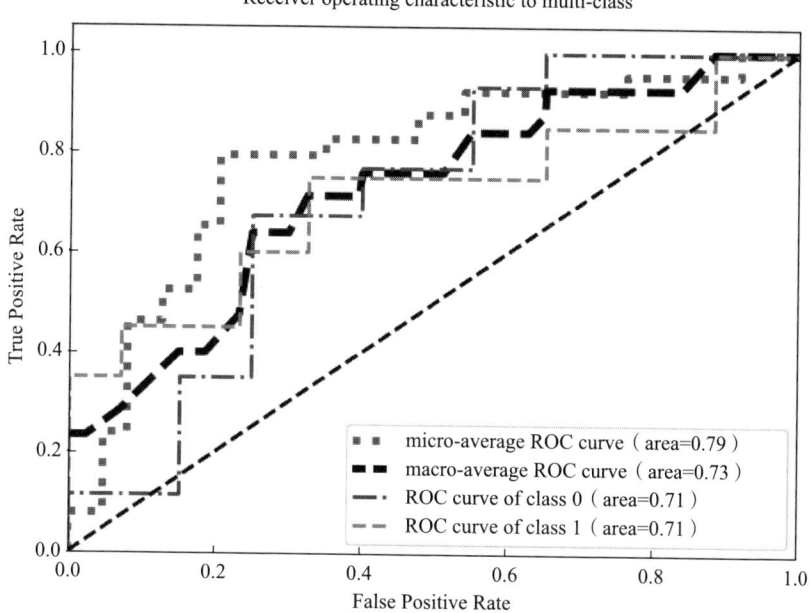

图 5 – 6　Inception – ResNetV2 模型迁移学习方法 ROC 曲线

从图 5 – 6 的 ROC 曲线与 AUC 值来看，Inception – ResNetV2 模型的 micro-average ROC 曲线与 TPR 轴线较为接近，AUC = 0.79，效果良好。同时从图 5 – 6 中可以看出，色情和博彩网站的 AUC 值也达到 0.71，micro-average 的 AUC 值达到 0.73，虽然低于文本分类效果，但是在训练集数据较少的情况下，也能够在一定程度上实现对诈骗网站的图像分类。

根据 ROC 曲线的 AUC 值及其他评估指标分析可得出，基于 Inception – ResNetV2 模型能够在诈骗网站图像分类问题上取得一定效果。但仅从图像维度开展网站分类，其效果相较于 RoBERTa 模型存在明显不足，因此在下一阶段将结合 Stacking 集成学习思想，结合文本与图像维度，以获得更好的分类效果。

5.4.2.3　基于 Stacking 集成学习的融合决策实验

基于 Stacking 集成学习的融合决策实验的目的是验证融合文本维度和图

像维度来开展分类的可行性,以及是否能取得更好的结果。

首先,实验将验证集分为两类标注,共计 400 条域名数据,其中博彩网站数据 236 条,色情数据 164 条。其次,采用 RoBERTa 模型和 Inception-ResNetV2 模型作为基分类器,分别对中文文本及网站截图数据进行评估,得到对应概率。最后,使用软投票分类器作为元分类器,得到最终的分类结果,并对结果进行评估。实验结果如表 5-6 所示。

表 5-6　　　　　　　　IRWD-RIRF 模型实验结果

模型	标签	精确率(%)	召回率(%)	F1 值(%)
IRWD-RIRF	色情	76	97	85
	博彩	92	57	70

由表 5-6 可知,IRWD-RIRF 模型对于色情和博彩类诈骗网站均有一定的识别能力,综合两类诈骗网站分类的 F1 值为 0.78。最终得到 IRWD-RIRF 模型的 ROC 曲线如图 5-7 所示。

采用软投票分类器方法,相较于单一模型,识别效果取得了一定程度的提升。micro-average ROC 曲线与 TPR 轴线较为接近,而宏平均 macro-average ROC 曲线也较为陡峭,其 AUC 值达到了 0.91,同时色情与博彩网站的 ROC 曲线也十分贴近 TPR 轴线,两者的 AUC 值也达到了 0.90,相较于仅使用图像数据的 Inception-ResNetV2 模型提升明显。

表 5-7、表 5-8、表 5-9 展示了 RoBERTa 模型、Inception-ResNetV2 模型和 IRWD-RIRF 模型对色情和博彩类诈骗网站的分类识别能力。

从表 5-8 中可以看出,Inception-ResNetV2 模型对于博彩网站的分类效果较差,其 F1-Score 仅为 0.37,结合实际可以得知,一些博彩网站中往往混杂着色情图像,因此从图像特征分类的角度较难获得满意的效果,这也从侧面体现多维度进行分类的必要性。根据表 5-7、表 5-8、表 5-9 的结果对比可知,经过 soft-voting 决策融合的 F1 值,比仅使用一种模型时要高,且召回率和准确率也相对较高。

第 5 章　基于 RoBERTa 模型和 Inception – ResNetV2 决策融合的诈骗网站识别模型

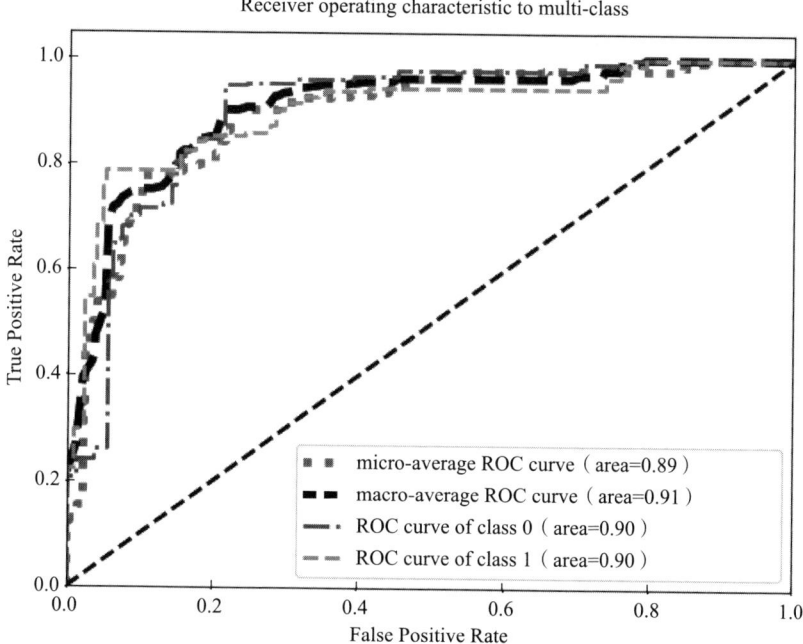

图 5 – 7　IRWD – RIRF 模型的 ROC 曲线

表 5 – 7　　　　　　　　　　色情网站预测结果对比

模型	精确率（%）	召回率（%）	F1 值（%）
RoBERTa	68	72	70
Inception – ResNetV2	73	95	83
IRWD – RIRF	76	97	85

表 5 – 8　　　　　　　　　　博彩网站预测结果对比

模型	精确率（%）	召回率（%）	F1 值（%）
RoBERTa	94	93	94
Inception – ResNetV2	71	25	37
IRWD – RIRF	92	57	70

表 5-9　　　　　　　　　　　　macro avg 对比

模型	精确率（%）	召回率（%）	F1 值（%）
RoBERTa	81	72	70
Inception – ResNetV2	72	60	60
IRWD – RIRF	84	77	78

综上实验可知，基于 Stacking 集成学习的融合决策构造的 IRWD – RIRF 模型取得了较好的预测结果，在少量训练样本的情况下，相较于单一维度的 RoBERTa 模型和 Inception – ResNetV2 模型，具备更好的分类准确率，更能够满足实际应用需要。

5.5　诈骗网站可视化识别系统

研究中还研发了基于 IRWD – RIRF 模型的可视化识别系统，以提升模型的实用性。系统基于 Flask 框架搭建，采用 MVC（model-view-controller）架构，分为模型、视图、控制器三部分。在本章中，诈骗网站识别系统在控制器中实现了 IRWD – RIRF 模型，负责对用户上传的域名数据进行分类，分类结果被发送至模型，以实现持久化存储，同时将结果进行可视化展示。

5.5.1　系统展示

1. 安全管理登录界面

安全管理登录的目标是实现权限管理，系统界面如图 5 – 8 所示。使用人员输入正确的用户凭证即可实现成功登录。

第 5 章　基于 RoBERTa 模型和 Inception-ResNetV2 决策融合的诈骗网站识别模型

图 5-8　登录界面

2. 系统首页

诈骗网站可视化识别系统的首页提供了 IP 归属地的展示和查询的功能，展示页面如图 5-9 所示。使用者可根据 IP 地址查询其归属地，也可查询特定归属地的 IP 地址信息。

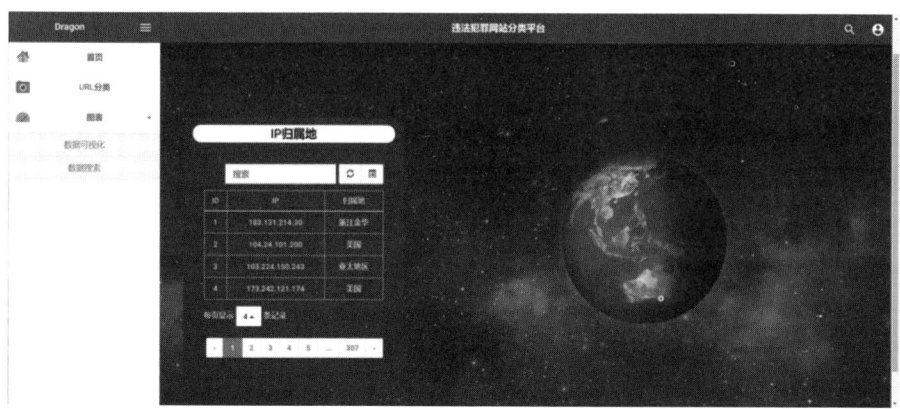

图 5-9　系统首页

3. 数据检索界面

诈骗网站可视化识别系统的数据库检索界面如图 5-10 所示。界面中展示了域名等信息，并提供了可供使用者输入的查询栏。系统在实现检索时，使用了 AJAX（Asynchronous Javascript And XML）技术来实现前后端数据的异步交互，以提高响应速度。

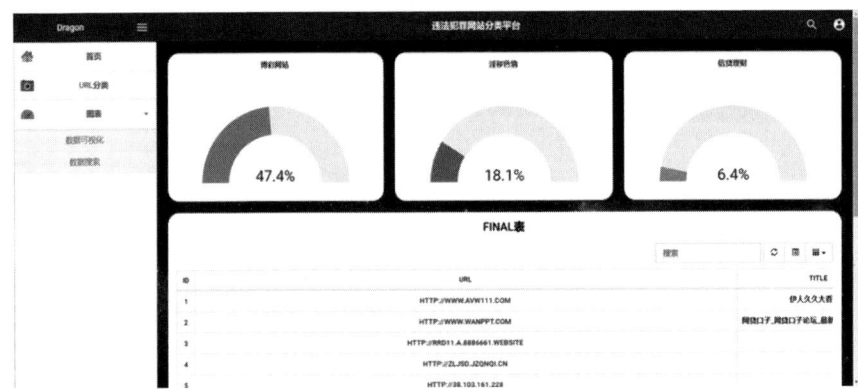

图 5-10　数据库检索界面

使用者在点击"数据搜索"栏后，会进入如图 5-11 所示的数据检索功能页。检索时支持单一条件查询，例如，可输入网站域名或网站类型、标题等特定字段信息，在点击查询后即可显示所查网站的各类详细信息，展示效果如图 5-12 所示。系统还支持仅展示特定字段信息，操作时在下拉菜单中选择对应字段即可。

图 5-11　数据库检索功能页

第 5 章　基于 RoBERTa 模型和 Inception–ResNetV2 决策融合的诈骗网站识别模型

图 5–12　诈骗网站详细信息展示面

4. 数据统计界面

诈骗网站可视化识别系统的信息统计界面如图 5–13 所示。使用者点击"数据可视化"栏后,可查看数据库中各类诈骗网站的数量、占比、排名等信息。

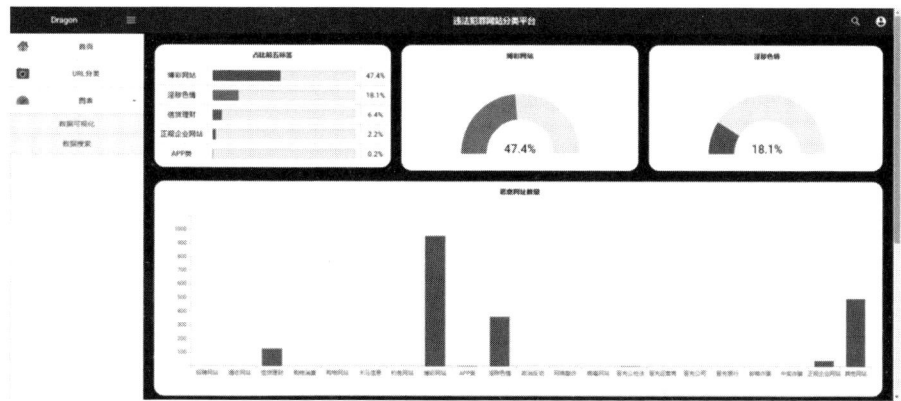

图 5–13　数据可视化界面

5. 域名分类界面

诈骗网站可视化识别系统的域名分类界面如图 5-14 所示。使用者点击"URL 分类"菜单，将进入域名分类界面。界面中显示域名、网站截图、标签、网站类型等信息。使用者可在输入框中批量提交网站域名，后端在爬取网站中的文本信息和页面截图后使用 IRWD-RIRF 模型判定网站类别，并将结果显示在界面上。

图 5-14 域名分类界面

5.6 本章小结

针对诈骗信息隐藏到网站图像中的识别难题，本章提出并实现了基于 Stacking 集成学习方法，能分析网站文本情报和图像情报，并进行综合决策的 IRWD-RIRF 模型。IRWD-RIRF 模型中的文本分类模块采用了 BERT 的改进模型 RoBERTa 模型，对 RoBERTa-wwm-ext 预训练模型进行迁移训练；图像识别模块采用了 ResNet 的改进模型 Inception-ResNetV2 模型；决策融合模块中采用了 Soft Voting Classifier 方法，将 RoBERTa 模型和 Inception-ResNetV2 模型的预测结果进行融合。实验证明 IRWD-RIRF 模型相较于单一模型拥有更好的分类效果。此外，本章

第 5 章　基于 RoBERTa 模型和 Inception – ResNetV2 决策融合的诈骗网站识别模型

基于 IRWD – RIRF 模型实现了一个诈骗网站可视化识别系统,并展示了系统中数据检索、统计、域名分类等功能的实现效果。本章通过实现具有较好人机交互性的识别系统,提升了研究成果的易用性,使研究具备较高的实用价值。

第 6 章

基于相异模型集成的多模态
诈骗网站识别方法研究

针对当前诈骗网站分析维度单一、诈骗网站普遍具有反识别欺骗设计等问题，本章利用 Stacking 集成学习思想，在结合第 5 章诈骗网站文本与图像特征的基础上，进一步融合诈骗网站的 URL 特征，提出一种基于相异模型集成的多模态诈骗网站识别方法，旨在通过增加不同模态的基学习器数量来提升集成学习模型的整体识别性能。模型利用交叉验证思想，对 BERT 模型、ResNet 残差网络模型及逻辑回归模型等多个学习能力强、差异度大的基分类器进行训练，并分别对文本、图像、URL 特征进行识别。基分类器识别结果作为元分类器的输入，最终将元分类器的输出作为最终的预测识别结果。

6.1 相关技术基础

由于诈骗网站文本中往往会出现一些外文文本，因此在第 5 章中使用的 RoBERTa 模型（该模型主要处理中文文本）会在预测时产生一定程度的误判，因此还是选用 BERT 模型作为诈骗网站文本识别模型。同时为了提升模型的整体预测能力，将单独预测诈骗网站图像效果较差的 Inception – ResNetV2 模型更换为 ResNet 模型。

BERT 模型在前文已有介绍，能解决传统机器学习模型中存在的分词不准、训练所需数据集庞大、对句子上下文信息不敏感等缺陷。

在传统的神经网络中,从理论上来说越深层的神经网络具有越强的特征识别提取能力和更好的模型预测准度,但在经过大量实验后,发现当神经网络模型的网络层数加深到一定程度后,模型的预测精度不仅不会提高,反而会开始下降,这就是网络退化问题。ResNet 模型能有效缓解神经网络的退化问题。

残差网络 ResNet 拟合函数的优越性存在这样一个命题,即假设 $f_N: \mathbb{R}^d \to \mathbb{R}$ 为普通的带激活函数的全连接网络 N。假如 N 的每个层的激活函数都至多只有 d 个神经元,$P = \{x \in \mathbb{R}^d | f_N(x) > 0\}$ 为 f_N 的正等值面,λ 为勒贝格测度,那么就有 $\lambda(P) = 0$ or $\lambda(P) = +\infty$。换句话说,这样一个狭窄的全连通网络表示一个函数,其要么没有边界约束,要么总是零。因此,即使层数无限加深,整个网络的表现力也受到网络宽度的限制,无法近似于有边界的区域。对于残差网络,拟合函数的能力不受网络宽度的影响。上面的命题 1 不适用于其余的网络。这表明,与只有普通连接的网络相比,短连接的网络具有更好的高维函数拟合能力。此外,由一般近似定理 UAT(universal approximation theorem)可知,一个前馈型神经网络如果具有线性输出层,同时至少存在一层具有任何一种如逻辑回归中的 sigmoid 激活函数那样进行挤压操作的激活函数的隐藏层,那么只要给予这个网络足够数量的隐藏单元,其就可以以任意的精度来近似任何从一个有限维空间到另一个有限维空间的波莱尔可测函数(borel measurable function)。一般近似定理 UAT 表明了有较大概率存在一个多层感知器模型 MLP(multilayer perceptron model)用来表示构建网络来学习使用的参考函数,但不能保证训练算法会学习该函数。因为即使多层感知器可以表示函数,也有两个原因导致学习失败:(1)用于训练的优化算法可能找不到所需函数的参数值;(2)训练算法可能会选择错误的函数(由于过度拟合)。

残差映射使学习相同的函数更简单,例如,将权重层中的参数近似为零。一个有效的深度神经网络可以用残差块进行训练:输入可以通过层之间的残差连接更快地传播。残差网络的特点是易于优化,通过增加相当的深度可以提高精度。其内部残差采用跳转链接来缓解深度神经网络中由于深度增加引起的梯度消失问题。传统神经网络或多或少存在梯度消失或梯度爆炸的问题,还可能导致存在信息丢失、传输丢失等,从而无法训练深度网络。残差神经网络可以通过环路将输入信息直接传输到输出,从而优化这一问题。为了保护信息的完整性,全网只需要学习输入和输出的不同部分,从而简化了学习目标和难度。

6.2 诈骗网站特征分析方法

诈骗网站识别的本质是一个多分类问题,可将其形式化为:假定 $W = \{w_1, w_2, \cdots, w_n\}$ 为网站集合,其中,n 为网站数量。$L = \{l_1, l_2, \cdots, l_s\}$ 为网站类标签集合,其中,l_j 表示第 j 种网站类别。目标函数 $\varphi(w_i, l_j)$:$W \rightarrow L$ 为网站集合至类标签集合的映射函数,其中,$1 \leq i \leq n$,$1 \leq j \leq s$。传统的网站分类通常采用单一的模态进行分析,容易被网站自保护设计欺骗。本章提出的多模态诈骗网站识别方法从以下三个模态进行分析。

(1) 基于文本特征的诈骗网站识别(TextRECG):提取网站的文字内容,根据语义进行类别的判断。

(2) 基于图像特征的诈骗网站识别(ImageRECG):截取网页快照,运用 ResNet 对快照图像进行类别的判断。

(3) 基于 URL 特征的诈骗网站识别(URLRECG):分析 URL 的相关信息,根据 URL 的特征进行分类。

本章利用决策层融合的方式对各模态进行融合。Stacking 集成学习为一种异构分类器集成技术,通过融合不同种模型来提升分类的准确率。其采用两层框架的结构,第一层需挑选差异度较大的分类模型作为基学习器。这是因为不同的方法本质是从不同空间角度与数据角度来构建对应的模型,选择差异度较大的方法能最大程度取长补短。TextRECG、ImageRECG 及 URLRECG 分别从不同模态识别诈骗网站,差异度明显,十分适合作为 Stacking 集成学习的基分类器。本章利用 Stacking 方法对各模态识别方法进行集成,方法流程如图 6-1 所示。

第 6 章 基于相异模型集成的多模态诈骗网站识别方法研究

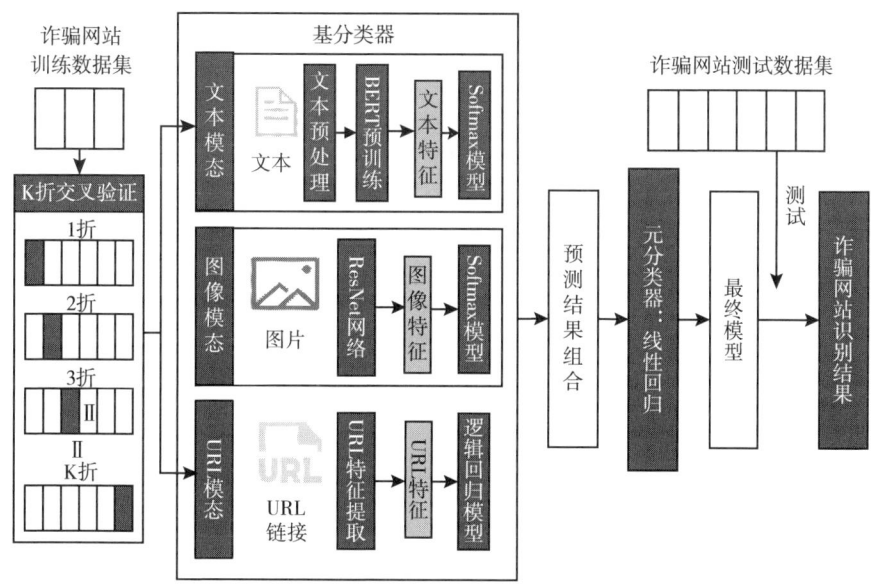

图 6-1 基于相异模型集成的多模态诈骗网站识别方法流程

对于诈骗网站训练数据集 D = {(xi, yi), i = 1, 2, …, n} 中的第 i 个样本 (xi, yi), xi = [XF, XT, XU] 是样本的特征属性, 其中, XF 是诈骗网站图像特征, XT 是诈骗网站文本特征, XU 是诈骗网站 URL 特征; yi 是样本对应的类标签。把 D 随机划分成 K 份, 得数据集 {D1}, {D2}, …, {DK}, 在第 m 次交叉训练中, 定义 {Dm} 为测试集, D! m = D - {Dm} 为训练集。第一层 3 个基分类器对训练集 Dm 学习后得到的基分类模型分别为 L1, L2, L3, 分别对应模型 ImageRECG、TextRECG 及 URLRECG。3 个模型根据每个测试样本特征得到预测值 y1, i, y2, i, y3, i, 与类标签 yi 组合得到新特征向量 zi = {y1, i, y2, i, y3, i}, 把 Z = {z1, z2, …, zn/K} 作为第二层元分类器(本章选择线性回归)的训练样本集, 最终得到元分类模型 FY。Stacking 集成学习可以修正第一层基学习器预测结果误差, 提高模型性能。训练过程及预测过程伪代码如表 6-1 和表 6-2 所示。

表6–1　　　　　　　　　　　　　模型训练算法

算法1　模型训练

输入:诈骗网站训练数据集 D;基分类器 $L_i(i=1,2,3)$;元分类器 Y
输出:融合模型 MultiRECG

1. $(D_1,D_2,\cdots,D_K)\leftarrow D$;
2. $Z\leftarrow\varnothing$;//初始化元分类器的训练样本集

3. **for** i = 1,2,3 **do**
4. 　　//基分类器 L_i 进行 K 折交叉验证
5. 　　**for** a = 1,2,···,K **do**
6. 　　　　$D_T\leftarrow\varnothing$;
7. 　　　　**for** b = 1,2,···,K **do**
8. 　　　　　　**if** b! = a
9. 　　　　　　　　$D_T\leftarrow D_T\cup D_b$;
10. 　　　　　**end if**
11. 　　　　**end for**
12. 　　　　$L_i\leftarrow\text{Train}(D_T)$;//利用 D_T 训练 L_i
13. 　　　　$y_{a,i}\leftarrow L_i(D_a)$;
14. 　　**end for**
15. 　　$z_i\leftarrow\{y_{1,i},y_{2,i},y_{3,i}\}$;
16. **end for**
17. $Z\leftarrow\{z_1,z_2,\cdots,z_{n/K}\}$;
18. //用 Z 训练元分类器 FY
19. $FY\leftarrow\text{Train}(Z)$;
20. $\text{MultiRECG}\leftarrow(L_1,L_2,L_3)\cup FY$;

表6–2　　　　　　　　　　　　　预测过程算法

算法2　预测过程

输入:诈骗网站测试数据集 D_{Test};融合模型 MultiRECG{$(L_1,L_2,L_3)\cup FY$}
输出:诈骗网站识别结果 Y

1. **for** i = 1,2,3 **do**
2. 　　$P_i\leftarrow L_i(D_{Test})$;
3. 　　//分别用3个基分类模型依次预测
4. **end for**
5. $P\leftarrow P_1\cup P_2\cup P_3$;
6. $Y\leftarrow FY(P)$;
7. //元分类器再次预测,获得最终结果 Y

6.2.1 基于文本特征的诈骗网站识别

传统基于文本分析的诈骗网站识别方法存在深层语义挖掘不充分的情况。例如，分词不准确、不同语境下词义判断不清等。BERT 模型是一种双向语言模型，可以捕捉句子中词序信息、语境信息、上下文关系信息等，对文本信息具有很强的表征能力。因此本章在诈骗网站文本识别方面，利用 BERT 模型预训练模型对诈骗网站文本进行特征向量表示，然后将获得的语义特征输入 Softmax 模型进行分类。具体步骤为：诈骗网站文本数据预处理。对文本数据进行分词、去停用词等预处理。

构建 BERT 模型并进行预训练。BERT 模型预训练模型最重要的部分是特征提取器，其由双向 Transformer 编码结构组成，Transformer 编码结构采用了 Self–Attention（自注意力）作为其核心模块，其语义特征提取能力、长距离特征捕获能力、任务综合特征抽取能力、并行计算能力及运行效率都超过了传统 TextCNN 模型。

计算注意力的方法如式 (6-1)，查询向量 Query、键向量 Key 与值向量 Value 是每个编码器输入向量（每个单词的词向量）生成的 3 个向量，dk 是输入向量维数。其关键思想是计算一个句子中每个词和句子中其他所有词的相互关系，认为这些词和词之间的相互关系在某种程度上反映了该语句中不同词之间的关联性和重要性。每个词的重要性通过相互关系来调节权重以得到词的新表示。新的表示不仅包含了该词本身，还包含了其他词和该词的关系。

$$\text{Attention}(Q, K, V) = \text{softmax}\left(\frac{QK^T}{\sqrt{d_k}}\right)V \quad (6-1)$$

Transformer 采用"多头"模式，以拓展模型不同位置的能力，增加注意力单元的"表示子空间"，具体如式 (6-2)、式 (6-3) 所示：

$$\text{MultiHead}(Q, K, V) = \text{Concat}(\text{head}_1, \cdots, \text{head}_h)W^o \quad (6-2)$$

$$\text{head}_i = \text{Attention}(QW_i^Q, KW_i^K, VW_i^V) \quad (6-3)$$

针对深度网络的退化问题，Transformer 编码单元内增加残差网络与层归一化，如式 (6-4)、式 (6-5) 所示：

$$LN(x_i) = \alpha \times \frac{x_i - u_L}{\sqrt{\sigma_L^2 + \varepsilon}} + \beta \qquad (6-4)$$

$$FFN = \max(0, xW_1 + b_1)W_2 + b_2 \qquad (6-5)$$

对全连接网络的输出进行归一化与残差连接处理后获得 BERT 模型输出。将 BERT 模型获得的语义特征输入至 Softmax 模型,假设类别 $Y = \{y_1, y_2, \cdots, y_k\}$,则待分类诈骗网站文本向量 xi 分类到第 j 类的概率为 $P(j|xi)$,对比每个类别的概率大小,概率最大的类别为网站 xi 的最终分类,即 $label(x_i) = \max(P(j|x_i))$。

6.2.2 基于图像特征的诈骗网站识别

诈骗网站往往将诈骗信息隐藏在图像等多媒体数据中。由于多媒体数据具有非结构化特性,在处理中无法像结构化数据一样进行预分类。为此,本章首先利用 ResNet 深度神经网络算法进行图像特征提取,解决梯度消失问题,使神经网络学习达到理想深度;其次,利用 Inception 模块解决传统神经网络感知图像中大核卷积问题,减小模型参数个数;最后,利用 Softmax 进行分类。该深度网络融合了 ResNet 与 Inception 网络的优点,其不仅拓宽了网络,使网络有更强的适应性及泛化能力,同时增加了网络深度,增强了网络提取特征的能力。具体网络结构如下所示。

(1) ResNet 网络。ResNet 利用加深网络来提升网络的性能,其在输入与输出前增加了恒等映射,有效解决训练过程中产生的梯度消失问题。

残差学习的目标函数 $H(x)$ 分成两部分,定义为:

$$H(x) = F(x) + x \qquad (6-6)$$

其中,x 为网络输入,$F(x)$ 为网络学习的残差函数。如果下层误差增大时,网络自动把 $F(x)$ 逼近于 0。

ResNet 的残差块输出为:

$$y = F(x, W_1, W_2, \cdots, W_i, \cdots, W_n) + x \qquad (6-7)$$

其中,W_i 为残差块内第 i 个卷积层权重。

由于线性映射的维度不匹配,为将输入与输出的维数统一,需对输入 x

进行一个线性变换 W_s，此时残差网络的输出为：

$$y = F(x, W_1, W_2, \cdots, W_i, \cdots, W_n) + W_s x \quad (6-8)$$

其中，W_i 为线性映射。

本章修改了传统 ResNet 网络中的残差块结构，各残差块含有 2 个卷积层，每个卷积层利用尺寸是 3×3 的卷积核来加大网络宽度，在两卷积层之间增加了 Dropout 层。

当残差块中含有 2 个卷积层时，其学习公式为：

$$F(x) = W_2 \sigma(W_1 x) \quad (6-9)$$

其中，σ 为 ReLU 映射。式（6-9）省略了偏置。

（2）Inception 模块。Inception 网络将 1×1、3×3、5×5 的卷积核与 3×3 的池化层堆叠在一块，具体网络结构示意如图 6-2 所示。Inception 模块减少了参数个数，因为传统网络为了感知图像更大的区域，采用了很多大核卷积，但是实际上使用两层小核卷积就能得到和一个大核同样大小的感受视野。而两个 3×3 卷积参数有 18 个，一个 5×5 卷积参数有 25 个，所以参数数量得到了减少，但效果却没有下降。

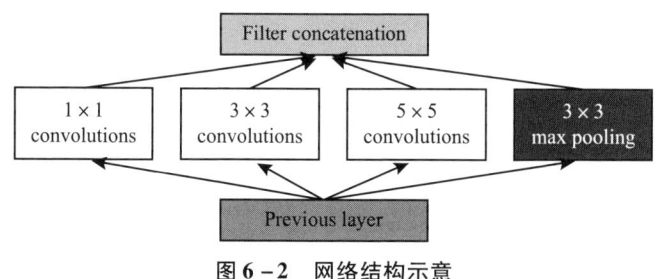

图 6-2 网络结构示意

（3）Softmax 回归层。Softmax 回归层是最后一层，用于判断网站图像被划分成某类的概率。

6.2.3 基于 URL 特征的诈骗网站识别

统一资源定位符（uniform resource locator，URL）是访问服务器某特定资源的唯一地址,具有特征规律。如某些非法网站的域名往往会批量创建,其域名往往会出现字母加数字的组合,伪装成政府或银行的命名则具有高度辨识度,另外非法网站 IP 通常出现在国外,其域名不会备案。

本章首先提取了 URL 的 6 个特征,分别为:是否为 IP 地址、是否含有可疑字符、URL 长度、域名中"."的数量、敏感词汇、是否为 HTTPS 链接。其次,将已经得到的 URL 特征输入逻辑回归算法(logistic regression)进行分类。

6.3 实验分析

6.3.1 实验参数设置及对比方法

实验所用计算机硬件配置为 32 核 Intel(R)Xeon(R)CPU E5 – 2620 v4 @ 2.10GHz 处理器;4 条 GTX1080 8G 显卡。模型参数配置:RMSProp 优化器;学习率:0.045;decay:0.9;exponential rate:0.94。实验对比方法中选择了 4 种,基于文本特征的诈骗网站识别方法(TextRECG)、基于图像特征的诈骗网站识别方法(ImageRECG)、基于 URL 特征的诈骗网站识别方法(URLRECG)及本章所提基于相异模型集成的多模态诈骗网站识别方法(MultiRECG)。

6.3.2 实验数据

训练数据分为网站图像数据、网站文本数据、网站 URL 数据。每类网站 1000 张图像经过了尺寸变换,一张图经过尺寸变换可以变换成 8 张,共计 1000 × 8 张图像,共 11 类;1000 份文本数据,共 11 类文本数据;网站 URL 数据为网站地址,经过编码转换成二进制格式,每类网站 1000 × 11 种类别。

6.3.3 混淆矩阵分析

混淆矩阵是一种评价模型分类效果的可视化工具。每一列表示预测类别，每一行表示实际类别。如表6-3所示，TP 为真正例，样本实际类别及模型预测类别均是正例；FP 为假正例，样本实际类别是负例，但模型预测类别是正例；FN 为假阴性，样本实际类别是正例，但模型预测类别是负例；TN 为真阴性，样本实际类别及模型预测类别均是负例。

表6-3 混淆矩阵构成

实际	预测	
	1	0
1	TP	FN
0	FP	TN

由表6-4混淆矩阵分析情况可以得知，色情网站和博彩类网站分类效果最好，冒充公益类网站分类效果欠佳。计算可得 MultiRECG 识别准确率为：

$$\text{Accurary} = \frac{\sum_{i=1}^{K} \text{TP}_i}{\text{Total}} = 88.8\% \qquad (6-10)$$

表6-4 实验混淆矩阵分析

网站类型	色情	博彩	冒充银行	冒充政府	冒充电商	反动	冒充公益	木马病毒	信贷	理财	正常
色情	**0.990**	0.002	0.000	0.001	0.001	0.001	0.001	0.001	0.001	0.001	0.001
博彩	0.003	**0.990**	0.000	0.001	0.001	0.001	0.000	0.001	0.001	0.001	0.001
冒充银行	0.001	0.002	**0.950**	0.009	0.005	0.005	0.004	0.008	0.005	0.006	0.005

续表

网站类型	色情	博彩	冒充银行	冒充政府	冒充电商	反动	冒充公益	木马病毒	信贷	理财	正常
冒充政府	0.001	0.002	0.010	**0.960**	0.004	0.004	0.004	0.004	0.004	0.003	0.004
冒充电商	0.017	0.017	0.016	0.016	**0.850**	0.012	0.013	0.014	0.015	0.015	0.015
反动	0.022	0.022	0.022	0.021	0.019	**0.800**	0.017	0.018	0.020	0.019	0.020
冒充公益	0.024	0.024	0.023	0.023	0.021	0.020	**0.780**	0.020	0.022	0.021	0.022
木马病毒	0.021	0.021	0.020	0.020	0.018	0.017	0.017	**0.810**	0.019	0.018	0.019
信贷	0.011	0.012	0.012	0.012	0.011	0.010	0.010	0.010	**0.890**	0.011	0.011
理财	0.014	0.014	0.014	0.014	0.012	0.012	0.011	0.012	0.013	**0.870**	0.014
正常	0.013	0.013	0.013	0.013	0.011	0.011	0.011	0.011	0.012	0.012	**0.880**

6.3.4 召回率分析

召回率（recall）是覆盖面的度量，即本应属于某种分类并被成功识别出来的频率。例如，100个色情网站，其中有98个被成功识别为色情网站，剩余两个被识别为其他类型，则召回率为98%，即表格中显示的0.98。具体计算方式为：

$$\text{recall} = \frac{\text{TP}}{\text{TP} + \text{FN}} \tag{6-11}$$

表6-5为每种分类方式对于不同分类判断的召回率，从表6-5可以得出由于每种方法具有局限性，MultiRECG效果最好。

表6-5　　　　　　　　诈骗网站实验召回率

模型	色情	博彩	冒充银行	冒充政府	冒充电商	反动	冒充公益	木马病毒	信贷	理财	正常
TextRECG	0.98	0.95	0.88	0.76	0.77	0.62	0.58	0.51	0.73	0.68	0.69
ImageRECG	0.96	0.87	0.83	0.71	0.72	0.32	0.36	0.59	0.67	0.74	0.72

续表

模型	色情	博彩	冒充银行	冒充政府	冒充电商	反动	冒充公益	木马病毒	信贷	理财	正常
URLRECG	0.74	0.80	0.88	0.92	0.64	0.28	0.14	0.32	0.83	0.81	0.54
MultiRECG	**0.99**	**0.99**	**0.95**	**0.96**	**0.85**	**0.80**	**0.78**	**0.81**	**0.89**	**0.87**	**0.88**

6.3.5　F1 值分析

F1 分数（F1 - score）是分类问题的一个衡量指标，是精确率（precision）和召回率（recall）的调和平均数，具体计算方式为：

$$F1 = 2 \times \frac{precision \times recall}{precision + recall} \qquad (6-12)$$

$$precision = \frac{TP}{TP + FP} \qquad (6-13)$$

F1 最大为 1，最小为 0。

表 6-6 表明以色情和博彩为依托的诈骗网站总体分类效果较好，木马病毒、反动和冒充公益的效果仍然欠佳。

表 6-6　　　　　　　　实验 **F1** 值

色情	博彩	冒充银行	冒充政府	冒充电商	反动	冒充公益	木马病毒	信贷	理财	正常
0.980	0.980	0.903	0.922	0.723	0.640	0.608	0.656	0.792	0.757	0.774

6.3.6　ROC 曲线分析

ROC 曲线称为受试者工作特征曲线，能准确反映出分类器的识别能力。ROC 曲线下的面积称为 AUC，其取值范围一般在（0.5，1），通常 AUC 面积越大，代表分类器的效果越好。

ROC 曲线图的纵轴为真正例率 TPR = TP/（TP + FN），即实际正例得到准确分类的比例；横轴为伪正例率 FPR = FP/(FP + TN)，即实际负例被错分类为正例的比例。ROC 曲线越靠近左上角，则说明预测效果越好。

本章还引入 AUC（area under curve）指标，该指标被定义为 ROC 曲线下方和坐标轴围成的面积。分类器效果越好，ROC 曲线越向左上角靠近，AUC 值就越接近 1。本模型的 AUC 值为 0.9，已符合预期。

图 6-3 表明色情博彩类使用 TextRECG 分类效果非常好，在高召回率下就有极高的准确率，但木马病毒和冒充公益的效果不太好。

图 6-4 表明使用 ImageRECG 分类时，政府反动和冒充公益的效果不好，而色情和博彩效果出色。尤其是色情网站，使用 ImageRECG 分类时 ROC 曲线非常陡峭，拐点非常接近坐标左上角。

图 6-5 表明当使用 URLRECG 分类时，冒充政府和信贷理财效果显著，因为这类网站域名具有非常明显的特征。

结合图 6-6，综合上述分析表明 MultiRECG 的 ROC 更靠近 Y 轴，准确率更高。

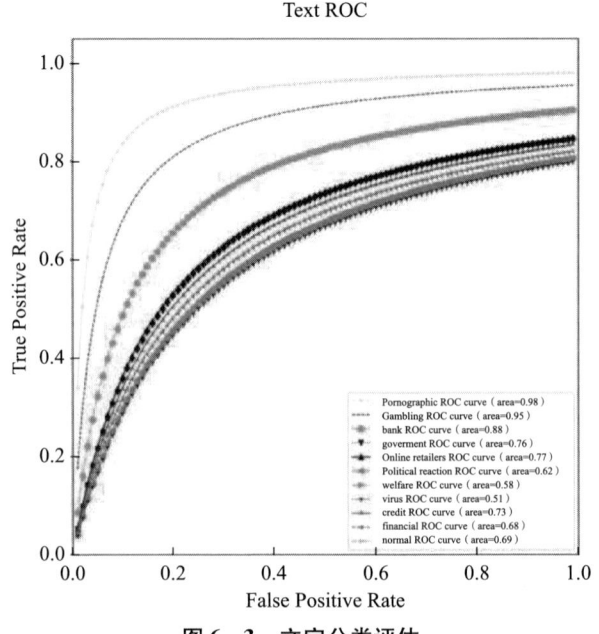

图 6-3　文字分类评估

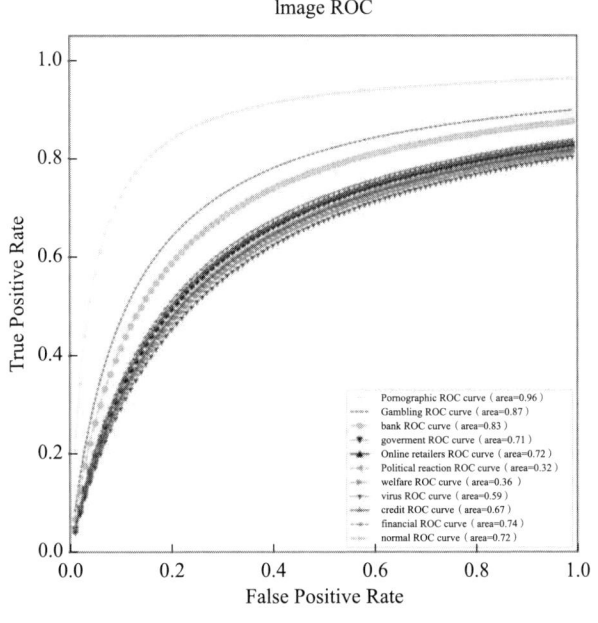

图6-4　图像分类评估

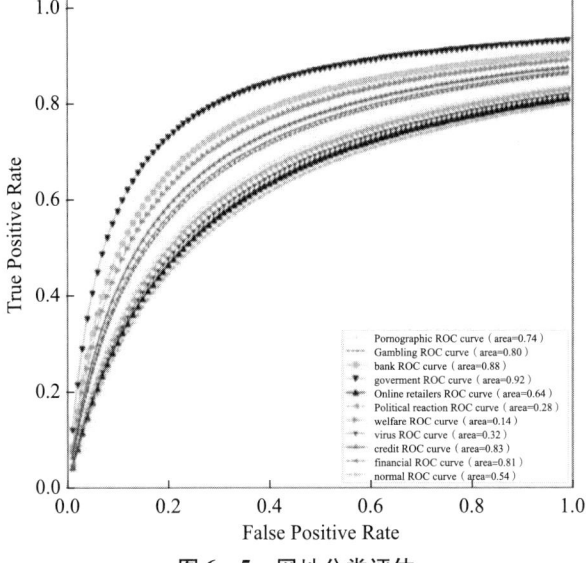

图6-5　网址分类评估

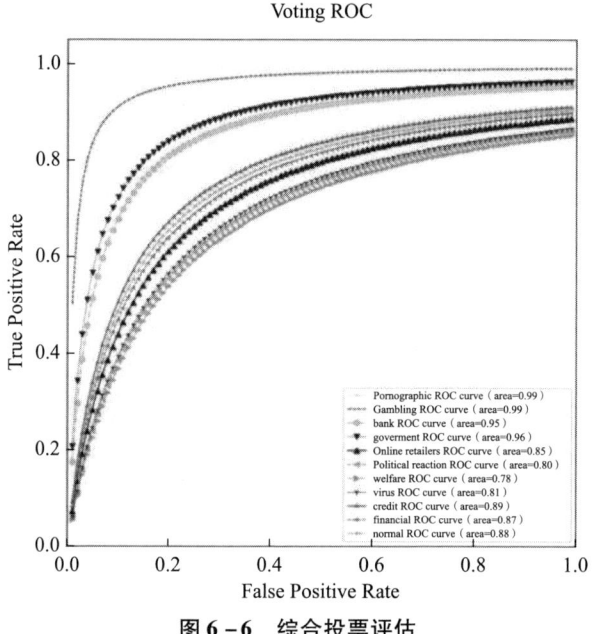

图 6-6 综合投票评估

6.3.7 真实环境测试

将该算法集成至检测系统,并部署至真实互联网环境进行测试,处理流程如图 6-7 所示,并选择了两种多模态融合方式进行对比,即基于加权的决策级融合方法(WH-MultiRECG)和基于布尔系统的决策级融合方法(BL-MultiRECG),测试结果如图 6-8 所示。MultiRECG 对诈骗网站的识别准确率分别比 BL-MultiRECG 和 WH-MultiRECG 提高了 1.9% 和 3.6%,这表明 MultiRECG 在真实互联网环境下也有较好的表现。

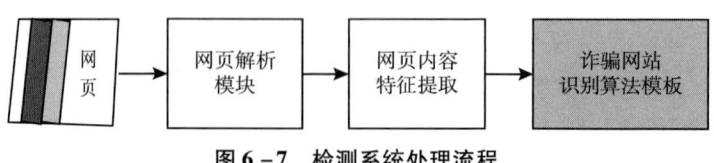

图 6-7 检测系统处理流程

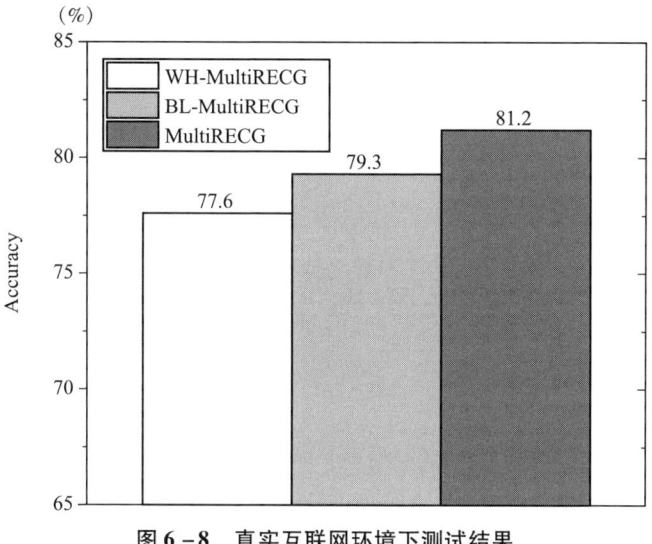

图 6-8　真实互联网环境下测试结果

6.4　本章小结

针对诈骗网站中伪装信息干扰识别的问题，本章结合 Stacking 集成学习思想，提出了一种基于相异模型集成的多模态诈骗网站识别方法。该方法充分考虑了诈骗网站文本、图像、URL 等模态特征，能够有效过滤干扰信息，识别隐藏诈骗信息，具有较高的精确度与识别率。后续研究将从网络行为和网络流量角度探究诈骗网站，以进一步提高诈骗网站识别准确率。

第7章

基于评分卡的诈骗网站量化分析

集成学习的模型相对复杂、负载较高。为保证诈骗网站识别模型的适配性，研究还基于网站 URL 及功能特征数据，提出用于判断诈骗网站的评分卡模型，模型具有结构简单而稳定、预测结果解释性强并且易于实施和维护的优点；研究还通过对比其他传统机器学习模型和深度学习模型，对诈骗网站识别效果进行量化分析，综合评判得出评分卡模型具有较好的识别效果。

7.1 基本原理

7.1.1 线性回归

回归是一种基于已有数据对新的数据进行预测的技术，可应用于诈骗网站识别。线性回归能够用一条直线准确地描述数据之间的关系，这样当有新数据出现时，就可以预测一个简单的值。线性回归的模型形如：$h(x) = w_1 x_1 + w_2 x_2 + \cdots + w_n x_n + b$，线性回归得出的模型不一定是一条直线，当模型中只存在一个变量时，线性回归模型是平面中的一条直线；当模型中有两个变量的时候，线性回归模型是空间中的一个平面；当模型中有更多变量时，线性回归模型的超平面将是更高维的。线性回归模型有很好的可解释性，可以从权重 W 直接看出每个特征对结果的影响程度。

第 7 章 基于评分卡的诈骗网站量化分析

以简单的一元线性回归（一元代表只有一个未知自变量）为例。有 n 组数据，自变量 $x(x_1, x_2, \cdots, x_n)$，因变量 $y(y_1, y_2, \cdots, y_n)$，然后假设它们之间的关系是：$f(x) = ax + b$。那么线性回归的目标就是如何让 $f(x)$ 和 y 之间的差异最小，换句话说就是 a、b 取什么值的时候 $f(x)$ 和 y 最接近。这里需要先解决另一个问题，就是如何衡量 $f(x)$ 和 y 之间的差异。在回归问题中，均方误差是回归任务中最常用的性能度量。记 $J(a, b)$ 为 $f(x)$ 和 y 之间的差异。虽然拟合过程中必然会出现误差，但是也希望最终得出的模型能够最大限度地拟合所有数据点，也就是希望误差能够最小化。这里的误差，习惯称为"残差"，也就是真实值和预测值之间的差值，这里称 $J(a, b)$ 为损失函数，明显可以看出其是个二次函数，即凸函数（这里的凸函数对应中文教材的凹函数），所以有最小值。当 $J(a, b)$ 取最小值的时候，$f(x)$ 和 y 的差异最小，然后可以通过 $J(a, b)$ 取最小值来确定 a 和 b 的值。以下是常见确定 a 值和 b 值的方法。

（1）最小二乘法：既然损失函数 $J(a, b)$ 是凸函数，那么分别关于 a 和 b 对 $J(a, b)$ 求偏导，并令其为零解出 a 和 b。解得：

$$a = \frac{\sum_{i=1}^{n} y_i (x_i - \bar{x})}{\sum_{i=1}^{n} x_i^2 - \frac{1}{n \sum_{i=1}^{n} x_i}} \tag{7-1}$$

$$b = \frac{1}{n} \sum_{i=1}^{n} (y_i - ax_i) \tag{7-2}$$

（2）梯度下降法：梯度的本意是一个向量，即矢量，表示某一个二元及以上的函数（一般情况）在该点处的方向导数沿着该方向取得最大值，即函数在该点处沿着此梯度的方向变化最快，变化率最大（此时为该梯度的模）。例如，当函数是一元函数时，梯度就是导数。

例如，有 n 组数据，自变量 $x(x_1, x_2, \cdots, x_n)$，因变量 $y(y_1, y_2, \cdots, y_n)$，但这次假设它们之间的关系是：$f(x) = ax$。记 $J(a)$ 为 $f(x)$ 和 y 之间的差异，即：

$$J(a) = \sum_{i=1}^{n}(ax_i - y_i)^2 \qquad (7-3)$$

在梯度下降法中，需要先给参数 a 赋一个预设值，然后再逐渐修改 a 的取值，直到 J(a) 取最小值时，确定 a 的值。假设给 a 取的预设值是 a1 的话，那么 a 对 J(a) 的导数为负数，则 $a\frac{\partial J(a)}{\partial a}$ 也为负数，所以 $a-a\frac{\partial J(a)}{\partial a}$ 意味着 a 向右移一点。然后重复这个动作，直到 J(a) 到达最小值。同理，假设给 a 取的预设值是 a2 的话，那么 a 对 J(a) 的导数为正数，则 $a-a\frac{\partial J(a)}{\partial a}$ 意味着 a 向左移一点。然后重复这个动作，直到 J(a) 到达最小值。即不论 a 的预设值为多少，J(a) 经过梯度下降法的多次重复后，总能到达最小值。

7.1.2 逻辑回归

逻辑回归模型（logistic regression，LR）在本质上是基于线性回归函数结果，套用逻辑函数来输出最终结果。逻辑回归模型也可以认为是一种由 sigmoid 函数（logistic 方程）归一化的线性回归模型。逻辑回归是一种将预测范围缩小在 [0,1] 范围之中的回归模型。考虑一个二进制分类任务，其中输出标签 y∈{0,1}，线性回归模型 y = wx + b 产生的预测是实值，需要将实值转换为零一值（1/0）。最理想的情况是选择一个"单位阶跃函数"（unit-step function），当函数结果大于零时预测结果为正例，当函数结果小于零时预测结果为反例，当函数结果等于零时则进行随机判别。

单位阶跃函数是一种分段函数，因此不能直接用作公式。于是对数几率函数（logistic function）便被发现并成为一个常用的替代函数：

$$y = \frac{1}{1+e^{-z}} \qquad (7-4)$$

对数几率函数是一种理想的"单位阶跃函数"，该函数将 z 值转化为一个接近 0 或 1 的 y 值，并且其输出值在 z = 0 附近变化很陡。将对数几率函数代入式（7-4），得到：

$$y = \frac{1}{1 + e^{-(w^T x + b)}} \qquad (7-5)$$

其中，y 是样本 x 为正例的概率，1 - y 是样本 x 为负例的概率。两者的比值称为几率（odds），几率反映了样本 x 是正例的相对可能性。取概率的对数，得到 log(logit)。可以看到，该公式实际上是对线性回归模型预测的真实标签的对数优势比进行了近似。

在本章的场景中，逻辑回归算法 LR 的目标是预测网站为诈骗网站的概率。在二分类问题中，logistic 公式的结果代表 y = 1 的概率，其计算公式为：

$$P\{y=1\} = \frac{e^{\beta^T X^T}}{1 + e^{\beta^T X^T}} \qquad (7-6)$$

其中，$\beta^T = \{\beta_1, \beta_2, \beta_3, \cdots, \beta_r\}$，$X^T = \{1, X_2, X_3, \cdots, X_r\}$。对式（7-6）进行简化，可以推出式（7-7）、式（7-8）：

$$P\{y=1\} = \frac{1}{1 + e^{-\beta^T X^T}} \qquad (7-7)$$

$$\ln \frac{p}{1-p} = \beta^T X^T \qquad (7-8)$$

式（7-8）所示为 logistic 回归的基本公式，等式左边为 logistic 函数，右边为关于自变量的线性函数。其中 p 指的是标签 y = 1 的概率，1 - p 指的是标签 y = 0 出现的概率。

7.1.3 SVM 算法

支持向量机（support vector machines，SVM）是一种用于进行二分类任务的机器学习模型。支持向量机模型的最终目的就是通过将输入数据的特征向量映射为空间中的一些点，通过计算距离来生成出一个用于区分两类不同数据样本的超平面（hyper plane）。这个超平面能很好地对验证过程中加入的新样本点进行分类操作。支持向量机模型希望从有限的输入样本数据中，在特定训练样本的学习精度（即复杂性）和无错误地识别任意样本的能力（即学习能力）之间寻找最佳的折中状态，并因此来获得较高泛化能力。

SVM 的线性函数在形式上表现为：在一维空间中是一个点，在二维空间里就是一条直线，三维空间里就是一个平面，其表现形式会随着维度的变化而变化，也被称作超平面。在实际问题中，一个线性函数是一个函数的值，是连续的实数的实值函数，而对于分类问题，需要离散的输出值。在这里用二元分类问题，即通过模型分析一个样本属于还是不属于一个类别的问题。举一个例子，当样本属于类别 C1 时使用 lable =1 表示，而对于属于 C2 的样本使用 lable =0 表示，这时候只需要简单地在实值函数的基础上附加一个阈值即可，通过分类函数执行时得到的值大于还是小于这个阈值来确定类别归属。

硬间隔支持向量机（Hard-margin SVM）将划分超平面定义为一个线性方程：$W^TX+b=0$，其中，$W=\{W_1, \cdots, W_d\}$ 代表一个确定划分超平面方向的法向量；d 代表训练样本数据的特征值个数；X 代表训练样本数据；b 代表决定了超平面与原点之间的距离的位移项。硬间隔 SVM 要求唯一确定一个划分超平面，因此就需要确定法向量 w 和位移 b。硬间隔 SVM 需要通过确定划分超平面和其两侧的边际超平面上任意一点的距离来保证所得的超平面具有最大间隔分类。

SVM 模型是一个综合性能较为优秀的分类算法，具有以下两个特点：（1）支持向量是 SVM 的训练结果，在 SVM 分类决策中起决定作用的是支持向量；（2）SVM 在某种意义上避免了"维数灾难"，计算的复杂性取决于支持向量的数目，而不是样本空间的维数。

7.1.4 评分卡模型

评分卡模型是一种统计模型，其作用主要是评估对象的一系列特征并给出分值，以预判目标的可信程度，主要可分为两类：传统数理统计方式和机器学习。机器学习具有预测能力强、无须进行变量筛选的优点，但存在可解释性差的缺点，此外模型训练所耗费的时间较长。数理统计中的 logistic 回归模型虽然预测能力稍弱，但存在可解释性强、模型训练时间短等优势，且

logistic 回归通过 WOE 转换后可以形成直观的标准评分格式。出于对可解释性的考虑，本次评分卡模型选择使用 logistic 回归模型。

7.1.4.1 评分卡模型建模流程

（1）探索性数据分析（exploratory data analysis，EDA）主要是利用各种统计分析的手段来从整体上了解数据的情况，包括数据的构成、数据的质量、数据的含义等。以便后续针对特定的问题制定合理的数据预处理方案，完成特征工程的工作。

（2）数据清洗与预处理：经过前一步的探索性数据分析后，往往会发现数据中存在着缺失值和异常值，在数据预处理阶段需要进行处理。此外，还需要涉及数据分箱、WOE 编码、变量筛选等过程，主要是提升特征的表达能力，解决的是模型的性能问题。

（3）评分卡建模：①生成最终的数据集：根据数据预处理阶段得到的结果，完成了对数据的异常过滤和缺失数据插补，完成了特征的分箱、权重证据（weight of evidence，WOE）编码，以及根据信息价值（information value，IV）和群体稳定性指标（popularity stability index，PSI）。②模型选择：机器学习模型有很多，尽管目前 XGBoost、神经网络等模型效果更好，但在评分卡模型中最常用的还是逻辑回归模型。主要是因为逻辑回归模型简单易用，可解释性强。当模型出现问题时，能够更加容易找到原因，各个特征的系数也能够结合业务知识来进行评估和解释。③模型评估：与常规的机器学习模型性能评估方法一致，评分卡建模的评估通常也采用 AUC、灵敏度、特异性及 ROC 曲线等进行评估。④模型训练：经过预训练过程的分析后，当前的数据集及特征基本上不需要进行改动，因此将训练集与验证集合并重新训练模型，作为最终的评分卡模型。在实际建模中，需要重新评估模型在测试集上的性能，同样包括 AUC、F1 值等。

7.1.4.2 评分卡模型评价参数

1. 权重证据 WOE

在经过了分箱处理后，所有的变量都变成了离散型，通常的做法是将这些离散型的变量进行热编码的转换,但是这样处理一是使数据所需内存变大,二是降低了模型的可解释性,因此需要 WOE 方式编码,其将划分出的区间转变为具有实际意义的数字。WOE 值公式为:

$$WOE_i = \ln \frac{p_{y1}}{p_{y0}} = \ln \frac{Bad_i/Bad_T}{Good_i/Good_T} \qquad (7-9)$$

其中,p_{y1} 指的是分组中坏样本数占所有坏样本数量的比例,p_{y0} 指的是分组中好样本数占所有好样本数量的比例。WOE 值实际表示的是当前组中的坏样本和好样本占所有坏样本和所有好样本的比值差异。从等式的右边可以看到,第 i 个分箱的 WOE 值等于该分箱的坏好比与整体的坏好比的差异,因此,可以理解为每一个分箱的 WOE 值实际上是代表了分箱内的样本分布与整体的样本分布的差异,WOE 值越大则表明这一分箱对于区分正负样本更有帮助。这类似于决策树当中分支后的基尼系数,表示分支后的样本是否够纯。

总体而言,WOE 是对特征分箱后进行编码的一种方法,其通过计算特征的每一个分箱内坏好比与总体的坏好比的差异来量化特征对于分类结果的影响;WOE 的取值可正可负,绝对值越大表示特征对预测结果的影响越大,正负则代表这种影响的方向;WOE 能够解决分类变量类别过多时的稀疏问题,以及解决连续变量与结果事件的非线性问题。此外,WOE 也能够更好地处理异常值和缺失值。

2. 信息价值 IV 值

IV 值是评分卡中最常见的筛选变量的方法。对于建模使用的变量,一般考虑这五个方面:(1)变量的预测能力;(2)变量的可解释性;(3)变量的稳定性;(4)变量的可获得性;(5)变量的相关性。其中,最直接的衡量标准应当是变量的预测能力,即该变量对于模型做出准确预测的贡献如何。

一个特征的 IV 值越高,则该特征的预测能力越强。IV 值能衡量各变量对于标签的影响程度。各个分箱 IV 值计算的基本公式为:

$$IV_i = (p_{y1} - p_{y0}) \times WOE_i \qquad (7-10)$$

由式(7-10)可知,每个分组中的 IV 值是当前组的 WOE 值乘以当前组中坏样本占比与好样本占比的差值。每一个特征变量的 IV 值是由变量中每个分箱的 IV 值简单的加和：

$$IV = \sum_{i=1}^{n} IV_i \qquad (7-11)$$

其中，下角标 i 代表某个特征的第 i 个区间，该变量的 IV 值等于各个区间的 IV 值相加。从上述公式中可以看出 IV 值其实是 WOE 的加权组合。IV 值主要是用在评分卡中的变量特征重要性度量。此外，还存在其他方法用于度量变量的重要性，如基于 stepwise 的变量值筛选；基于 lasso 正则化的变量筛选和利用集成树模型进行特征重要性排序。

3. 基于方差膨胀因子（variance inflation factor，VIF）方法进行的因子独立性检验

多元线性回归分析中最常见的问题之一是自变量的多重共线性。根据上述假设内容，当一个解释变量的变化导致另一个解释变量的变化时，线性模型中的每个变量应该是独立的。可以使用回归分析的结果来知道哪些自变量对因变量有显著影响。当其中一个变量发生变化时，它也会导致其他变量相关的改变。如果存在这样的现象，那么自变量之间存在很强的线性关系。这样，其他变量就无法固定，也就无法找到自变量和因变量之间的真实关系。方差膨胀系数 VIF 的计算公式为：

$$VIF = \frac{1}{1 - R^2} \qquad (7-12)$$

其中，R^2 为样本可决系数，是用于检验模型解释能力的检验统计指标。可以通过查看 VIF 的大小，来检验模型是否存在多重共线性，通常以 VIF = 10 作为判断边界，当 VIF < 10，不存在多重共线性；当 $10 \leqslant VIF < 100$，存在较强的多重共线性；当 $VIF \geqslant 100$，模型则存在严重多重共线性。

7.2 模型构建

评分卡模型的主要目标是通过 URL、网站功能等一系列网站特征来判定网站为诈骗网站的可能性。在模型中，每一个网站特征都相当于一个问题，例如，网址是否包含"-"符号、网址是否是纯 IP 等，且每个特征都只有两种答案，即是或否。评分卡模型首先对获取的数据进行预处理，针对原始数据中存在部分内容缺失等问题，对数据进行标准化。其次，对初步提取的变量进行相关性检验，筛除具备强相关性的网站特征，以保证 logistic 回归模型的准确性。再次，通过计算 WOE 和 IV 来确定各特征对网站属性的影响程度，保留具有较高 IV 值的变量来构造 logistic 回归模型。最后，再基于 logistic 回归和 p 值检验实现评分卡模型的构建，并结合随机森林模型进行预测策略对比分析。评分卡模型的构建流程如图 7-1 所示。在后续将对模型的构建细节进行说明。

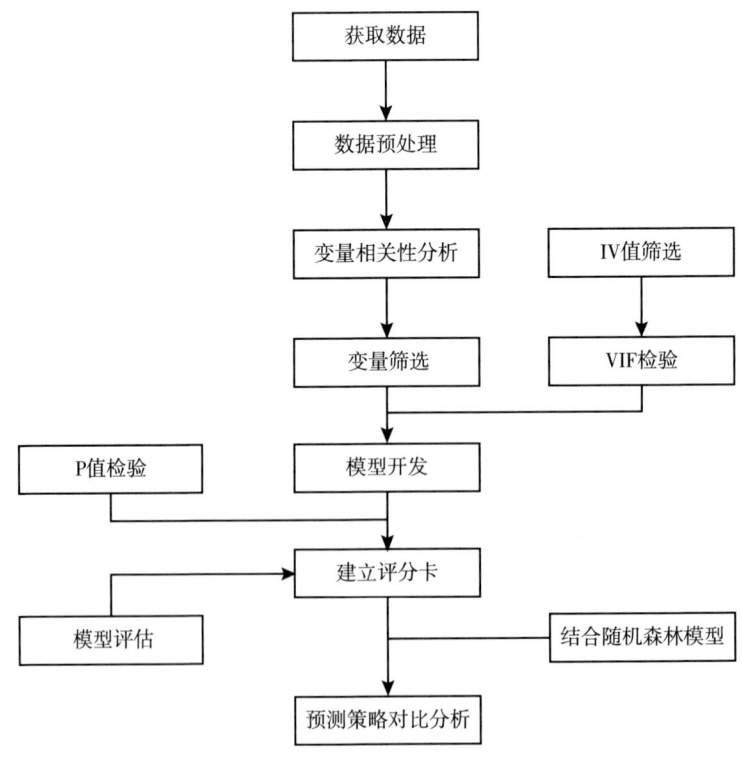

图 7-1 评分卡模型构建流程

7.2.1 数据获取

评分卡模型构建的数据来源于 sofa 科学数据竞赛网站，共计 10086 条。数据集中提供了包括网站 URL 特征、网站功能特征等总计 18 个变量来综合描述网站属性，具体内容如表 7-1 所示。每条数据还具备标签值 y，用来评估其是否为诈骗网站。

表 7-1 数据集各变量说明

变量	解释	变量	解释
contain_IP	网址中是否包含 ip	contain_icon	网址网页是否有小图标
is_long	网址字符是否过长	contain_ext_domain	该网页是否加载其他域名下的附件或网页
is_tinyURL	网址是否是短网址	contain_email_to	该网页是否包含发送邮件的组建
contain_at	网址是否包含"@"符号	allow_right_click	该网页是否允许用户进行右击操作
contain_double_slash	网址是否包含"//"符号	contain_pop_up_windows	该网页是否包含弹窗
contain_dash	网址是否包含"-"符号	contain_Iframe	该网页是否包含 Iframe（嵌套网页）
contain_subdomain	网址是否包含子域名	has_DNSRecord	网址是否有 DNS 记录
is_SSL	网址是否是 https 安全链接	traffic	该网站的流量大小
with_long_history	网址所属的主域名存在的时间	google_rank	该网址在 Google 搜索中的排名

7.2.2 数据预处理

针对原始数据中存在部分内容缺失的问题，数据预处理模块将对数据集进行标准化操作,以保证后续模型建立的正确性。利用 Python 库中的 describe() 函数处理原始数据集,输出结果如图 7-2 所示。由实验结果可知,数据中的变量 contain_IP、is_long、is_tinyURL、contain_at、contain_double_slash、contain_dash、contain_subdomain、is_SSL 中缺失值数量在 100 条以内,对整体影响较小,对应数据可以直接删除。其余变量的缺失数量较多,需采用随机森林回归算法进行填补缺失值。

	contain_I	is_long	is_tinyu	contain_t	contain_c	contain_c	contain_c	is_SSL	with_long	contain_c	contain_c	contain_c	allow_ri	contain_c	contain_l	has_DNS	traffic	google_rey
count	9996	9997	9998	10004	9970	9992	9989	9990	7291	8728	8559	8007	6679	9807	9427	8885	8579	9422	10086
mean	0.671168	0.183355	0.862472	0.856058	0.867503	0.157426	0.158286	0.628344	0.825028	0.959876	0.805547	0.908561	0.698706	0.583285	0.272554	0.315289
std	0.469812	0.386977	0.344421	0.351049	0.339048	0.36422	0.493766	0.469408	0.454022	0.385631	0.483275	0.379967	0.198361	0.395799	0.288248	0.458846	0.493044	0.445297	0.464654
min	0	0	0	0	0	0	0	0	0	0	0	0	0	0	0	0	0	0	0
25%	0	0	1	1	1	0	0	0	1	1	1	1	1	0	0	0	0	0
50%	1	0	1	1	1	0	0	1	1	1	1	1	1	1	1	0	0	0
75%	1	0	1	1	1	0	0	1	1	1	1	1	1	1	1	1	1	1
max	1	1	1	1	1	1	1	1	1	1	1	1	1	1	1	1	1	1

图 7-2 数据集统计信息

在随机森林预测算法中,会把无缺失的数据和待填充缺失项的数据分离开,利用已知的数据来预测缺失值。在回归算法中,各变量值与标签值是相关联的,且标签和变量之间可以相互转换。例如,可以用"城市""环境""是否是学区房"来预测"房价",也可以反过来通过"城市""环境""房价"来预测"是否是学区房"。

由于数据集中的重复项会影响各特征属性的 WOE,因此要删除数据集中存在的缺失值,仅保留重复项中的一行,经过删除重复项操作后生成的数据集共包含 3850 条数据,部分数据如表 7-2 所示。

表 7-2 诈骗网站与非诈骗网站特征数据集

ID	contain_IP	is_long	…	traffic	google_rank	y
1	1	1	…	1	1	0
2	0	0	…	1	0	1
…	…	…	…	…	…	…
3849	0	1	…	0	1	1
3850	1	0	…	1	0	0

7.2.3 变量相关性分析

logistic 回归算法不允许各变量之间存在强相关性，因此模型建立前，要筛选出相互具有强关联性的变量。皮尔森相关系数能用数值来直观反映出变量间的相关性，而当两变量的相关系数大于 0.5 时，就不考虑将两变量同时放入模型中。

实验数据集中的关联性分析结果如图 7－3 所示，可观测到变量 is_tinyURL 和 contain_double_slash 间的相关系数为 0.788，变量 contain_icon 和 contain_pop_up_window 间的相关系数为 0.592，因此上述两组变量在接下来的建模中，同组的两项变量不能同时放入模型中。

	contain IF	is long	is tinyurl	contain at	contain dc	contain de	contain sv	is SSL	with long	contain ic	contain ex	contain em	allow rig	contain pc	contain If	has DNSRec	traffic	google rar	y
contain IF	1	0.001	0.388	0.099	0.376	0.016	-0.031	0.066	-0.039	-0.005	-0.016	-0.008	-0.032	0.046	0.013	-0.001	0.006	-0.028	-0.105
is long	0.001	1	-0.006	-0.04	-0.023	0.006	-0.01	0.01	-0.183	-0.007	0.208	0.043	-0.013	0.005	0.022	0.013	0.009	0.108	-0.018
is tinyurl	0.388	-0.006	1	0.064	0.788	-0.028	0.015	0.016	0.015	-0.115	-0.021	-0.027	-0.02	-0.076	-0.062	0.374	-0.004	0.056	-0.048
contain at	0.099	-0.04	0.064	1	0.033	0.05	-0.027	0.088	-0.009	0.115	0	0.171	-0.002	0.176	0.133	-0.118	-0.009	-0.04	-0.153
contain dc	0.378	-0.023	0.788	0.033	1	-0.047	0.004	0.042	0.01	-0.075	-0.03	-0.051	-0.038	-0.037	-0.06	0.376	-0.036	0.019	-0.078
contain de	0.016	0.006	-0.028	0.05	-0.047	1	0.109	0.243	-0.143	0.044	0.003	-0.023	-0.095	0.087	0.023	-0.036	0.038	-0.064	-0.308
contain sv	-0.031	-0.01	0.015	-0.027	0.004	0.109	1	0.221	-0.092	-0.017	0.03	-0.002	-0.087	0.009	0.029	0.029	-0.068	0.051	-0.26
is SSL	0.066	0.01	0.016	0.088	0.042	0.243	0.221	1	-0.229	-0.044	-0.016	-0.06	-0.215	0.067	-0.004	-0.046	0.073	0.015	-0.638
with long	-0.039	-0.183	0.015	-0.009	0.01	-0.143	-0.092	-0.229	1	0.04	-0.31	0.036	0.121	-0.01	-0.031	0.02	-0.073	0.02	0.347
contain ic	-0.005	-0.007	-0.115	0.115	-0.075	0.044	-0.017	-0.044	0.04	1	0.004	0.224	0.092	0.592	0.288	0.004	-0.025	0.044	0.019
contain ex	-0.016	0.208	-0.021	0	-0.03	0.003	0.03	-0.016	-0.31	0.004	1	0.013	-0.009	0.009	0.018	0.003	0.025	0.047	-0.003
contain em	-0.008	0.043	-0.027	0.171	-0.051	-0.023	-0.002	-0.06	0.036	0.224	0.013	1	0.098	0.252	0.196	-0.007	-0.007	0.015	0.081
allow rig	-0.032	-0.013	-0.02	-0.002	-0.038	-0.095	-0.087	-0.215	0.121	0.092	-0.009	0.098	1	0.071	0.12	-0.001	-0.03	0.023	0.326
contain pc	0.046	0.005	-0.076	0.176	-0.037	0.087	0.009	0.067	-0.01	0.592	0.009	0.252	0.071	1	0.38	0.002	0.007	0.042	-0.143
contain If	0.013	0.022	-0.062	0.133	-0.06	0.023	0.029	-0.004	-0.031	0.288	0.018	0.196	0.12	0.38	1	-0.021	0.016	0.046	-0.031
has DNSRec	-0.001	0.013	0.374	-0.118	0.376	-0.036	0.029	-0.046	0.02	0.004	0.003	-0.007	-0.001	0.002	-0.021	1	-0.01	0.064	0.043
traffic	0.006	0.009	-0.004	-0.009	-0.036	0.038	-0.068	0.073	-0.073	-0.025	0.025	-0.007	-0.03	0.007	0.016	-0.01	1	-0.009	-0.098
google rar	-0.028	0.108	0.056	-0.04	0.019	-0.064	0.051	0.015	0.02	0.044	0.047	0.015	0.023	0.042	0.046	0.064	-0.009	1	0.037
y	-0.105	-0.018	-0.048	-0.153	-0.078	-0.308	-0.26	-0.638	0.347	0.019	-0.003	0.081	0.326	-0.143	-0.031	0.043	-0.098	0.037	1

图 7－3　数据各变量相关性

7.2.4 变量筛选

在 logistic 回归时，如果将 18 个变量均放入模型中进行预测，可能会出现过拟合现象，同时也会浪费内存资源并拉长训练时间，因此需采用变量筛选，从所有待选的变量特征中找出能影响标签值的项。而变量的 WOE 值和 IV 值能反映变量对标签值的影响程度，下文将对运算过程进行介绍。此外，由前文可知变量 is_tinyURL 和 contain_double_slash、变量 contain_icon 和 contain_pop_up_window，同组中的两变量不能同时被选入模型中，此时将选择 IV 值较高的变量对模型进行训练。

7.2.4.1 WOE 值

WOE 是一种对原始数据的编码方式,需要对各个变量数据进行分箱。由于数据集中的值都属于离散型数据,因此可以将分箱手动分为 [0, 0.5, 1.1]。分组后,对每一组数据计算其对应 WOE 值的公式为:

$$WOE_i = \ln \frac{p_{y1}}{p_{y0}} = \ln \frac{Bad_i/Bad_T}{Good_i/Good_T} \qquad (7-13)$$

其中,p_{y1} 指的是分组中坏样本数占所有坏样本数量的比例,p_{y0} 指的是分组中好样本数占所有好样本数量的比例。WOE 值实际表示的是当前组中的坏样本和好样本占所有坏样本和所有好样本的比值差异。WOE 值越大,表示差异越大,即组中坏样本的可能性就越大;WOE 值越小,表示差异越小,即组中的坏样本的可能性越小。

WOE 转化是将数据表中的值用对应组的 WOE 值进行替换,从而实现了数据的标准化功能,也就是说,在自变量中的各个取值之间可以实现直接比较。

7.2.4.2 IV 值

IV 能衡量各变量对于标签的影响程度。各个分箱 IV 值计算的基本公式为:

$$IV_i = (p_{y1} - p_{y0}) \times WOE_i \qquad (7-14)$$

由式(7-14)可知,每个分组中的 IV 值是当前组的 WOE 值乘以当前组中坏样本占比与好样本占比的差值。每一个特征变量的 IV 值是由变量中每个分箱的 IV 值简单的加和:

$$IV = \sum_{i=1}^{n} IV_i \qquad (7-15)$$

实验中通过 Python 计算出各变量的 IV 值,输出结果如图 7-4 所示。

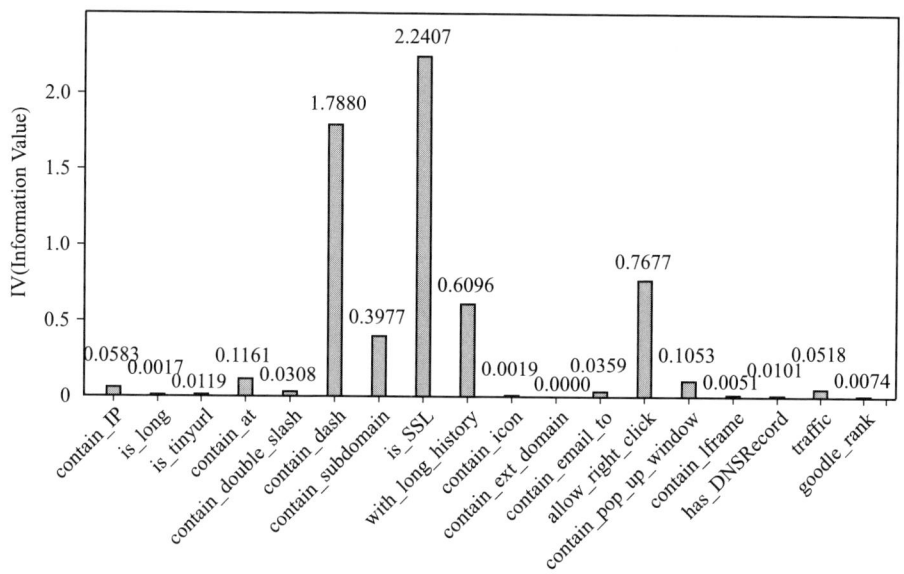

图 7-4 数据各变量相关性

IV 数值与预测能力间的对应关系如表 7-3 所示。IV 值并非越大越好，当变量 IV 值高于 1.2 时，表示该变量会影响模型的普适性和稳定性。在本次实验中，变量 is_SSL 的 IV 值为 2.2407，变量 contain_dash 的 IV 值为 1.7880，虽然其具有极强的预测能力，但还是需要将其排除。筛选出变量 contain_IP、contain_at、contain_double_slash、contain_subdomain、with_long_history、contain_email_to、allow_right_click、contain_pop_up_window、traffic 为之后建立模型所需的变量。

表 7-3　　　　　　　　　　　IV 值合理范围

IV	预测能力
<0.03	无预测能力
0.03~0.09	预测能力弱
0.1~0.29	预测能力中
0.3~0.5	预测能力强
>0.5	预测能力极强

7.2.4.3 多重共线性 VIF 检验

VIF 是检验多重共线性的算法,能够计算出一个变量能被其他变量的解释程度。若变量存在多重共线性,则之后 logistic 回归系数会出现与预期符号不同的情况,所以在 logistic 回归建模过程中进行多重共线性检验十分必要。

实验可以设 X_i 为目标变量,X_1,X_2,…,X_{i-1},X_{i+1} 是自变量进行线性回归,R^2 就是线性回归中的决定系数,具体公式为:

$$VIF = \frac{1}{1-R^2} \qquad (7-16)$$

当 R^2 越接近于 1 的时候,表示 X_i 更容易被其他变量解释,多重共线性程度越高,VIF 值也越高。一般而言,当 VIF > 10 时,代表该变量存在严重的多重共线性,需要对变量进行筛除,再重新计算。

实验中对初筛的变量进行 VIF 检验,结果如表 7-4 所示。结果证明了初选的 9 个变量不存在多重共线性。

表 7-4　　　　　　　　　　各变量 VIF

变量名	VIF
contain_IP	2.828279961
contain_at	3.823758929
contain_double_slash	4.513341465
contain_subdomain	1.750211577
with_long_history	1.445077802
contain_email_to	2.650830867
allow_right_click	2.492459612
contain_pop_up_window	3.272758987
traffic	1.952936000

7.2.5　Logistic 模型开发

实验首先从数据集中筛选出 IV 值较高的变量数据,再利用 Python 的

statsmodels 库来构建 logistic 回归模型。将数据集随机分成两部分,30% 是测试集,70% 是训练集。利用训练集训练 Logistic 模型,之后利用 summary() 函数输出训练结果。回归结果如图 7-5 所示。

	coef	std err	z	P>|z|	[0.025	0.975]
const	-1.1091	0.058	-19.068	0.000	-1.223	-0.995
contain_IP	0.8442	0.247	3.418	0.001	0.360	1.328
contain_at	1.4481	0.169	8.579	0.000	1.117	1.779
contain_double_slash	0.8872	0.335	2.650	0.008	0.231	1.544
contain_subdomain	1.1088	0.091	12.139	0.000	0.930	1.288
with_long_history	1.0060	0.071	14.253	0.000	0.868	1.144
contain_email_to	1.6385	0.317	5.174	0.000	1.018	2.259
allow_right_click	1.0957	0.075	14.581	0.000	0.948	1.243
contain_pop_up_window	1.5845	0.181	8.759	0.000	1.230	1.939
traffic	1.2295	0.245	5.012	0.000	0.749	1.710

图 7-5 回归结果

其中,COEF 逻辑回归系数:一个变量的系数值越大(正负均可),意味着它对预测结果的影响越大。实验结果显示 9 个特征的回归系数均大于 0,说明图中指标特征与目标值为 1 (即为诈骗网站)的概率正相关;标准误差(std err)各数值在 1.5 以下,说明模型贴合度高;z 值是用于检验参数的统计量,表示参数估计值与零假设(系数为 0)之间的偏差。z 值越远离零,意味着参数估计值越偏离零假设,表明变量对预测结果的影响越显著。由实验结果可知,9 个变量均与预测结果正相关,且是否包含弹窗、是否包含子域名等 3 项变量对预测结果影响显著。p 值检验常用于评估自变量是否对因变量具有显著影响。当 P>|Z| 列中的数值小于 0.05 时,代表存在足够理由拒绝 $β_i=0$ 的假设,意味变量是显著的。由实验结果可知,所有变量均通过了显著性检验;置信区间 [0.025~0.975] 反映了各特征在满足准确率为 95% 的情况下,特征权值系数的取值范围。

7.2.6 Logistic 模型评估

实验通过 ROC 曲线、AUC 值和 KS 值来对 Logistic 模型进行评估。Logistic 模型的 ROC 曲线和 AUC 值如图 7-6 所示，AUC=0.87 说明模型预测能力较优。

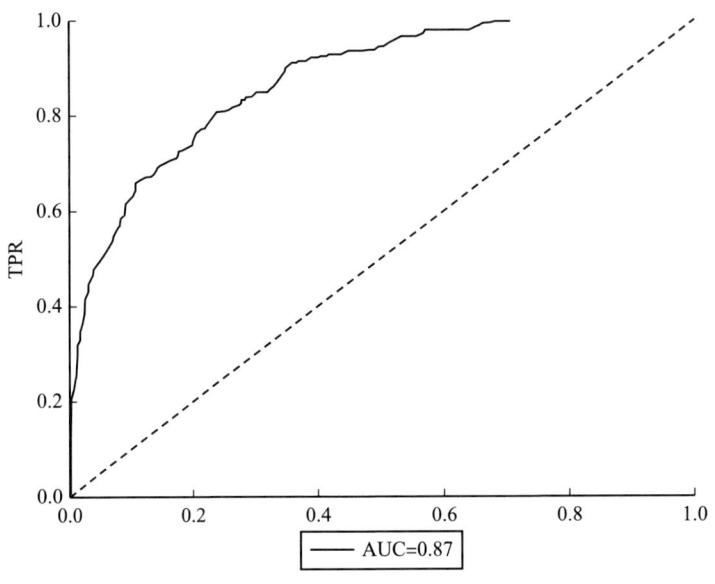

图 7-6　Logistic 模型的 ROC 曲线

K-S 曲线指的是 TPR 曲线和 FPR 曲线的差值，KS 值指的是 K-S 曲线中最大的值，KS 值越大，代表模型的区分能力越强。KS 值的评判标准如表 7-5 所示。实验中 Logistic 模型的 K-S 曲线如图 7-7 所示，KS 值为 0.57，反应模型的区分能力极强。

表 7-5　　　　　　　　　KS 值模型预测能力区分

KS 值	模型区分能力
<0.2	无区分能力
0.2≤KS 值<0.3	较弱区分能力
0.3≤KS 值<0.5	较强区分能力
0.5≤KS 值<0.75	极强区分能力
>0.75	模型可能存在异常

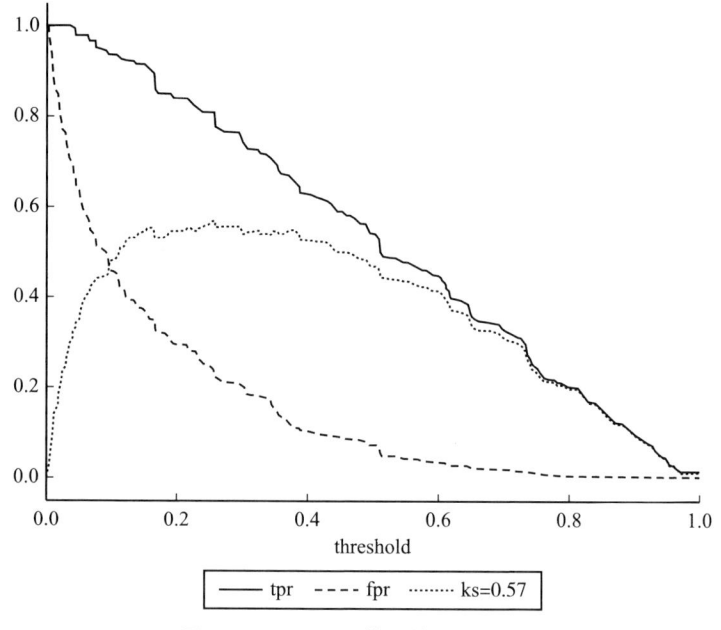

图 7-7 Logistic 模型的 K-S 曲线

7.2.7 评分卡模型构建

将 p 与 1-p 的比值用 odds 来表示，可推出如下公式：

$$\text{logist}(p) = \ln\frac{p}{1-p} = \beta^T X^T = \ln(\text{odds}) \quad (7-17)$$

其中，p 代表为诈骗网站的概率，1-p 代表为非诈骗网站的概率，X 是转化后的 WOE 值，而不是原始数据中的 0、1 值，因此可以推出公式：

$$\ln(\text{odds}) = \beta_0 + \beta_1 \text{woe}_1 + \beta_2 \text{woe}_2 + \cdots + \beta_i \text{woe}_i \quad (7-18)$$

其中，β_i 为比例系数。为让公式更加直观化，对公式进一步实现分数刻值转化，如式（7-19）所示：

$$\text{score} = A - B\ln(\text{odds}) \quad (7-19)$$

其中，score 为计算得出的每一条数据的最终得分，A、B 皆为常数值，当目标网站越可能为诈骗网站时 odds 值越大，此时公式中的 score 值就越小。将设定的两个假设（金香，2016）[假设1：在某个特定比率设定特定预测分数；假设2：指定比率翻倍的分数（PDO）］代入式（7-19）中，可以求得A和B。

设当odds比率为Θ时，分数等于P；当odds比率翻倍为2Θ时，分数变为P+PDO，因此就能获得以下两个式子：

$$P = A - B\log(\Theta) \tag{7-20}$$

$$P + PDO = A - B\log(2\Theta) \tag{7-21}$$

解上述两个方程组可得：

$$B = \frac{PDO}{\log(2)} \tag{7-22}$$

$$A = P + B\log(\Theta) \tag{7-23}$$

当数据集中正常网站样本与诈骗网站样本的比例为58∶19时，分数为600，PDO为20，因此可以解得A=581.56，B=28.85。将A和B代入式（7-19），可以获得式（7-24）。

$$score = 581.56 - 28.85\log(odds) \tag{7-24}$$

再将式（7-18）和式（7-19）结合，可得：

$$score = (A - B\beta_0) - (B\beta_1 woe_1) - (B\beta_2 woe_2) - \cdots - (B\beta_i woe_i) \tag{7-25}$$

其中，$A - B\beta_0$为基础分。

实验中将分值代入数据集中，所得结果如图7-8所示。可以观测到，分值越高时为诈骗网站的可能性越低，分值越低时为诈骗网站的可能性越高，结果符合预期。

contain_l	contain_a	contain_c	contain_s	with_long	contain_e	allow_ri	contain_p	traffic	y	Score
1	1	1	1	0	0	0	1	1	0	622
0	1	1	0	1	1	0	1	1	1	453
0	1	1	1	0	1	0	1	1	0	592
1	1	1	0	1	1	1	1	1	1	449
1	1	1	0	0	1	0	1	0	0	546
1	1	1	1	0	1	1	1	0	0	538
0	1	0	0	1	0	0	1	0	0	480
1	1	1	1	0	1	0	1	1	0	604
1	1	1	0	0	1	0	1	1	0	580
1	1	1	0	1	0	1	1	0	0	499
0	1	0	0	0	0	0	1	0	0	524
0	1	1	1	0	1	1	1	0	0	510
1	1	1	0	1	1	1	1	0	0	522
1	1	1	1	1	1	1	1	0	1	491
0	1	1	0	1	1	1	1	0	0	421
1	1	1	1	0	1	1	1	0	0	538
0	1	0	1	0	0	1	1	1	0	516
1	1	1	0	0	1	0	1	0	0	546
0	1	1	0	0	1	0	0	0	0	552

图7-8　数据集部分分值

7.3 模型对比分析

实验通过对比经典机器学习算法模型（选择 logistic 回归模型、支持向量机和随机森林模型）、经典深度学习算法模型（选择卷积神经网络、长短期记忆网络）和评分卡模型开展测试，分别计算各模型的准确率（accuracy）、精确率（precision）、召回率（recall）、F1 – Score 等评价参数，通过对比来证明基于评分卡的诈骗网站量化分析模型的可用性。实验数据分布情况如表 7 – 6 所示。

表 7 – 6   实验数据分布

样本属性	数量
正	950
反	2900

可以观察到数据集的分布较为不平衡，数据集中正例样本（即诈骗网站样本）的数量相对较小，而反例样本（即正常网站）的数量较大，因此可能使识别模型更倾向于将样本预测为反例，进而导致实验结果产生较高的精确率和较低的召回率。将数据集的 70% 设为训练集，剩余的 30% 设为测试集开始测试实验。

7.3.1 传统 logistic 回归模型

logistic 回归算法属于传统数理统计预测方式，需对变量筛选，剔除相关性高的变量和存在多重共线性的变量。根据前文的流程，先对每个变量进行 WOE 编码，再根据多重共线性、变量相关性与 IV 值进行变量筛选，最后在测试集上进行回归预测，可以得到模型混淆矩阵如表 7 – 7 所示，实验结果如表 7 – 8 所示。

表 7-7　　　　　　　　　　　logistic 模型混淆矩阵

真实值	预测值	
	反	正
反	801	62
正	135	157

表 7-8　　　　　　　　　　　logistic 模型预测结果

模型	ACC（%）	精确率（%）	召回率（%）	F1（%）	AUC	KS
Logistic	82.94	71.69	53.77	61.45	0.87	0.57

由表 7-8 可以看出 logistic 回归模型整体预测效果较好，ACC 值达到 82.94%；AUC 达到 0.87，说明模型在较大程度上能够区分正例和负例；且 KS 值达到 0.57，说明该模型具有极强区分能力。但对于部分正例样本的预测效果欠佳，据分析这是由于训练数据集中正例样本数量较少，导致模型对正例样本特征学习不足造成的。

7.3.2　支持向量机模型

SVM 以结构最小化为准则，让经验风险和置信范围最小化，因此在样本较小时也能够实现准确的预测。SVM 模型在二分类预测上运用广泛，且无须担心变量间的相关性和多重共线性问题。在本实验中，为防止模型发生过拟合情况，所以将前文中提及的两个 IV 值过高变量去除后，再将剩余变量传入模型中。SVM 模型实验混合矩阵如表 7-9 所示，实验结果如表 7-10 所示。

表 7-9　　　　　　　　　　　SVM 模型混淆矩阵

真实值	预测值	
	反	正
反	829	34
正	131	161

表 7 – 10　　　　　　　　　　SVM 模型预测结果

模型	ACC（%）	精确率（%）	召回率（%）	F1（%）	AUC	KS
SVM	85.71	82.56	55.14	66.12	0.90	0.64

由表 7 – 10 可以看出，SVM 模型整体预测效果较好，ACC 值达到 85.71%；AUC 达到 0.90，说明模型在很大程度上能够区分正例和负例，并且有较高的分类准确性；且 KS 值达到 0.64，说明该模型具有极强的区分能力，但依然存在对于部分正例样本和反例样本的预测效果欠佳的问题。

7.3.3　随机森林模型

随机森林模型是机器学习中的常用预测方法，其利用了多棵相互没有关联的决策树对训练集进行拟合，再用测试集计算预测结果。与 SVM 模型相似，为防止过拟合情况的发生，在构建预测模型之前移除 IV 值过高的两个变量。本次实验中将随机森林模型作为第二个对照组。随机森林模型实验混合矩阵如表 7 – 11 所示，实验结果如表 7 – 12 所示。

表 7 – 11　　　　　　　　　随机森林模型混淆矩阵

真实值	预测值	
	反	正
反	814	49
正	122	170

表 7 – 12　　　　　　　　随机森林模型预测结果

模型	ACC（%）	精确率（%）	召回率（%）	F1（%）	AUC	KS
Random forest	85.19	77.63	58.22	66.54	0.91	0.64

由表 7 – 12 可以看出，随机森林模型整体预测效果较好，ACC 值达到

85.19%；AUC 达到 0.91，说明模型在很大程度上能够区分正例和负例，并且有较高的分类准确性；且 KS 值达到 0.64，说明该模型具有极强区分能力，但依然存在对于部分正例样本和反例样本的预测效果欠佳的问题。

7.3.4 卷积神经网络模型

神经网络是一种模仿生物神经系统工作原理的计算模型，用于解决如分类等机器学习任务。随着深度学习的发展，卷积神经网络（convolutional neural network，CNN）成为神经网络的重要变体，具有更深的层数和更强的表达能力。为防止过拟合情况的发生，在构建预测模型之前移除 IV 值过高的两个变量。本次实验中将卷积神经网络模型作为第三个对照组。卷积神经网络模型实验混合矩阵如表 7-13 所示，实验结果如表 7-14 所示。

表 7-13　　　　　　　卷积神经网络模型混淆矩阵

真实值	预测值	
	反	正
反	810	53
正	129	163

表 7-14　　　　　　　卷积神经网络模型预测结果

模型	ACC（%）	精确率（%）	召回率（%）	F1（%）	AUC	KS
CNN	84.24	75.46	55.82	64.17	0.88	0.58

由表 7-14 可以看出，CNN 模型整体预测效果较好，ACC 值达到 84.24%；AUC 达到 0.88，说明模型在较大程度上能够区分正例和负例；且 KS 值达到 0.58，说明该模型具有极强区分能力，但依然存在对于部分正例和反例样本的预测效果欠佳的问题。

7.3.5 长短期记忆网络模型

长短期记忆网络（long short term memory，LSTM）是一种特殊类型的循环神经网络，它在处理和分析序列数据方面非常有效。为防止过拟合情况的发生，在构建预测模型之前移除 IV 值过高的两个变量。本次实验中将卷积神经网络模型作为第四个对照组。长短期记忆网络模型实验混合矩阵如表 7-15 所示，实验结果如表 7-16 所示。

表 7-15　　　　　　　　长短期记忆网络模型混淆矩阵

真实值	预测值	
	反	正
反	791	72
正	123	169

表 7-16　　　　　　　　长短期记忆网络模型预测结果

模型	ACC（%）	精确率（%）	召回率（%）	F1（%）	AUC	KS
LSTM	83.12	70.12	57.88	63.41	0.75	0.53

由表 7-16 可以看出，LSTM 模型整体预测效果较好，ACC 值达到 83.12%；但 AUC 只有 0.75，说明模型能够对样本进行一定程度的区分，但在应对某些样本或边界情况时存在一定的困难；且 KS 值达到 0.53，说明该模型具有极强区分能力，但依然存在对于部分正例和反例样本的预测效果欠佳的问题，整体模型的预测能力还有待提高。

7.3.6 评分卡模型

实验中利用评分卡模型对数据进行量化分析，预测目标数据是否属于

"诈骗网站"。可以将最终的评分表根据变量"Score"进行分箱操作,将数据从330分到630分以30分、20分、10分为单位分成若干个组,再对每个箱计算坏网站占比。以30分为单位的分组情况如表7-17所示。

表7-17　　　　　　　　　以30分为单位数据分箱

分箱区间	好样本	坏样本	总数	总数占比（%）	坏样本占比（%）
[330, 360)	1	8	9	0.78	88.89
[360, 390)	0	23	23	1.99	100.00
[390, 420)	9	42	51	4.42	82.35
[420, 450)	52	84	136	11.77	61.76
[450, 480)	127	68	195	16.88	34.87
[480, 510)	190	46	236	20.43	19.49
[510, 540)	196	19	215	18.61	8.84
[540, 570)	160	2	162	14.03	1.23
[570, 600)	97	0	97	8.40	0.00
[600, 630)	31	0	31	2.68	0.00

为实现最佳预测效果,对数据进行重新分组,以30分为单位分组为例,将[300, 390)分为一组,[390, 540)分为一组,[540, 630]分为一组,可以取得如表7-18所示结果,发现在[390, 540)区间内利用评分卡难以分清。对这部分的数据,将利用随机森林模型进行预测。

表7-18　　　　　　　　　数据分箱

分箱区间	好样本	坏样本	总数	总数占比（%）	坏样本占比（%）
[330, 390)	1	31	32	2.77	96.88
[390, 540)	574	259	833	72.12	31.09
[540, 630)	288	2	290	25.11	0.69

评分卡模型实验混合矩阵如表7-19所示,实验结果如表7-20所示。

由实验结果可知,以 30 分为单位的分组具有更高的分类准确度。

表 7 – 19　　　　　　　　　　评分卡模型混淆矩阵

真实值	预测值	
	反	正
反	820	43
正	122	170

表 7 – 20　　　　　　　　　　评分卡模型预测结果

测试项目	ACC（%）	精确率（%）	召回率（%）	F1（%）	AUC	KS
Score card（30 分组）	85.71	79.81	58.22	67.33	0.91	0.64
Score card（20 分组）	85.63	79.44	58.22	67.19	0.91	0.64
Score card（10 分组）	85.54	79.34	57.88	66.93	0.9	0.63

7.3.7　对比结果分析

在本次对比实验中,各模型的预测结果如表 7 – 21 所示。ACC 值表示模型正确识别样本的概率;F1 值兼顾了召回率和精确率,是二分类问题中综合评判模型预测能力的指标。由实验结果可知,评分卡模型与 SVM 模型的 ACC 值最高,达到了 85.71%;且评分卡模型的 F1 值最高,超过了其他传统机器学习和深度学习模型;同时全部六个模型的 KS 值均处于（0.5,0.75）区间之中,说明全部模型的训练效果较好,都具有较好的识别效果,但相较于其他模型,评分卡模型的预测效果明显要超过其他模型。且全部模型的预测结果中均产生精确率较高而召回率较低的现象,这与数据正反样本的分布情况相吻合,说明实验结果符合预期。

表 7-21　　　　　　　　各模型预测结果

模型	ACC（%）	精确率（%）	召回率（%）	F1（%）	AUC	KS
Logistic	82.94	71.69	53.77	61.45	0.87	0.57
SVM	85.71	82.56	55.14	66.12	0.90	0.64
Random forest	85.19	77.63	58.22	66.54	0.91	0.64
CNN	84.24	75.46	55.82	64.17	0.88	0.58
LSTM	83.12	70.12	57.88	63.41	0.75	0.53
Score card	85.71	79.81	58.22	67.33	0.91	0.64

综合对比实验结果可知，传统 Logistic 回归模型的预测能力和各项指标都不如其他模型，但由于 Logistic 回归模型的强解释性和内部算法，可用于建立直观的评分卡模型。同时，LSTM 模型的预测能力仅优于 Logistic 回归模型，这可能是由于实验选取的特征之间的依赖关系较差。此外，评分卡模型还对难以判别的部分，利用随机森林算法进行二次预测，既保证了模型的解释性，同时又兼顾了模型的预测能力。综上实验结果，表明本章提出的评分卡模型具备较好的识别性能。

7.4　本章小结

本章从构建低负载、强解释性的诈骗网站识别方法出发，量化分析诈骗网站的各项特征，并选择能显著反映网站属性的特征，构建了基于评分卡的诈骗网站量化分析模型。实验结果证明了本模型具备强解释性、强预测能力。此外，评分卡模型还能随着网站或特征变量数量的变化而更新，因此也具备高适用性的优点。

第8章

基于网络行为的诈骗网站识别预警

开展电信网络诈骗被害人的网络行为特征研究,对于剖析电信网络犯罪机理、精准防范电信网络诈骗有着重大的意义。当前的诈骗网站识别研究主要以犯罪平台识别为研究方向,缺少从被害人角度出发的识别防控方法。因此,本章尝试从电信网络诈骗防控的被害人与网站交互所产生的网络行为入手,通过对用户网络行为进行详细分析,构建基于Logistic回归的诈骗网站预警模型,实现对潜在被骗人访问诈骗网站所产生的一系列网络行为的识别预警。

8.1 被害人网络行为定量分析

8.1.1 样本与变量

本章使用的数据样本主要是模拟用户访问诈骗网站和正常网站,使用Wireshark工具获取用户访问网站产生的数据包,并利用相应的Python代码分析各项网络行为的数理关系并构建识别模型判别数据包是否为诈骗网站产生。

(1)因变量。

本章的因变量为"是否为诈骗网站"。用0来表示正常网站,1来表示诈骗网站。

(2)自变量:登陆行为。

用户访问诈骗网站通常会产生登录自身账号的行为。用0来表示没有登录行为，1来表示有登录行为。

（3）自变量：注册行为。

用户在访问诈骗网站时通常需要先注册一个账号。用0来表示没有注册行为，1来表示有注册行为。

（4）自变量：危险单词。

诈骗网站上的标题等通常会具有一些危险词汇，如"色情""博彩"等。用0来表示没有危险单词，1来表示有危险单词。

（5）自变量：转账支付行为。

受骗用户一般会在诈骗网站上进行转账支付行为，有无转账支付行为是诈骗网站与否的重要判断因素。用0来表示没有转账支付行为，1来表示有转账支付行为。

8.1.2 理论假设检验

本章通过二元Logistic回归分析进行理论假设检验，各维度变量均采用加和方式计算得分后带入回归分析模型，相关结果如表8-1所示。在得到的模型中发现，转账支付行为（$p<0.01$）、危险单词（$p<0.01$）、登录行为（$p<0.01$）和注册行为（$p<0.01$）均对判别诈骗网站起显著正向影响。具有转账支付行为、危险单词、登录行为、注册行为的网站是诈骗网站的概率分别是没有相关行为的网站的4.272倍、3.041倍、1.528倍、1.549倍。

表8-1　　　　是否为诈骗网站检验结果：二元Logistic回归

步骤1[a]		方程中的变量							
		B	标准误差	瓦尔德	自由度	显著性	Exp(B)	Exp(B)的95%置信区间	
								下限	上限
变量名称	转账支付行为	1.452	0.143	103.341	1	0.000	4.272	3.229	5.652
	危险单词	1.799	0.146	151.718	1	0.000	3.041	1.538	5.043

续表

步骤 1ª		方程中的变量						Exp(B) 的 95% 置信区间	
		B	标准误差	瓦尔德	自由度	显著性	Exp(B)	下限	上限
变量名称	登录行为	0.424	0.170	6.201	1	0.013	1.528	1.094	2.133
	注册行为	1.714	0.174	96.446	1	0.000	1.549	1.142	2.811
	常量	-2.023	0.103	387.353	1	0.000	0.132		

注：a. 在步骤1输入的变量：转账支付行为、危险单词、登录行为、注册行为。

根据霍斯默—莱梅肖检验表，p值为0.653＞0.05，说明当前数据中的信息已经被充分提取，模型拟合优度较高，相关结果如表8-2所示。

表 8-2　　　　　　　　　　霍斯默—莱梅肖检验表

步骤	卡方	自由度	显著性
1	5.948	4	0.653

综合上述分析结果可知，具有转账支付行为和危险单词的网络流量数据包，更有可能是诈骗网站产生的。

8.2　模型建立思路与数据预处理

8.2.1　基本思路架构

首先，随机挑选数量足够多的诈骗网站和正常网站，通过Wireshark软件对目标网站产生的数据包进行抓取，将爬取的数据导入SPSS中，对被害用户网络行为进行挖掘,分析用户的显性行为(定义为抓取 HTTP 协议数据分组中的各字段内容,能够准确地反映用户在该网站进行的操作,本章研究主要包括转账支付行为、危险单词、登录行为、注册行为等共计 7 种网络行为,具体设定见后)和隐形行为(定义为流量数据包特征,从负载量、数量及交互情况的角度分为 3 类),对挖掘出的网络行为各指标进行数理统计分析,判别其与诈骗网络行为的相关性;其次,使用 Python 代码对行为字节、行为平均负载、收发包数量等进行统计分析,对比诈骗网站和正常网站的异同;最后,通过构建逻辑回归模型,进一步分析网站的诈骗性(见图 8-1)。

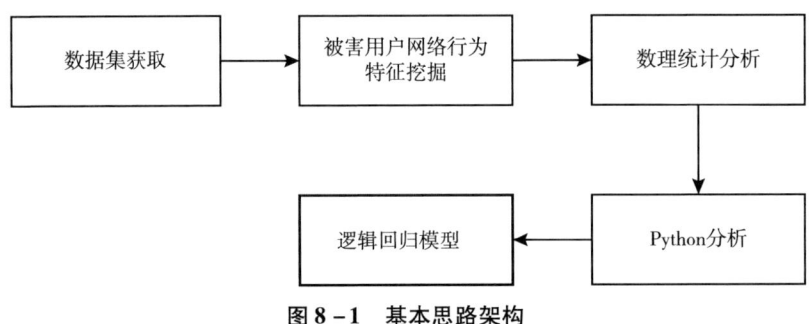

图 8-1　基本思路架构

8.2.2　数据集获取

本章采用 Wireshark 软件对用户访问目标网站时产生的各种 HTTP 数据包进行动态抓取,并保存为 pcapng 文件。以此为样本数据,从中进行显性流量特征编码,并分析、提取隐性网络行为编码,最终合并两个编码集和手动标注的网站诈骗属性编码集,作为总数据集,总计 3194 条数据。

以下是抓包具体操作步骤。

(1) 以管理员权限打开 Wireshark,选择 WLAN 模式,双击开始抓包(见图 8-2)。

(2) 将目标网站 URL 地址复制到浏览器地址栏打开,并进行注册登录等模拟实验操作(见图 8-3)。

第 8 章　基于网络行为的诈骗网站识别预警

图 8-2　抓包前设置

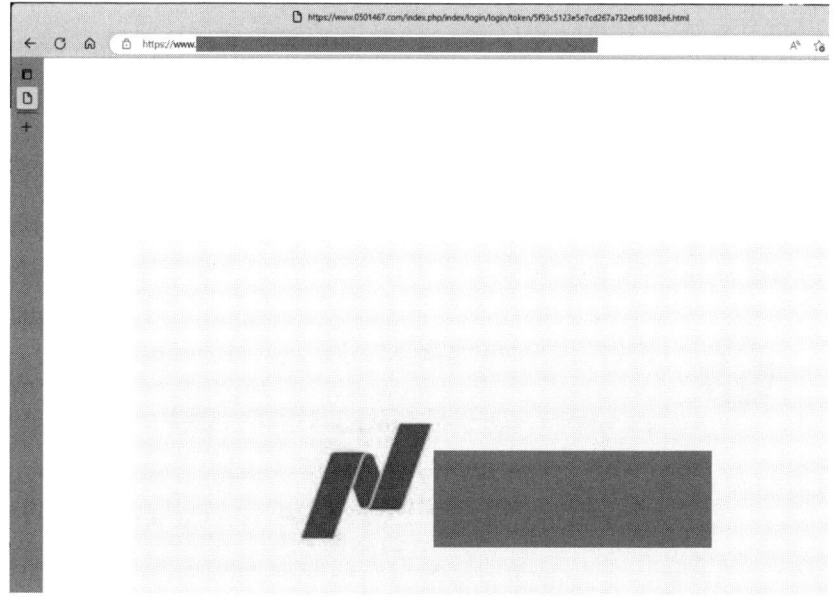

图 8-3　诈骗网站登录操作

（3）操作结束后点击 Wireshark 左上角的红色方块终止抓包，得到如图 8-4 所示的界面。

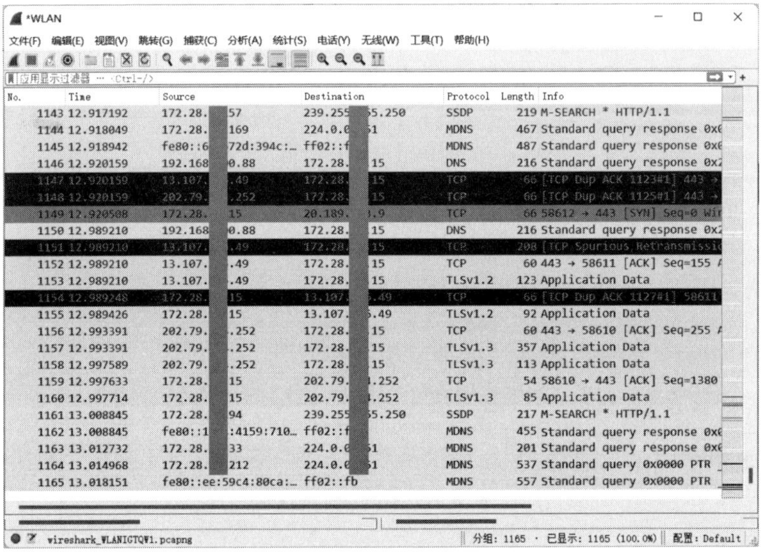

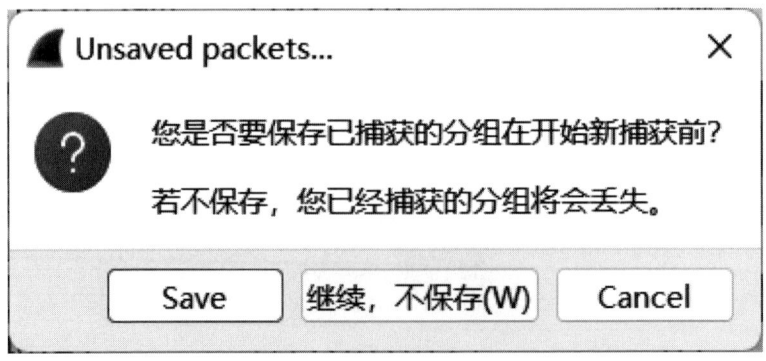

图 8-4　抓包结果

（4）点击 Wireshark 左上角的蓝色鲨鱼鳍图案，将抓包数据保存为 pcapng 文件（见图 8-5）。

图 8-5　保存为 pcapng 文件

(5) 重复步骤（2）至步骤（4），直至完成对所有目标网站的抓包工作。

8.2.3 用户网络行为数据基本统计分析

本章将用户的显性网络行为分类为登录、注册、游戏、充值等共计 7 项，将隐性网络行为设定为流量数据包特征，从时间、数量及交互情况的角度分为 3 类，共计 11 项。针对采集到的 3194 条样本数据，实验采用 SPSS 软件对被害用户网络行为特征进行挖掘，分别得到显性行为描述性分析和隐性行为描述性分析。从数据的最大值、最小值、平均值、方差及标准差等维度进行基本的统计分析，具体结果如表 8-3 和表 8-4 所示。

表 8-3　　　　　　　　　　显性行为描述性分析

行为特征	描述统计						
	N	最小值	最大值	总和	平均值	标准差	方差
危险单词	3194	0	1	1789	0.56	0.496	0.246
银行卡操作	3194	0	1	2342	0.73	0.442	0.196
转账支付行为	3194	0	1	2162	0.68	0.468	0.219
诈骗游戏行为	3194	0	1	1958	0.61	0.487	0.237
透露个人信息的行为	3194	0	1	1993	0.62	0.484	0.235
数据加载行为	3194	0	1	1935	0.61	0.489	0.239
其他未知行为	3194	0	1	1716	0.54	0.499	0.249
有效个案数（成列）	3194						

表 8-4　　　　　　　　　　隐性行为描述性分析

行为特征	描述统计					
	N	最小值	最大值	平均值	标准差	方差
持续时长	3194	0.000	7062.410	207.041	741.080	549199.234
发包个数	3194	0.000	2439.000	29.110	93.736	8786.445

续表

行为特征	描述统计					
	N	最小值	最大值	平均值	标准差	方差
收包个数	3194	0.000	17612.000	132.240	707.947	501189.148
接包长度	3194	0.000	25883058.000	176791.453	1024208.005	1.049
发包长度	3194	0.000	1573946.000	16591.660	55998.144	3135792159.000
发送tcp总长度	3194	0.000	78048.000	621.550	2295.012	5267081.212
接收tcp总长度	3194	0.000	563536.000	2931.110	19168.278	367422879.100
发送负载大小	3194	-480.000	1286144.000	13776.760	46613.861	2172852028.000
接收负载大小	3194	-2901.000	23804938.000	163787.839	948850.019	9.003
平均负载大小	3194	-40.000	3368.000	529.651	295.090	87078.216
有效个案数（成列）	3194					

8.3 数据挖掘与模型建立

8.3.1 显性行为数理统计分析

使用SPSS软件对各显性行为进行数理统计分析，判定显性网络行为与诈骗网站间的关联性。

1. 危险单词

表8-5为危险单词与是否为诈骗网站的交叉表分析结果，从对角线来看，分析的3194个网站中，含危险单词且为诈骗网站的网站数目为1662个，含危险单词但不是诈骗网站的数量为127个，由此可见，网站中包含危险单词时，有较大可能该网站属于诈骗网站。

表 8-5　　　　　　　危险单词与是否为诈骗网站的交叉表

危险单词	是否为诈骗网站		总计
	0	1	
0	1016	389	1405
1	127	1662	1789
总计	1143	2051	3194

由卡方检验结果得知，渐进显著性（p值）<0.05，说明危险单词与是否为诈骗网站之间是存在显著差异的，进一步证实上述网站包含危险单词时，有较大可能该网站属于诈骗网站的结论（见表8-6）。

表 8-6　　　　危险单词与是否为诈骗网站关联性的卡方检验结果

项目名称	卡方检验				
	值	自由度	渐进显著性（双侧）	精确显著性（双侧）	精确显著性（单侧）
皮尔逊卡方	1456.446	1	0.000	0.000	0.000
连续性修正	1453.610	1	0.000		
似然比	1591.632	1	0.000	0.000	0.000
费希尔精确检验				0.000	0.000
线性关联	1455.990	1	0.000	0.000	0.000
有效个案数	3194				

2. 银行卡操作

表 8-7 对银行卡操作与是否为诈骗网站之间的关联性进行分析，由交叉表结果显示可得，含银行卡操作的数据中，诈骗网站与正常网站的比例约为1:4.6，得出含有银行卡操作的网站大部分为诈骗网站的结论。

表8-7　　　　银行卡操作与是否为诈骗网站的交叉表

银行卡操作	是否为诈骗网站		总计
	0	1	
0	726	126	852
1	417	1925	2342
总计	1143	2051	3194

由卡方检验结果得到，渐进显著性（p值）<0.05，说明银行卡操作与是否为诈骗网站之间是存在显著差异的，进一步证实上述含有银行卡操作的网站大部分为诈骗网站的结论（见表8-8）。

表8-8　　　银行卡操作与是否为诈骗网站关联性的卡方检验结果

	卡方检验				
项目名称	值	自由度	渐进显著性（双侧）	精确显著性（双侧）	精确显著性（单侧）
皮尔逊卡方	1235.226	1	0.000	0.000	0.000
连续性修正	1232.294	1	0.000		
似然比	1257.961	1	0.000	0.000	0.000
费希尔精确检验				0.000	0.000
线性关联	1234.839	1	0.000	0.000	0.000
有效个案数	3194				

3. 转账支付行为

表8-9为转账支付行为与是否为诈骗网站的交叉表分析结果，从对角线来看，分析的3194个网站中，含转账支付行为且为诈骗网站的网站数目为1904个，含转账支付行为但不是诈骗网站的数量为258个，由此可见，含转账支付行为的情况下，绝大部分网站属于诈骗网站。

表 8-9　　转账支付行为与是否为诈骗网站的交叉表

转账支付行为	是否为诈骗网站		总计
	0	1	
0	885	147	1032
1	258	1904	2162
总计	1143	2051	3194

由卡方检验结果得到，渐进显著性（p 值）＜0.05，说明转账支付行为与是否为诈骗网站之间是存在显著差异的，进一步证实上述含转账支付行为的情况下，绝大部分网站属于诈骗网站的结论（见表 8-10）。

表 8-10　　转账支付行为与是否为诈骗网站关联性的卡方检验结果

项目名称	卡方检验				
	值	自由度	渐进显著性（双侧）	精确显著性（双侧）	精确显著性（单侧）
皮尔逊卡方	1656.666	1	0.000	0.000	0.000
连续性修正	1653.455	1	0.000		
似然比	1740.322	1	0.000	0.000	0.000
费希尔精确检验				0.000	0.000
线性关联	1656.147	1	0.000	0.000	0.000
有效个案数	3194				

4. 诈骗游戏行为

表 8-11 对诈骗游戏行为与诈骗网站之间的关联性做了分析，由交叉表结果显示可得，含诈骗游戏行为的数据中，所有网站均为诈骗网站，得出含有诈骗游戏行为的网站一定是诈骗网站的结论。

表 8-11　诈骗游戏行为与是否为诈骗网站的交叉表

诈骗游戏行为	是否为诈骗网站		总计
	0	1	
0	1143	93	1236
1	0	1958	1958
总计	1143	2051	3194

由卡方检验结果得到，渐进显著性（p 值）<0.05，说明诈骗游戏行为与是否为诈骗网站之间是存在显著差异的，进一步证实上述含有诈骗游戏行为的网站一定是诈骗网站的结论（见表 8-12）。

表 8-12　诈骗游戏行为与是否为诈骗网站关联性的卡方检验结果

	卡方检验				
项目名称	值	自由度	渐进显著性（双侧）	精确显著性（双侧）	精确显著性（单侧）
皮尔逊卡方	2819.744	1	0.000	0.000	0.000
连续性修正	2815.721	1	0.000		
似然比	3506.092	1	0.000	0.000	0.000
费希尔精确检验				0.000	0.000
线性关联	2818.861	1	0.000	0.000	0.000
有效个案数	3194				

5. 透露个人信息行为

表 8-13 为透露个人信息行为与是否为诈骗网站的交叉表分析结果，从对角线来看，分析的 3194 个网站中，含透露个人信息行为且为诈骗网站的网站数目为 1961 个，含透露个人信息行为但不是诈骗网站的数量仅为 32 个，可以忽略不计。由此可见，含透露个人信息行为的情况下，绝大部分网站属于诈骗网站。

表 8-13　透露个人信息行为与是否为诈骗网站的交叉表

透露个人信息的行为	是否为诈骗网站		总计
	0	1	
0	1111	90	1201
1	32	1961	1993
总计	1143	2051	3194

由卡方检验结果得到，渐进显著性（p 值）＜0.05，说明透露个人信息行为与是否为诈骗网站之间是存在显著差异的，进一步证实上述含透露个人信息行为的情况下，绝大部分网站属于诈骗网站的结论（见表 8-14）。

表 8-14　透露个人信息行为与是否为诈骗网站关联性的卡方检验结果

项目名称	卡方检验				
	值	自由度	渐进显著性（双侧）	精确显著性（双侧）	精确显著性（单侧）
皮尔逊卡方	2694.679	1	0.000	0.000	0.000
连续性修正	2690.725	1	0.000		
似然比	3198.713	1	0.000	0.000	0.000
费希尔精确检验				0.000	0.000
线性关联	2693.836	1	0.000	0.000	0.000
有效个案数	3194				

6. 数据加载行为

表 8-15 对数据加载行为与诈骗网站之间的关联性做了分析，由交叉表结果显示可得，含数据加载行为的数据中，诈骗网站与正常网站的比例约为 1∶20，得出含有数据加载行为的网站绝大部分为诈骗网站的结论。

表 8 – 15　　数据加载行为与是否为诈骗网站的交叉表

数据加载行为	是否为诈骗网站		总计
	0	1	
0	1051	208	1259
1	92	1843	1935
总计	1143	2051	3194

由卡方检验结果得到，渐进显著性（p 值）<0.05，说明数据加载行为与是否为诈骗网站之间是存在显著差异的，进一步证实含有数据加载行为的网站绝大部分为诈骗网站的结论（见表 8 – 16）。

表 8 – 16　　数据加载行为与是否为诈骗网站关联性的卡方检验结果

项目名称	卡方检验				
	值	自由度	渐进显著性（双侧）	精确显著性（双侧）	精确显著性（单侧）
皮尔逊卡方	2057.069	1	0.000	0.000	0.000
连续性修正	2053.644	1	0.000		
似然比	2297.476	1	0.000	0.000	0.000
费希尔精确检验				0.000	0.000
线性关联	2056.425	1	0.000	0.000	0.000
有效个案数	3194				

8.3.2　隐性行为数理统计分析

本部分利用编写的 Python 程序对被害隐形行为进行分析。

1. 网络行为数据包字节分析

通过编写的 Python 程序对正常行为和被害行为产生的数据包的总字节数进行分析，由图 8 – 6 和图 8 – 7 所示结果可得，正常行为的总字节数均在 0~400000 范围内，被害行为的总字节数绝大部分在 0~400000 范围内，少部分超过400000。由此可得，对行为字节数进行统计，若总字节数大于400000，则该网站更有可能为诈骗网站。

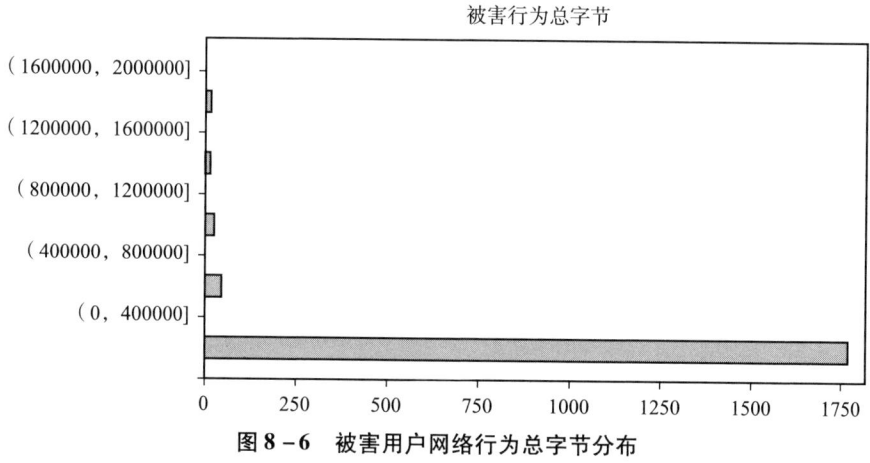

图8-6 被害用户网络行为总字节分布

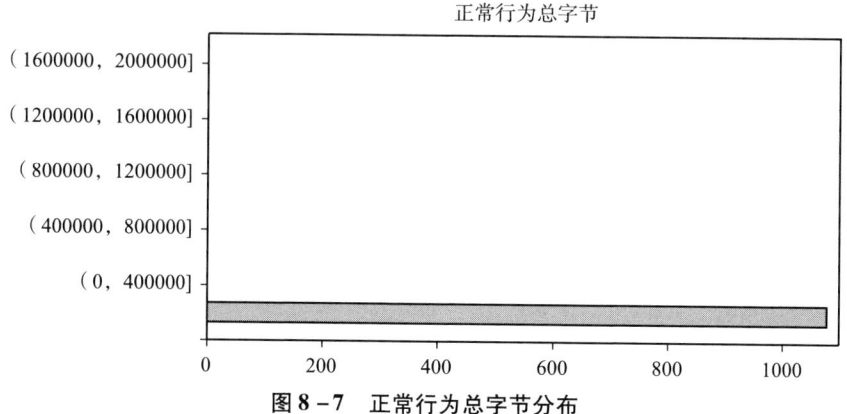

图8-7 正常行为总字节分布

2. 网络行为数据包平均负载

对不同网络行为产生的数据包的平均负载进行统计分析，据图8-8和图8-9所示结果可知，平均负载在1000~1500范围内，被害网站的占比远高于正常网站，因此若对行为的平均负载进行分析后发现平均负载高于1000，则该网站更有可能属于诈骗网站。

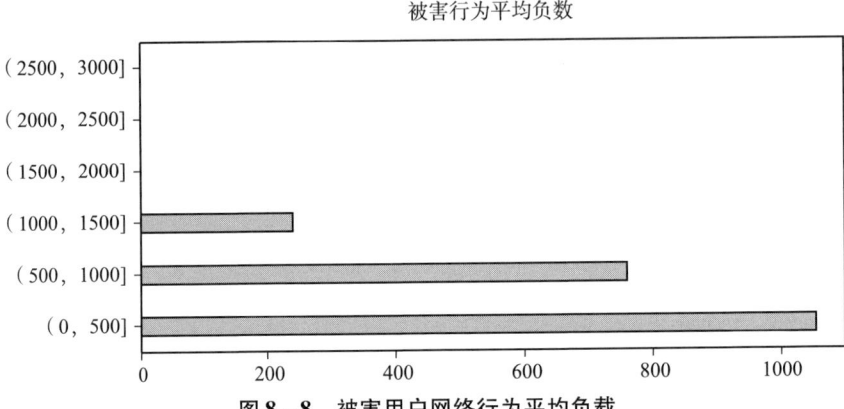

图8-8 被害用户网络行为平均负载

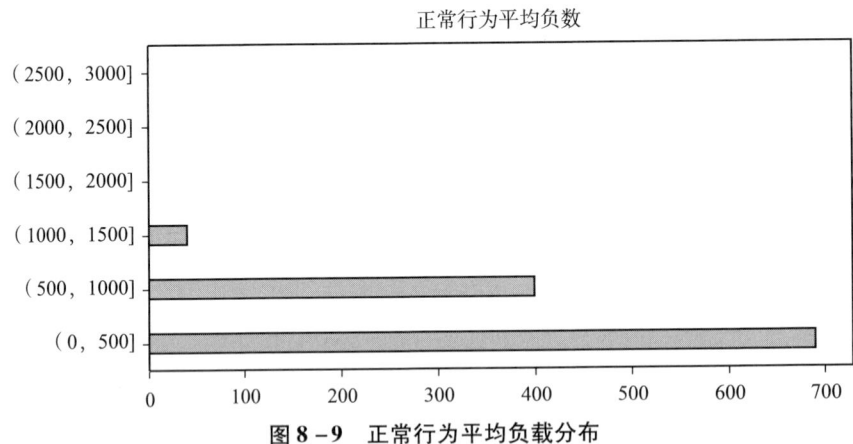

图8-9 正常行为平均负载分布

3. 收发包散点图

观察图8-10可得,下半部分的密集程度远小于上半部分,即对于诈骗网站而言,发包数小于收包数。因此,若要判明一个网站是否属于诈骗网站,还可以对其的收发包数量进行统计分析,若发包数远小于收包数,则该网站更有可能属于诈骗网站。

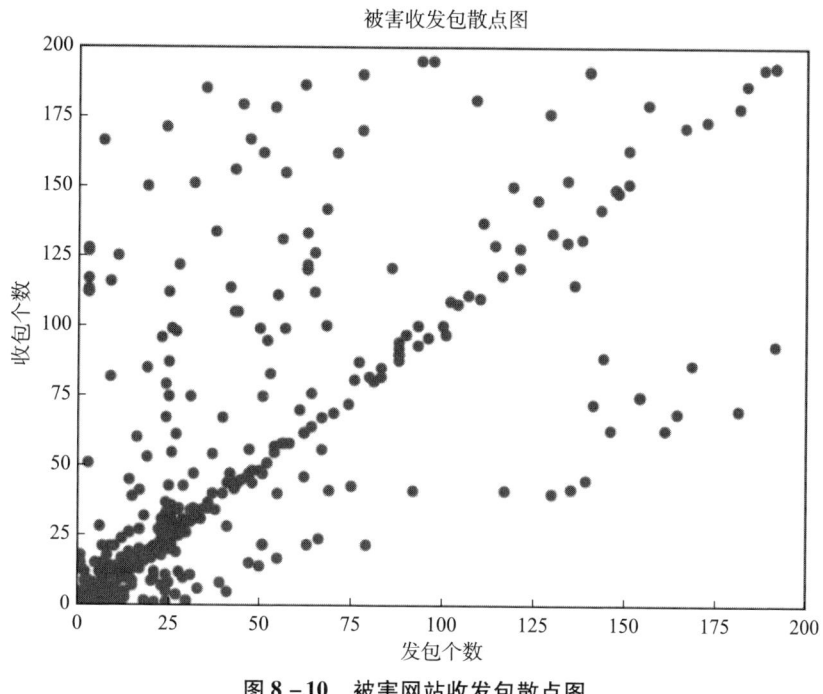

图 8-10　被害网站收发包散点图

8.3.3　基于 SPSS 的二元逻辑回归分析

1. 变量设置

将 8.3 节中提取的"危险单词""银行卡操作""转账支付行为""诈骗游戏行为""透露个人信息的行为""数据加载行为""其他未知行为"7 个变量作为潜在的影响因素,是否为诈骗网站设定为因变量 Y,如图 8-11 所示。

将定类数据做哑变量处理,SPSS 要求逻辑回归 Y 值只可为 1 和 0,不能取其他数字。所以在正式分析前,还要处理下 Y 值,如表 8-17 所示。

2. 单常数项模型结果分析

投入 SPSS 软件进行二元 Logistic 回归分析,得到只有常数项模型的分类结果(即步骤 0),相关结果如表 8-18 所示。

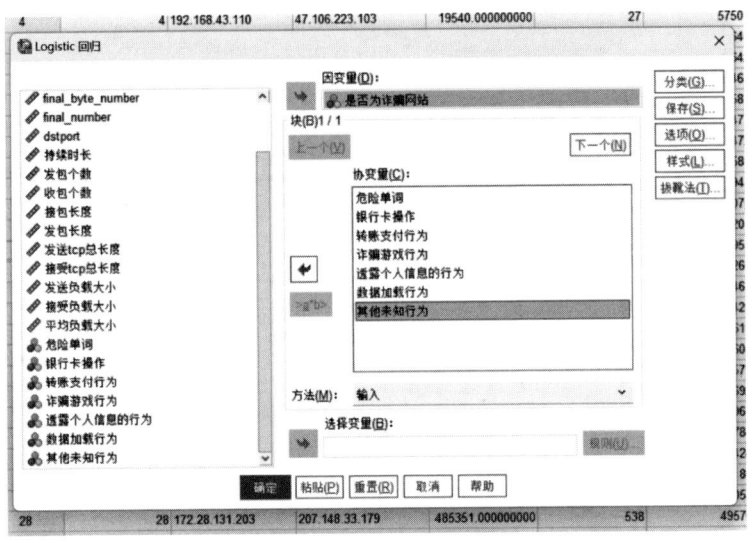

图 8-11　SPSS 变量设置

表 8-17　　　　　　　　　　　因变量编码

原值	内部值
0	0
1	1

表 8-18　　　　　　　　　　只有常数项模型分类

		分类表[a,b]		
		预测		
	实测	是否为诈骗网站		正确百分比
		0	1	
步骤 0	是否为诈骗网站　0	0	1143	0.0
	是否为诈骗网站　1	0	2051	100.0
	总体百分比			64.2

注：a. 常量包括在模型中；b. 分界值为 0.500。

第 8 章 基于网络行为的诈骗网站识别预警

从表 8-18 可以看出,总共有 3194 个样本参加分析,无缺失数据。从模型预测的情况来看,分界值为 0.5,预测模型全部预测成诈骗网站,预测准确率为 64.2%,很明显,该方法的预测效果较差。

从表 8-19 所示的只有常数项模型方程的 Walds 检验结果中可以看出,此时模型显著性 <0.05,证明常数项不为 0。

表 8-19　　　　　　　　只有常数项模型方程中的变量

		方程中的变量					
步骤 0	测试项目	B	标准误差	瓦尔德	自由度	显著性	Exp(B)
	常量	0.585	0.037	250.900	1	0.000	1.794

此时 7 个显性网络行为的比分检测结果如表 8-20 所示。

表 8-20　　　　　　　　只有常数项模型比分检测

	未包括在方程中的变量			
	特征变量	得分	自由度	显著性
	危险单词 (1)	1456.446	1	0.000
	银行卡操作 (1)	1235.226	1	0.000
	转账支付行为 (1)	1656.666	1	0.000
步骤 0	诈骗游戏行为 (1)	2819.744	1	0.000
	透露个人信息的行为 (1)	2694.679	1	0.000
	数据加载行为 (1)	2057.069	1	0.000
	其他未知行为 (1)	561.477	1	0.000
	总体统计	2846.668	7	0.000

7 个显性网络行为的显著性均小于 0.05,证明将其纳入诈骗网站识别的效果较好。

3. 纳入变量回归结果分析

将显性网络行为数据纳入模型,得到逻辑回归模型系数的 Omnibus 检验结果如表 8-21 所示。

表 8-21　　　　　逻辑回归模型系数的 Omnibus 检验

	模型系数的 Omnibus 检验			
	测试项目	卡方	自由度	显著性
步骤 1	步骤	3800.273	7	0.000
	块	3800.273	7	0.000
	模型	3800.273	7	0.000

其中"模型"一行输出了逻辑回归模型中所有参数是否均为 0 的似然比检验结果。显著性 $P<0.05$ 表示本次拟合的模型中，纳入的显性网络行为中，至少有一个显性网络行为的 OR 值有统计学意义，即模型总体有意义。同时，得到逻辑回归模型分类结果如表 8-22 所示。

表 8-22　　　　　　　逻辑回归模型分类

	实际		预测		正确百分比
			是否为诈骗网站		
			0	1	
步骤 1	是否为诈骗网站	0	1136	7	99.4
		1	46	2005	97.8
	总体百分比				98.3

由此可知，纳入变量后，总共有 3194 个样本参加分析，无缺失数据。模型的预测准确率高达 98.3%，预测效果好。

逻辑回归模型系数的 Walds 检验结果如表 8-23 所示。

表 8-23　逻辑回归模型方程中的变量

	特征变量	B	标准误差	瓦尔德	自由度	显著性	Exp（B）
步骤 1	危险单词（1）	31.767	513.747	0.004	1	0.951	62562113552228.240
	银行卡操作（1）	45.203	705.933	0.004	1	0.949	42778456629979260000.000
	转账支付行为（1）	-3.595	0.484	55.127	1	0.000	0.027
	诈骗游戏行为（1）	-67.387	1229.531	0.003	1	0.956	0.000
	透露个人信息的行为（1）	-43.938	705.932	0.004	1	0.950	0.000
	数据加载行为（1）	-62.034	932.852	0.004	1	0.947	0.000
	其他未知行为（1）	17.446	932.787	0.000	1	0.985	37731440.827
	常量	79.833	1121.048	0.005	1	0.943	4686195479079734000000000000000000.000

表 8-23 中，B 指的是回归系数和截距，其中"转账支付行为""诈骗游戏行为""透露个人信息的行为""数据加载行为"与"是否为诈骗网站"为负相关，其他网络行为为正相关。从显著性来看，除"转账支付行为"，其他行为显著性均较大，说明"转账支付行为"对于判断是否是诈骗网站的影响较大。

8.4 本章小结

本章针对诈骗网站的识别预警进行了深入探讨，提出了基于网络行为的诈骗网站识别预警的研究。下一章将针对网络流量数据，开展进一步地深入分析。

第9章

基于网络流量的诈骗网站识别

当前电信网络诈骗犯罪防控研究存在网络行为特征选取表面化、特征间内在规则挖掘不足、网络行为稀疏、行为序列间关系难以确定等问题。本书提出基于网络行为流量分析的诈骗网站识别模型 VIM – TFCN（victim identification model of telecom fraud crime based on network behavior traffic），分析用户行为特征，挖掘潜在关联规则，综合评估用户被害风险，识别诈骗网站，达到电信网络诈骗犯罪高效预警目的。

9.1 基础技术

9.1.1 Apriori 算法

Apriori 算法是一种用于关联规则挖掘的算法，基本思想是通过一系列的候选集来生成新的候选集，从而不断地扩大搜索空间，直到找到所有满足最小支持度的关联规则为止。关联规则是指数据库中超过指定最小支持度和最小置信度的数据项的集合，揭示数据项之间未知、隐含的依赖关系。关联规则的表现为形如 $A \geqslant B$ 的蕴含式，其中 A、B 分别是一事务的真子集，且 $A \cap B = \varnothing$。规则的前提称为 A，规则的结果称为 B。关联规则反映出 A 中的项目在事务中出现时，B 中的项目也跟着出现的规律。

Apriori 算法的基本步骤如下所示。

(1) 扫描全部数据,产生候选 1 - 项集的集合 S_1。

(2) 根据最小支持度,由候选 1 - 项集的集合 S_1 产生频繁 1 - 项集的集合 L。

(3) 对 N > 1,重复执行步骤 (4)、步骤 (5)、步骤 (6)。

(4) 由 L_N 执行连接和剪枝操作,产生候选 (N + 1) - 项集的集合 $S_{(N+1)}$。

(5) 根据最小支持度,由候选 (N + 1) - 项集的集合 $S_{(N+1)}$,产生频繁 (N + 1) - 项集的集合 $L_{(N+1)}$。

(6) 若 L ≠ ∅,则 N = N + 1,跳往步骤 (4);否则往下执行。

(7) 根据最小置信度,由频繁项集产生强关联规则,程序结束。

Apriori 算法中最重要的是获取频繁项集。频繁项集挖掘可以告诉在数据集中经常一起出现的变量,并为可能的决策提供一些支持。频繁项集的评估标准:一般三个常用评估频繁项集的指标是支持度 (support)、置信度 (confidence) 和提升度 (lift)。

(1) 支持度:支持度就是指几个关联的数据在数据集中出现的次数占总数据集的比重,或者说几个数据关联出现的概率。如果有两个想分析关联性的数据 A 和 B,则对应的支持度为:

$$\text{Support}(A, B) = P(AB) = \frac{\text{number}(AB)}{\text{num}(\text{All Samples})} \qquad (9-1)$$

以此类推,如果有三个想分析关联性的数据 A、B 和 C,则对应的支持度为:Support(A, B, C) = P(ABC) = number(ABC) × num(All Samples)。通常支持度高的数据大概率不是同一个频繁项目集,但支持度太低的数据大概率也不是一个频繁项目集。

(2) 置信度:把估算的区间的准确度(可信度)称为置信度,其体现了一个数据出现后,另一个数据出现的概率。如果有两个想分析关联性的数据 A 和 B,A 对 B 的置信度的计算公式为:

$$\text{Confidence}(A < -B) = P(A \mid B) = \frac{P(AB)}{P(B)} \qquad (9-2)$$

以此类推到多个数据的关联置信度，例如，对于三个数据 A、B、C，则 A 对于 B 和 C 的置信度的计算公式为：

$$\text{Confidence}(A<-BC) = P(A|BC) = \frac{P(ABC)}{P(BC)} \quad (9-3)$$

（3）提升度：是一种很简单的判断关联关系的手段，表示含有 B 的条件下，同时含有 A 的概率，与 A 总体发生的概率之比，即：

$$\text{Lift}(A<-B) = \frac{P(A|B)}{P(A)} = \frac{\text{Confidence}(A<-B)}{P(A)} \quad (9-4)$$

提升度体现了 A 和 B 之间的关联关系，提升度大于 1 则 A<-BA<-B 是有效的强关联规则，提升度小于等于 1 则 A<-B 是无效的强关联规则。一个特殊的情况，如果 A 和 B 独立，则有 $\text{Lift}(A<-B)=1$，因为此时 $P(A|B) = P(A) \times P(A|B) = P(A)$。

9.1.2 朴素贝叶斯模型

贝叶斯的基本概念：先验概率 $P(A)$：在不考虑任何情况下，A 事件发生的概率。条件概率 $P(B|A)$：A 事件发生的情况下，B 事件发生的概率。后验概率 $P(A|B)$：在 B 事件发生之后，对 A 事件发生的概率的重新评估。全概率：如果 A 和 A'构成样本空间的一个分区，那么事件 B 的概率为：A 和 A'的概率分别乘以这两个事件 B 的概率之和。贝叶斯公式如下：

$$P(X|Y) = P(Y|X) \times \frac{P(X)}{P(Y)} \quad (9-5)$$

其中，$P(X)$ 叫作先验概率，$P(X|Y)$ 叫作后验概率。该公式表示在 Y 事件发生的条件下 X 事件发生的条件概率，等于 X 事件发生条件下 Y 事件发生的条件概率乘以 X 事件的概率，再除以 Y 事件发生的概率。

朴素贝叶斯模型（naive bayes，NB）是基于"特征条件之间是相互独立的"这一朴素假设思想，应用贝叶斯定理的监督学习算法对于给定的训练数据集：首先，基于条件独立假设，学习输入输出的联合概率分布；其次，基于此模型，对给定的输入 x，利用贝叶斯定理，求出后验概率最大的

输出类 y 的分类机器学习算法。假设有一个样本数据集合 $D = \{d_1, d_2, \cdots, d_n\}$，其中对应样本数据的特征属性集为 $X = \{x_1, x_2, \cdots, x_d\}$，类变量为 $Y = \{y_1, y_2, \cdots, y_m\}$，即样本数据集 D 可以分为总计 y_m 个类别。其中，$x_1, x_2, \cdots, x_d$ 相互独立且随机，则 Y 的先验概率为 P(Y)，Y 的后验概率为 P(Y|X)，由朴素贝叶斯算法可得，后验概率可以由先验概率 P(Y)、证据 P(X)、类条件概率 P(X|Y) 计算出 Y 的后验概率 P(Y|X)。朴素贝叶斯基于各特征之间相互独立，在给定类别的情况下，可以进一步表示为以下的公式：

$$P(X|Y=y) = \prod_{i=1}^{d} P(x|Y=y) \qquad (9-6)$$

由式 (9-5)、式 (9-6) 可以得到后验概率的计算公式为：

$$P(Y|X) = \frac{P(Y) \prod_{j=1}^{d} P(x|Y)}{P(X)} \qquad (9-7)$$

由于 P(X) 反映的是样本本身的特点，因此 P(X) 的大小是固定不变的。所以在比较后验概率时，可以进行简化，只比较上面公式中的分子部分即可。根据上述特点，对于一个样本数据属于哪一类别这样的问题可以根据以下公式进行计算：

$$P(y_i|x_1, x_2, \cdots, x_d) = \frac{P(y_i) \prod_{j=1}^{d} P(x_i|y_i)}{\prod_{j=1}^{d} P(x_j)} \qquad (9-8)$$

根据上述的几个贝叶斯方法的基本计算公式，可以写出贝叶斯算法的流程，如下所示：

(1) 设 x = {a1, a2, …, am} 为待分类项，其中 a 为 x 的一个特征属性。

(2) 类别集合为 C = {y1, y2, …, yn}。

(3) 分别计算 P(y1|x)，P(y2|x)，…，P(yn|x) 的值（贝叶斯公式）。

(4) 如果 P(yk|x) = max{P(y1|x), P(y2|x), …, P(yn|x)}，那么

认为 x 为 yk 类型。

朴素贝叶斯算法总结：朴素贝叶斯算法在文字识别、图像识别方向有着较为重要的作用。可以将未知的一种文字或图像，根据其已有的分类规则来进行分类，最终达到分类的目的。现实生活中朴素贝叶斯算法应用广泛，如文本分类、垃圾邮件的分类、信用评估、钓鱼网站检测等。

9.1.3 集成学习与随机森林模型

Bagging（bootstrap aggregating）是一种集成学习方法，通过对原始数据集进行有放回的重采样，创建多个子集，每个子集都用于训练一个基学习器。最终通过结合所有子模型的预测结果来进行决策。Bagging 算法的主要思想如下所示：首先，从数据集中采样出 T 个数据集；其次，基于这 T 个数据集，每个训练出一个基分类器；最后，将这些基分类器进行组合做出预测。Bagging 在做预测时，对分类任务使用简单的投票法，对回归任务使用简单平均法。若分类预测时出现两类票数一样时，则随机选择一个。

Bagging 非常适合并行处理，这对于大数据量下非常有好处。关于从原始数据集里采样出 m 个数据集，能够产生 m 个不同的子集，因为这样训练出来的基分类器具有比较大的差异，满足数据的多样性，有助于提高集成算法最终的性能。但又不能让基分类器性能太差，例如，在采样时，采样出来的子集每个都完全不相同，这样训练出来的基分类器性能就比较差，因为每个基分类器相当于只用了一小部分数据去训练。因此，Bagging 中使用自助采样法（bootstrap sampling）。通过一种有放回的抽样方法进行采样操作，目的是得到统计量的分布和置信区间。bootstrap 自助采样法的具体步骤如下：(1) 采用带替换抽样的重抽样方法，从原始样本中选择大概率数目的样本；(2) 根据样本计算所需的统计量 T；(3) 重复上述 M 次（M 通常大于 1000），得到 M 个统计量 T。从 M 个统计量 T 中，计算这些统计量的置信区间。这样，经过 M 次的随机采样操作后，就可以得到一个包含 M 个样本的采样集合 S。

随机森林（random forest，RF）算法是一种基于树模型的 Bagging 的优化版本。随机森林指的是利用多棵树对样本进行训练并预测的一种分类器。该分类器最早由里奥·布雷曼和阿黛尔·卡特勒（Leo Breiman & Adele Cutler，2001）提出。随机森林是一个包含多个决策树的分类器，并且其输出的类别是由个别树输出的类别的众数而定。

随机森林模型的搭建流程如下所示。

（1）训练样本抽取：随机森林训练每棵树之前，都会从训练集中随机抽出一部分样本来训练。所以说训练每棵树用到的样本其实都是有差别的，这样就保证了不同的树可以重点学习不同的样本。而为了达到抽等量样本的目的，抽样方式一般是有放回的抽样，也就是说，在训练某棵树的时候，这一次被抽到的样本会被放回数据集中，下一次还可能被抽到。因此，原训练集中有的样本会多次被抽出用来训练，而有的样本可能不会被使用到。但是不用担心有的样本没有用到，只要训练的树的棵数足够多，大多数训练样本总会被取到的。

（2）选择训练样本特征：在训练某棵树的时候，也不是将样本的所有特征都用来训练，而是会随机选择一部分特征用来训练。这样做的目的就是让不同的树重点关注不同的特征。在 scikit-learn 中，用"max_features"这个参数来控制训练每棵树选取的样本数。

（3）构建多棵树：通过（1）、（2）两个步骤，训练多棵树。由多棵决策树构成了整个随机森林。具体构建树的数量，在 scikit-learn 中，用"n_estimators"这个参数来控制。

随机森林最终的结果由每棵决策树综合给出。如果是分类问题，那么对于每个测试集，树都会预测出一个类别进行投票，最终统计票数多的那个类别为最终类别。

从上边的流程中可以看出，随机森林的随机性主要体现在两个方面：数据集的随机选取、每棵树所使用特征的随机选取。以上两个随机性使随机森林中的决策树都能够彼此不同，提升系统的多样性，从而提升分类性能。

随机森林的效能较强，同时还可以在模型开发过程的早期进行训练。随机森林算法还可以处理许多不同的如二进制、分类和数字等要素类型。大多数情况下，随机森林是一种常用的，快速、简单、灵活的工具。

9.2 问题定义

定义一：隐性行为特征。包括从网络流量的交互情况、数据量、时间3个角度提取的特征，用 feat 表示，feat ∈ Feature。

定义二：显性行为特征。指用户在进行点击、评论、注册、登录、交易等的行为特征序列，用 act 表示，act ∈ Feature。

定义三：网络行为编码。将每一条用户行为的特征序列进行行为编码，其中 feat 采用 K-means 算法进行离散化，不考虑连续数值的意义；act 则通过预先设立的词典，使用 label_binarize 二值化编码。重构特征序列 Feature 并表示为 action，action ∈ Action。以此得出行为矩阵 Action。

定义四：显隐性行为特征间的关联规则。通过挖掘特征序列发现，当显隐性行为呈现出特定的组合后，该行为序列的被害性会大大增加。这种特定的组合关系被称作显隐性行为的关联规则。

定义五：关联规则特征序列。通过挖掘已知的被害行为序列显隐性行为，得到关联规则列表。被害与非被害行为序列全部使用关联规则列表进行重构，将重构后的特征序列称为关联规则特征序列。

问题定义：给定用户与服务器之间交互时所提取的行为特征矩阵，判断用户行为特征序列是否具有被害性，从而识别诈骗网站。

9.3 模型设计

VIM–TFCN 模型主要包括两个部分：（1）网络行为特征挖掘；（2）诈骗网站识别。模型流程图如图 9-1 所示。

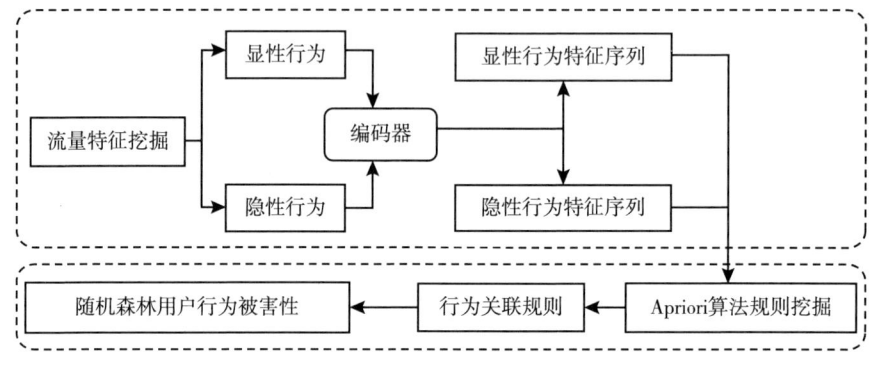

图 9 – 1　VIM – TFCN 模型流程

9.3.1　网络行为特征挖掘

用户在访问网站时存在显性与隐性的行为特征。通过显性与隐性网络行为特征研究，能够提高行为编码的准确性与模型的可靠性。

隐性行为特征序列主要从流量特征中提取，从时间、数量和交互情况的角度分为 3 类。由于隐性特征无须挖掘其连续数值上的内容，因此将采集到的隐性特征数据进行离散化处理。

显性行为是抓取 HTTP 协议数据分组中的各字段内容，通过行为分类词典筛选获得，能够准确地反映用户在该网站进行的操作。本章显性行为特征仅考虑行为是否出现及其所属种类，并不考虑行为出现的频率与次数，因此采用 label_binarize 编码方式对显性行为特征进行编码。初始行为特征参数如表 9 – 1 所示。

表 9 – 1　　　　　　　　　　行为特征参数

行为特征参数	描述
Srcip	源地址
Dstip	目标地址
Final_byte_number	总字节
Packet_number	总分组数

续表

行为特征参数	描述
Dstport	目标端口
Keep_time	持续时长
Send_packet	发分组数
Receive_packet	收分组数
Send_len	发分组长度
Receive_len	收分组长度
Sender_header_len	发送 tcp 头部信息长度
Receiver_header_len	接收 tcp 头部信息长度
Load_size	负载总大小
Send_Load_size	发送负载大小
Rec_Load_size	接收负载大小
Feature	行为特征

9.3.2 诈骗网站识别算法

通过对实际数据的分析，可观测到用户访问诈骗网站与访问正常网站的网络行为具有大概率的相似性，单一考虑用户单次网络行为的被害风险是片面的。因此，通过挖掘用户的显性行为特征与用户和服务器交互的隐性行为特征间的关系，能实现用户网络行为风险预测，显著增强网络行为同用户行为是否被害的关联性。显隐性行为互相不存在直接映射关系，各自内部也不存在关联性；同时大部分显性特征行为同用户是否被害同样没有直接性的关联。但可以发现，许多被害用户行为特征序列 Feature 中的若干特征指数明显较高的情况下发生了一些不指向电信网络诈骗的显性行为。

基于上述情况，本章提出一种基于网络行为的诈骗网站识别算法解决该问题。其中，行为关联性挖掘方式如图 9-2 所示。

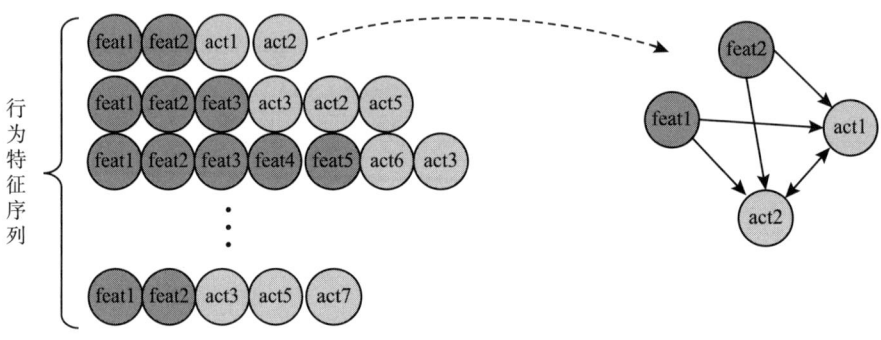

图 9-2　行为关联规则挖掘

步骤一：获取行为频繁项，挖掘行为关联规则。通过初步的实验表明，被害行为序列同非被害行为序列的关联规则具有明显差异。在一个用户行为序列中，单个 act 行为的出现无法表示该序列具有被害风险，但当该 act 行为与其他显隐性特征关联关系大量满足从被害行为序列中提取的关联规则时，就可以在大概率程度上证明该序列存在风险。

获取频繁项。计算行为支持度，通过设定阈值生成行为频繁项。如针对图 9-2 中 {feat1，feat2，act1} 这一频繁项，支持度 S 的计算公式：

$$S = \frac{F(\text{feat}_1^i,\ \text{feat}_2^i)}{N(\text{act}_1^i)} \quad (9-9)$$

挖掘行为关联规则。{feat1，feat2}→{act1}→{true} 中，{feat1，feat2→act2} 作为频繁项具有关联性，据此计算置信度 C，将关联规则量化，设定关联规则置信度取值范围，达到排除低被害风险关联规则、提升规则有效性的目的，计算公式如下：

$$C = \frac{F(\text{feat}_1^i,\ \text{feat}_2^i \mid \text{act}_1^i)}{F(\text{feat}_1^i,\ \text{feat}_2^i)} \quad (9-10)$$

频繁项与关联规则的挖掘与量化表示，显著增强行为序列之间各项行为的关联性，其优点在于当行为序列出现某项无法表征用户实际意图的黑名单行为时，该序列不会被直接认为具有被害风险。同样，当行为序列中不存在黑名单行为时，也能判断其被害风险系数。

步骤二：结合显隐性行为本身的特征与各行为特征间的内在关联规则，

重构特征序列。原始行为特征序列用于直接表达存在的显隐性行为特征，重构后的特征序列则用于表达该行为序列存在哪些可疑的关联关系。

步骤三：采用随机森林对特征序列实现监督式机器学习，实现诈骗网站判断。重构后的特征序列由原始行为特征序列中存在的关联规则权重较大项组成，且已经标注是否为被害行为序列，这是监督学习的前提条件。算法使用自助法（bootstrap）对该特征序列组成的特征矩阵 D 进行有放回的随机抽样，生成包含 m 条特征序列的训练集，此过程重复 t 次，形成采样集 D(t)；然后针对每一个训练集构建决策树，如图 9-3 所示。

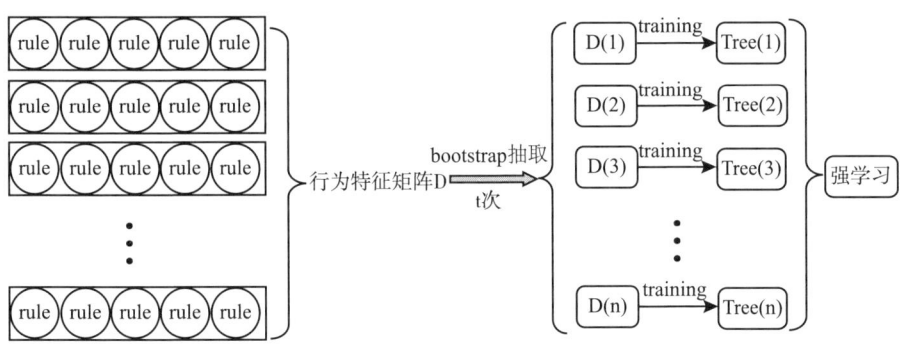

图 9-3 随机森林算法示意

该算法的决策树在创建的过程当中，并不会抽取特征序列中所有的规则用于分裂，而是采取随机抽取的策略，从中获取最优解。通过合理设置每棵决策树抽取特征的数量与决策树的数量，可以在被害识别的准确度和模型运行效率间寻找最优的平衡点。

VIM-TFCN 模型通过挖掘网络行为关联规则，排除非意图表达行为，研究网络行为深层关系，判断行为序列被害性，从而达到增加诈骗网站识别精确度的目的。

VIM-TFCN 算法伪代码如表 9-2 所示。

表9-2　　　　　　　　　　VIM-TFCN算法伪代码

算法1 诈骗网站识别算法 VIM-TFCN
输入：已标定行为序列数据集 D,待检测行为序列数据集 P
输出：网络行为被害性评估结果集合 Result
1　**BEGIN**
2　　Result = [ ]//被害性评估结果集
3　　TrainData = getTrainingData(D)//获取训练数据
4　　TestData = getTestingData(P)//获取待检测数据
5　　Rules = getAssociationRules(D)//生成关联规则列表
6　　TrainSeq = getSeqbyRules(TrainData,Rules)//根据挖掘完毕的关联规则,获取训练行为序列集
7　　TestSeq = getSeqbyRules(TestData,Rules)//根据关联规则,获取测试行为序列集
8　　Forest = TrainRandomForest(TrainSeq)//训练改进的监督式随机森林模型
9　　For seq in TestSeq://对于每一条测试序列进行测试
10　　　Judgeresult = Forest.predict(seq)//通过随机森林模型获得风险评估结果
11　　　Result.append(Judgeresult)//将每一条风险评估结果放入诈骗网站评估结果集
12　**END**

9.4　实验分析

9.4.1　实验数据集

本实验数据集主要包括被害人网络行为数据2051条，非被害人网络行为数据2386条。该数据集是收集从实战单位获取的诈骗网站地址与公开的非诈骗网站地址，分类后模拟正常用户访问，使用Wireshark工具进行流量抓取。编写脚本从流量包中提取对每一个网站访问时产生的行为特征，形成原始特征序列。数据集中网站的种类与数量分布情况如表9-3所示。

表9-3　　　　　　　　数据集中网站的种类与数量

诈骗类		非诈骗类	
种类	数量（条）	种类	数量（条）
博彩	534	网页游戏	453
虚假投资	730	金融投资	323

续表

诈骗类		非诈骗类	
种类	数量（条）	种类	数量（条）
虚假论坛	364	生活交友	467
虚假借贷	507	彩票	156

选取以上类型的非诈骗网站，使诈骗网站与非诈骗网站所提取的网络行为序列具备相似性，为后续验证本章结论提供基础。

9.4.2 实验环境

数据库系统版本为 MySQL5。

系统环境如下：内存 4GB，处理器 8 个。

操作系统：kali_linux_2020.1。

编程语言：g++，Python 3.8.1。

本实验提取特征过程需要大量词典比对，且采用多线程模式提高效率，需要占用较大的内存，因此选取 4GB 以上的运行内存；对 Wireshark 抓取的 pcapng 格式流量引用 Python 程序语言的 pyshark 库批量化解析。

9.4.3 评价指标

1. 混淆矩阵

混淆矩阵（confusion matrix）是用来评价分类的标准方式，采用 $N \times N$ 的矩阵表示。在本章中，混淆矩阵为一个 2×2 矩阵，矩阵中每一列的总数表示模型预测为该种类时数据的数目；每一行代表了数据的真实归属种类，每一行的数据总数表示该种类数据实例的数目。

2. ROC 曲线

ROC 曲线指在特定条件下，以 $FPR = y/N$ 为横坐标，表示负样本错误预测为正样本的比例；以 TPR = y/SN 为纵坐标，表示预测正确的正样本在所有正样本中所占比例。

对于 ROC 曲线，对角线称为纯机遇线，代表辨别力为 0；距离纯机遇线越远，辨别能力越好。

3. 精确率与召回率

用 TP 表示将正类预测为正类，FP 表示将负类预测为正类，FN 表示为正类预测为负类。精确率 P（precision）的计算公式为：

$$P = \frac{TP}{FP + TP} \quad (9-11)$$

召回率 R（recall）的计算公式为：

$$R = \frac{TP}{TP + FN} \quad (9-12)$$

精确率与召回率通常呈现此消彼长的状况。可以通过调整提升度的阈值，确定最佳的关联规则表。

9.4.4 实验步骤与参数调优

1. 实验步骤

（1）对原始特征序列中的行为特征字段采用 label_binarize 二值化编码，该字段由流量中的各项具有行为代表性的单词按照发生先后顺序组成；其中行为词典构建是基于对诈骗网站各类变量的常用命名方式、相关英文与中文拼音的组合。行为特征字段中的各单词在去重、统一小写、去除特殊字符等操作后采用最大公共串与行为词典进行匹配识别显性行为种类，并加入行为特征序列。其中，设定 L 大于 0.5。L 越大表示显性行为更精确，但会出现行为无法识别的现象。L 计算公式如下：

$$L = \frac{最大字串长度}{行为单词} \quad (9-13)$$

（2）对表 9-1 中的隐性行为特征序列进行离散化。实验采用 K-Means 算法对隐性行为特征进行离散化处理，设为 5 个等级。对于每一项隐性行为特征使用 0~5 的数值表示，删去原有的具体值。

（3）采用 Apriori 算法对显隐性行为特征序列进行关联规则挖掘，设定提升度为大于 0.9 减小开销，最终挖掘规则共计 600 余条。提升度越大，规则越多，精度越高，但开销显著增加。关联规则参数如表 9-4 所示。

表 9-4　　　　　　　　　　　　关联规则参数

关联规则参数	描述
Antecedents	规则前项
Consequents	规则后项
antecedent support	前项支持度
consequent support	后项支持度
Support	前项对后项支持度
Confidence	置信度
Lift	提升度
Leverage	关联性参数 1
Conviction	关联性参数 2

（4）通过挖掘的关联规则来对于每一条行为序列进行特征重构。首先，使用关联规则的编号与权重表达每一条行为序列的关联规则搭配规律；其次，使用随机森林算法对重构后特征进行机器学习，识别网络行为被害性。

（5）将本章所提方法 VIM-TFCN 与另外两种分类算法进行对比，相关开源代码可在 Github 获取。

C45 算法：ID3 算法的扩展，通过决策树找到行为特征与属性的映射，对未知个体分类进行识别。

贝叶斯算法：对缺失数据不敏感，假设行为特征相互独立，结合先验概率与后验概率进行分类，避免过度拟合。

2. 参数调优

在随机森林算法的实际应用中，子决策树的数量（numtree）与决策树抽取特征数（numfeature）对分类效果影响较大。随着子决策树数量和拉取特征数变多，分类的精度会呈现先上升后下降，最后趋于稳定的情况，且模型运行速度与性能会显著降低。根据控制变量的原则，通过调整参数大小来对分类结果进行对比。控制变量参数调优结果如表 9-5 所示。

表 9-5　　　　　　　　　　控制变量参数调优

决策树参数		分类效果变量					
Numfeature	Numtree	TP	FP	Precision	Recall	F-Measure	MCC
0	100	0.964	0.095	0.965	0.964	0.964	0.959
2	100	0.963	0.096	0.964	0.963	0.963	0.958
4	100	0.964	0.095	0.965	0.964	0.964	0.959
6	100	0.963	0.096	0.964	0.963	0.963	0.956
8	100	0.963	0.096	0.964	0.963	0.963	0.956
4	20	0.962	0.097	0.963	0.962	0.962	0.955
4	40	0.964	0.095	0.965	0.964	0.964	0.959
4	60	0.965	0.094	0.966	0.965	0.965	0.960
4	80	0.964	0.095	0.965	0.964	0.964	0.959
4	100	0.964	0.095	0.965	0.964	0.964	0.959

对 Numfeature 参数定量分析，随着该参数增大，精确率与召回率上下浮动，MCC 区域呈现减小的趋势，在同等结果下选取内存开销较小值，确定该参数值为 4；对 Numtree 参数定量分析，随着该参数增大，精确率、召回率、MCC 区域呈现波动上升，最后趋于稳定，内存开销与时耗呈现指数增加。根据实验结果确定 Numfeature 参数为 4，Numtree 参数为 50~70 时达到最优。

9.4.5　实验结果分析

VIM-TFCN 模型同朴素贝叶斯、C45 分类算法对诈骗网站识别效果的对比如表 9-6 和图 9-4 所示。

表 9-6 混淆矩阵对比

Confusion Matrix		VIM-TFCN 预测值		C45 模型预测值		朴素贝叶斯预测值	
		TRUE	FALSE	TRUE	FALSE	TRUE	FALSE
真实值	TRUE	2005	46	1648	403	1372	679
	FALSE	32	2254	443	1843	359	1927

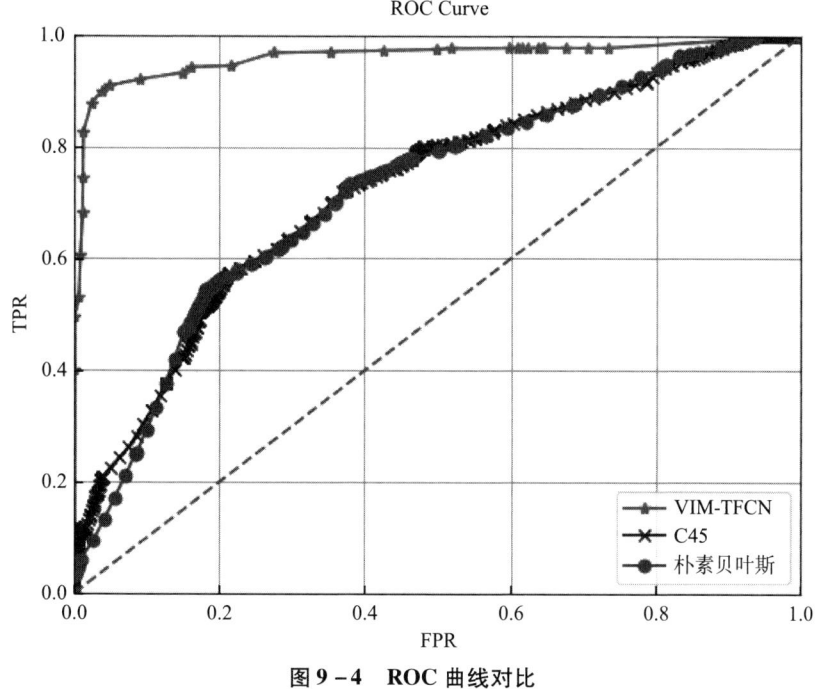

图 9-4 ROC 曲线对比

由图 9-4 中的 ROC 曲线可知，VIM-TFCN 模型的 ROC 曲线贴近 TPR 轴，而 C45 模型和朴素贝叶斯模型的 ROC 曲线更贴近对角线。由表 9-6 混淆矩阵可得，VIM-TFCN 模型的精确率为 0.982，召回率为 0.984；C45 模型和朴素贝叶斯模型的精确率分别为 0.804 和 0.760，召回率分别为 0.788 和 0.798。根据对 ROC 曲线图和混淆矩阵的评估分析可得知，通过显隐性行为的关联规则组合判断诈骗网站的效果，优于仅通过一项或多项行为来判断诈骗网站的效果。

9.5 本章小结

本章针对电信网络诈骗犯罪中网络行为特征选取表面化、特征间内在规则挖掘不足、网络行为稀疏、行为序列间关系难以确定等问题，提出基于网络行为流量分析的诈骗网站识别模型，分析各类网络行为的内在相关性，深度挖掘显隐性网络行为，达到有效识别诈骗网站的目的。

第10章

诈骗网站治理

本章从多个角度探讨诈骗网站的治理。首先，介绍诈骗网站黑灰产业链的特点；其次，从技术、心理学和法律的角度分析诈骗网站迅速崛起的原因；再次，总结我国诈骗网站治理的现状，包括政策、法规和技术措施；最后，提出诈骗网站的综合治理框架。

10.1 诈骗网站黑灰产业链特点分析

在愈演愈烈的电信网络诈骗犯罪的背后，是一条有组织、分工明确的犯罪产业链，其中存在着多个专业、分工明确的团伙，直接或间接地为犯罪分子提供资料、设备、技术、洗钱等服务，其结构如图10-1所示。

各部门分工明确，主要分为犯罪实施组、技术组、供料组、洗钱组等部门。犯罪实施组通过非法获取的被害人信息，有针对性地编写诈骗剧本，通过多种方式诱骗被害人下载或访问技术组搭建的诈骗网站，骗取被害人财物，然后通过特殊的洗钱渠道，快速对非法所得财物进行变现。供料组主要包括号商、菜商和推广商。号商为犯罪团伙提供大量的社交通信账号，如企业微信、QQ号等，用于与被害人沟通联系；菜商为犯罪团伙提供各类个人信息及其数据信息，数据来源主要为平台内部人员泄露或黑客盗取；推广商负责向购买来的数据（个人信息）进行引流推广或者在社交平台上发布消息进行流转。技术组主要包括相关技术人员、线路商、设备商、卡商等。

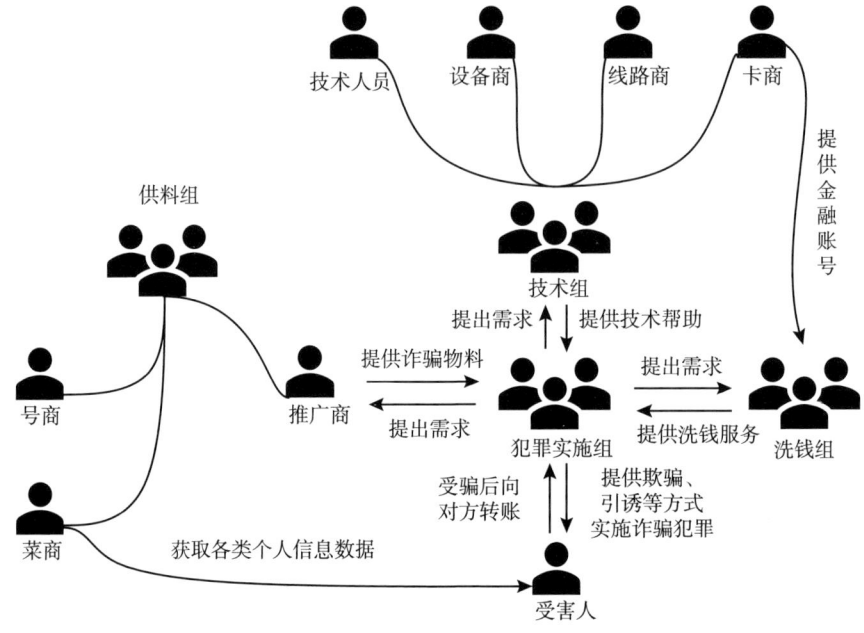

图 10-1 诈骗网站黑灰产业链构成

技术人员为犯罪实施组提供犯罪行为载体（即诈骗网站或 App）的开发测试、分发维护等服务；线路组负责出租通话线路（手机固话），协助完善或直接提供群呼系统；设备商负责为犯罪团伙提供必要的技术型工具，即犯罪活动所需各类软硬件设备，主要包括猫池、云控软件、GOIP、伪基站等；卡商为犯罪团伙提供大量的银行卡、支付宝等金融账号，这些账号通常被用来收款及初步清洗赃款；洗钱组主要由洗钱团伙组成，主要利用虚拟商户私人账户、数字货币等手段为网络犯罪活动提供资金洗白服务。通过对诈骗网站黑灰产业链的特征进行分析，能够发掘诈骗网站治理的关键切入点，助力完善诈骗网站治理的方案构建。

通过诈骗网站实施的犯罪作案特点为种类繁多，会造成访问者的隐私信息泄漏，产生经济损失等危害。诈骗网站主要包括钓鱼类、博彩类和金融贷款类。其中，钓鱼类诈骗网站一般会伪装为银行网站等正规网站，通过诈骗剧本、虚假信息等方式欺骗并诱导访问者填写隐私账号和卡号、对应的密码、身份证信息等信息或是完成虚假交易，一般通过电子邮件、短信隐藏链接跳转等方式进行传播。博彩类诈骗网站通常以博彩游戏网站或赛事博彩网站的形式出现，通过网站的后台动态地调整相应的赔率，诱导访问者一步步地加大投注赔率，最终导致高额的经济损失。金融贷款类诈骗网站一般会仿造为一些如银行或借贷的主流金融平台，通过提供虚假的借贷信息，诱导特定需求的访问者填写贷款信息，获取访问者的身份证、工作、住址等大量的个人隐私信息，还可以通过缴纳保证金等方式致使访问者产生经济损失。

总体而言，诈骗网站主要通过散布虚假信息或利用诈骗剧本骗取被害人信任，或是利用被害人贪小便宜、寻求刺激、易轻信等心理漏洞，轻松从被害人处骗取高额财物。同时，由于大部分诈骗网站的开设者普遍将诈骗网站的服务器部署于境外，并且会快速关停被怀疑的诈骗网站，并在进行更换域名等操作后重新快速部署此类诈骗网站，使相关部门对诈骗网站的取证工作存在困难，加大了诈骗网站的治理难度。

10.2 诈骗网站的蔓延原因

诈骗网站的迅速蔓延有以下多个层面的原因。

（1）搭建诈骗网站犯罪的犯罪成本低，而犯罪的收益高且犯罪获益难以追回。诈骗物料的来源已经形成了一条黑灰产业链，包括虚假伪装身份信息、潜在被害人个人信息数据、诈骗网站模板等都能够较为轻松地通过互联网进行非法购买；犯罪的实施往往通过广撒网后定向突破的方式进行，对于产生警觉的人群可选择直接拉黑等方式进行脱身，整体犯罪实施成本较低。[1] 同时据统计，仅2022年上半年度涉诈案件金额高达847.6亿元，可见诈骗相关犯罪的高额回报，这也导致了大量犯罪嫌疑人愿意为之铤而走险。同时，由于诈骗网站犯罪团伙中存在着专业洗钱人员，骗取的财物会快速通

---

[1] 2022年上半年度中国手机安全状况报告［EB/OL］. 360安全卫士，2022-08-24.

过多级账户后洗白，进而会被犯罪分子迅速瓜分挥霍，犯罪分子会从中实现财富的快速累积，提升犯罪分子的社会地位与生活条件。

（2）犯罪隐匿性强且易实施。诈骗网站犯罪一般仅通过网络实施，与被害人难以产生现实的接触；各犯罪团伙分布广泛，之间也一般通过网络进行单线联系，极大地加强了犯罪的隐匿性。此外，通过诈骗网站进行的电信网络诈骗犯罪实施条件简单，诈骗嫌疑人不需要相关的专业背景知识，仅经过一定的培训就能够从事诈骗的工作，犯罪的整体上手难度较低。特别是利用诈骗网站进行的电信网络诈骗往往仅需要搭建一个功能相对完善的诈骗网站，以及一条稳定的洗钱渠道即可实施。

（3）被害人心理因素。各类的诈骗网站犯罪主要针对特定人群实施，如对于偏好寻求刺激、存在赌徒心理的被害人往往会在虚假信息的诱导下，轻信并使用一些未知来源的网站或 App，极大地降低了犯罪实施的难度。

10.3　诈骗网站的治理现状

在学界，学者们从多个领域提出了相关的治理意见：周建青和龙吟（2023）从治理主体协同路径角度提出要将区块链技术融入法治保障。何邦武（2022）以数字法学视角，探讨了数据的安全与主权、各类大数据平台在数据处理中的责任等网络空间治理的法律难题，并针对性地提出了解决意见。郭志远和潘燕杰（2020）探讨了在大数据背景下，应如何完善网络空间治理法治化的问题，并提出了要完善法律规范体系，强化司法保障等意见。

同时，相关部门也通过发布系列政策、法规和技术措施，全力打击诈骗网站。在政策法律法规方面，《中华人民共和国网络安全法》界定了各种类型的非法网络活动，并规定了违法者的处罚措施。同时还对有关网站注册和管理、电信管理和数据保护进行了规定，要求网站运营商和服务提供商注册其身份，报告可疑行为，并保护用户隐私，完善了网络安全的义务与责任。《中华人民共和国个人信息保护法》制定了个人信息处理活动的基本原则与框架，为个人的信息权益、信息处理者的义务和相关部门的管理职权范围提供了全面的、体系化的法律依据，也为减少个人信息泄漏，从黑灰产业链源头打击诈骗网站提供法律依据与帮助。此外，在技术措施方面，相关部门还采取了 IP 阻止、DNS 过滤和内容过滤等技术措施，防止潜在被害人访问诈骗网站，并通过及时上门劝阻等方式降低被害人的经济损失。然而，当前的治理体系仍存在执法不平衡、案件侦破困难、诈骗宣传教育不足和诈骗犯罪打击国际合作等局限性和挑战。

10.4　诈骗网站治理的法律依据

国家相关法律法规是诈骗网站治理工作的法治保障。《中华人民共和国反电信网络诈骗法》由中华人民共和国第十三届全国人民代表大会常务委员会第三十六次会议于 2022 年 9 月 2 日通过，自 2022 年 12 月 1 日起施行，这为诈骗网站治理工作提供了重要的法律依据。其中第四章专门针对互联网治理提出了多项条例，具体如下所示。

《中华人民共和国反电信网络诈骗法》第四章《互联网治理》：

第二十一条　电信业务经营者、互联网服务提供者为用户提供下列服务，在与用户签订协议或者确认提供服务时，应当依法要求用户提供真实身份信息，用户不提供真实身份信息的，不得提供服务：

（一）提供互联网接入服务；

（二）提供网络代理等网络地址转换服务；

（三）提供互联网域名注册、服务器托管、空间租用、云服务、内容分发服务；

（四）提供信息、软件发布服务，或者提供即时通讯、网络交易、网络游戏、网络直播发布、广告推广服务。

第二十二条　互联网服务提供者对监测识别的涉诈异常账号应当重新核验，根据国家有关规定采取限制功能、暂停服务等处置措施。

互联网服务提供者应当根据机关部门、电信主管部门要求，对涉案电话卡、涉诈异常电话卡所关联注册的有关互联网账号进行核验，根据风险情况，采取限期改正、限制功能、暂停使用、关闭账号、禁止重新注册等处置措施。

第二十三条　设立移动互联网应用程序应当按照国家有关规定向电信主管部门办理许可或者备案手续。

为应用程序提供封装、分发服务的，应当登记并核验应用程序开发运营者的真实身份信息，核验应用程序的功能、用途。

电信、网信等部门和电信业务经营者、互联网服务提供者应当加强对分发平台以外途径下载传播的涉诈应用程序重点监测、及时处置。

第二十四条　提供域名解析、域名跳转、网址链接转换服务的，应当按照国家有关规定，核验域名注册、解析信息和互联网协议地址的真实性、准确性，规范域名跳转，记录并留存所提供相应服务的日志信息，支持实现对解析、跳转、转换记录的溯源。

第二十五条　任何单位和个人不得为他人实施电信网络诈骗活动提供下列支持或者帮助：

（一）出售、提供个人信息；

（二）帮助他人通过虚拟货币交易等方式洗钱；

（三）其他为电信网络诈骗活动提供支持或者帮助的行为。

电信业务经营者、互联网服务提供者应当依照国家有关规定，履行合理注意义务，对利用下列业务从事涉诈支持、帮助活动进行监测识别和处置：

（一）提供互联网接入、服务器托管、网络存储、通讯传输、线路出租、域名解析等网络资源服务；

（二）提供信息发布或者搜索、广告推广、引流推广等网络推广服务；

（三）提供应用程序、网站等网络技术、产品的制作、维护服务；

（四）提供支付结算服务。

第二十六条　机关部门办理电信网络诈骗案件依法调取证据的，互联网服务提供者应当及时提供技术支持和协助。

互联网服务提供者依照本法规定对有关涉诈信息、活动进行监测时，发现涉诈违法犯罪线索、风险信息的，应当依照国家有关规定，根据涉诈风险类型、程度情况移送金融、电信、网信等部门。有关部门应当建立完善反馈机制，将相关情况及时告知移送单位。

10.5 诈骗网站搭建犯罪案例分析

案例1 柯某、黄某等诈骗案件

案件概况：1. 2018年8月至2019年1月，被告人柯某组织被告人雷某、黄某到越南胡志明市制作诈骗网站，由柯某通过QQ号联系并出售给他人用于诈骗，封某等57人先后登录上述网站并向预留银行卡号转账，被骗钱财共计15892990.74元。其中，黄某制作的诈骗网站骗取3人钱款384276元，雷某制作的诈骗网站骗取8人钱款623288元。2. 2019年3月至7月，被告人黄某、卢某在柯某被抓获后，在广西南宁市又继续制作诈骗网站，通过上述QQ号联系并出售给他人用于诈骗，陈某等6人先后登录上述网站并向预留银行卡号转账，被骗钱款共计1318085元。3. 2018年10月至2019年2月，被告人柯某搭建"××娱乐城"网络赌博平台，雇佣被告人黄某、雷某、柯某等人分别在越南和广西拉拢赌客、查收赌资、管理账目、进行结算等，累计赌资707639.1元。在共同开设赌场犯罪中，黄某非法所得24000元、雷某非法所得30000元、卢某非法所得28000元、柯某非法所得7000元。本案案发后，机关部门扣押柯某赃款348354.71元，其亲属退赃6万元，共计408354.71元已发还被害人封某。

案件分析：柯某、黄某、雷某、卢某以牟利为目的，制作网站出售给他人用于诈骗，柯某参与骗取钱款15892990.74元、黄某参与骗取钱款1702361元、卢某参与骗取钱款1318085元、雷某参与骗取钱款623288元，数额均特别巨大，其行为均已构成诈骗罪。

主要判罚结果：柯某犯诈骗罪，判处有期徒刑15年，剥夺政治权利5年，并处罚金15万元；犯开设赌场罪，判处有期徒刑4年，并处罚金5万元。数罪并罚，决定执行有期徒刑18年，剥夺政治权利5年，并处罚金20万元；被告人黄某犯诈骗罪，判处有期徒刑11年，剥夺政治权利2年，并处罚金11万元;犯开设赌场罪,判处有期徒刑1年6个月,并处罚金1万元。数罪并罚,决定执行有期徒刑12年,剥夺政治权利2年,并处罚金12万元。

案例2 曾某、韩某等诈骗案件

案件概况:2019年4月以来,被告人曾某在明知对方使用网站从事诈骗活动的情况下,仍按照对方需求搜索下载源代码,通过"亿速云"租赁香港服务器、"搜域网"购买域名等方式完成"体彩网"搭建,并联系朱某将网站封装成手机应用软件,上传至"熊猫分发平台"供用户下载。2019年4月、7月,曾某分别制作搭建用于实施诈骗的"好运来彩票网""众富彩票网"向曾某、唐某、韩某等人交付,并负责后期维护,每个网站收取搭建费用5000元、维护费用每月2000元。

案件分析:曾某、唐某、韩某、刘某利用非法彩票网站实施电信网络诈骗,数额巨大;被告人曾某明知他人实施电信网络诈骗犯罪,仍提供互联网接入、服务器托管、App制作上传、运维服务等技术支持,其行为已构成诈骗罪。

主要判罚结果:被告人曾某犯诈骗罪,判处有期徒刑7年6个月,并处罚金3万元。被告人韩某犯诈骗罪,判处有期徒刑7年,并处罚金2万元。

10.6 诈骗网站综合治理框架

为应对频发的诈骗网站欺诈问题,本章提出一种包括宣传教育、平台自律、平台监管和技术识别等打防控全链条的诈骗网站综合治理框架,如图10-2所示。其中,宣传教育是从源头上提高防范意识、防范诈骗行为发生。平台自律是根据法律法规,规范网上行为;平台监管是建立一个多层次、跨部门的监测机制和系统,多渠道及时发现涉诈骗网站,并对诈骗网站违法行为进行严惩。技术识别是通过大数据、人工智能和多模型融合等新技术应用对风险网站进行分级分类,构建风险库,创建高风险网站黑名单,提高涉诈风险抵抗力。具体说明如下所示。

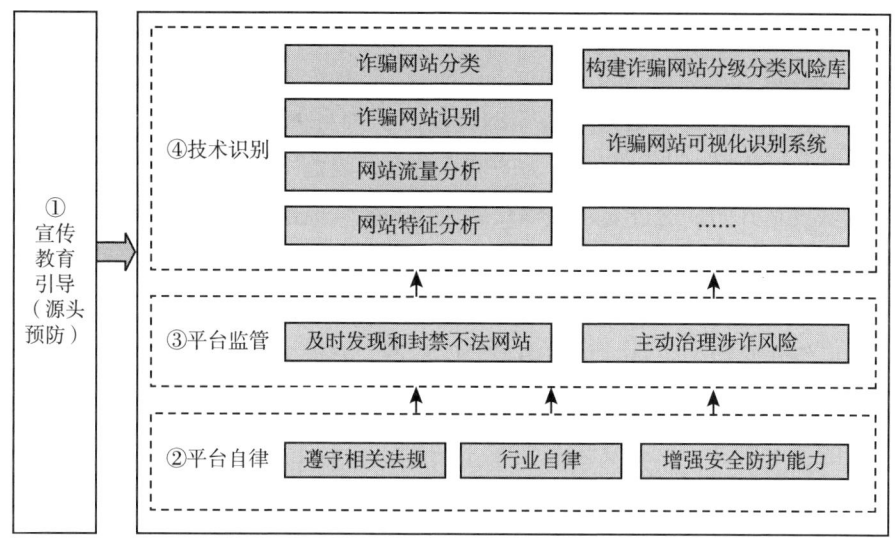

图 10-2 诈骗网站综合治理框架

（1）宣传教育（源头预防）。电信网络诈骗犯罪呈长久高发的态势，主要原因是群众对其形式及原理知之甚少，缺少相应的防范意识，而导致易陷入诈骗分子预设的诈骗剧本之中。因此，相关部门应加强针对诈骗的宣传教育工作。例如，继续推广国家反诈中心 App，将反诈知识直观、便捷地普及给广大人群；对被害人群和高危人群建立数据库，按照辖区分派给各负责民警进行走访，重点关注潜在被害人群；按照辖区内电信网络诈骗案件的发案特征，针对高发诈骗案件类型组织有关部门做专门的诈骗防范宣传；按照易受骗人群的职业不同，进行针对性反诈培训，强化对特定诈骗类型的高度感知能力，如针对财务职位人群更应注重冒充公司老板的诈骗，针对股民进行投资理财类诈骗的宣传防范，针对学生群体进行刷单网贷类诈骗的案例讲解，加强民众的防范意识；各行业官方网站可以在网站上发布针对该行业诈骗网站的防范措施，同时还可以加大网络诈骗案例的宣传力度，让网民们警惕形形色色的骗局；加强工程伦理及法律教育，如加强公众教育，特别是对相关的技术人群，以提高人们的网络安全意识及工程伦理，从源头上减少潜在的技术臆想和犯罪市场的行为；对消费者认知进行引导，即通过各种宣传、培训活动，提高消费者对于网络诈骗的警惕性，增强自我防范意识，避免上当受骗。

（2）平台自律。通过各行业的自律意识和自律机制建设，引导企业诚信经营，增强对于网上商业行为的监管力度，规范网络市场秩序。在平台网络安全技术方面，通过安装杀毒软件、加密传输通道、数据混淆等方式，增强网络防护能力，避免被黑客攻击和盗窃个人信息等。

（3）平台监管。各地实战单位应构建多级反诈中心，从多个源头搜集电信网络诈骗相关信息，总结诈骗案件特点，着重研究各类数据与诈骗犯罪之间的关联性，为后续诈骗案件提前预警及侦破提供帮助。通过政府和有关部门的技术监管，及时发现和封禁不法网站，打击涉嫌网络诈骗的违法行为，净化网络治理环境。通过各种法律手段，包括刑事诉讼、民事诉讼、行政强制措施等，对诈骗网站进行停业注销，控制其发展势头，以减少诈骗网站的数量。建立网络诈骗信息举报平台，收集用户投诉，对日常收到的反诈预警信息进行及时的上门核实，及时劝阻受骗人员以降低损失，并对涉嫌违法的诈骗网站进行封禁和打击。加强网络监管力度，加强对涉嫌诈骗行为的相关网站的打击力度，提高网络治理的效率。

（4）技术识别。在诈骗网站识别技术方面，传统方法是通过人工识别，效率低下且资源耗费大。因此，需加大对涉诈网站的风险识别力度，从网站的特征、流量、行为等多维度对诈骗网站进行识别分类，构建涉诈网站分级分类风险库，并提供诈骗网站可视化识别系统，帮助相关部门精准识别大量潜在的诈骗网站，加快对诈骗网站的预警及治理工作。在监测技术方面，诈骗网站的监测技术分为主动和被动两个方面。在主动监测方面，相关部门可以主动根据敏感URL、网页危险单词等静态内容对范围内的网站进行监控，对符合诈骗网站特征的网站进行标记，并深入勘验，识别诈骗网站并实施封禁等打击措施。在被动监测方面，相关部门可以伪装成普通访客访问疑似诈骗网站，以便在被动实施犯罪的过程中记录诈骗分子的具体犯罪行为，收集相关信息，运用于后续相关单位的搜证及打击行为中。在过滤技术方面，相关部门可以通过建立诈骗网站相关特征的数据库，进而得出网站黑名单数据库，对访问的易受诈骗人群或者易受攻击网站进行风险提示，或基于一定规则直接阻断该次访问操作。在安全认证方面,通过权威机构对网站及部分交易进行安全认证,并给予认证标志,提升网站安全的保障和用户信任。此外,诈骗网站多部署于国外服务器,技术路线复杂,取证难、认定难,因此还需要加强国际、区域合作。

10.7 本章小结

诈骗网站的迅速蔓延造成了一定的经济损失和社会危害,诈骗网站治理对于防范电信网络诈骗尤为重要。本章通过分析诈骗网站的作案特点,剖析诈骗网站迅速崛起的原因,直面诈骗网站治理的现状,提出诈骗网站的综合治理框架。该框架包括宣传教育、平台自律、平台监管和技术识别等打防控全链条措施。

第 11 章

面向电信网络诈骗综合治理的网络安全课程评估

11.1 电信网络诈骗综合治理背景

在新时代法治社会建设持续推进与电信网络诈骗犯罪加速迭代的背景下，公安院校作为培养网络警察的高等院校，要担负好高等教育与公安职业教育的双重任务，因此，其网络安全课程构建目标与其他普通高等院校有显著差异。而现有公安院校网络安全课程构建在时代适应性上存在一定的局限，具体表现为专业导向与实战连接点较少、专业标准未紧贴执法背景等。为有效评估当前网络安全课程质量，通过对全国主要公安院校网络安全专业学生的问卷调查，采集课程建设、评价数据，运用卡方检验、独立样本 t 检验等方法，分析课程建设显著性因素，同时采用评分卡逻辑回归方法对课程效能进行评估。在数理分析的基础上，提出公安院校应整合社会环境因素与传统网络安全课程模式，以增强网络安全人才培养的社会适应性、实践性，即挖掘课程与公安工作目标、内容的内在关联性，积极调整教育目标与教育内容的关系，以提升学生应对未来工作复杂变化的能力，满足新时代公安教育培养高素质网络安全人才的需要（郭文忠等，2020；肖甫等，2021；郑严进，2021）。

11.2　公安院校网络安全课程构建现状数据分析

公安院校网络安全课程构建现状分析主要以问卷调查获得的数据为基础。问卷设计参考了国内公安院校的网络安全人才培养方案，并结合当前电信网络诈骗治理工作与课程的连接点，建立了学习实验平台、课程设置、学习动机、竞赛参与、思政教育五个评价维度。问卷以全国主要公安院校网络安全专业学生作为调查对象，并按性别与年级进行分类，共回收问卷样本370份，其中，受调查对象的男女性别比为1∶0.17，基本符合公安院校男女性别比例。

由于问卷调查数据存在离散性，不符合正态分布，因此采用卡方检验对数据进行分析，以探究公安院校网络课程对未来学习工作受益的相关程度，所得结果如表11-1所示。表11-1中的渐进显著性小于0.05，存在显著性差异，表明网络安全课程设立的目标越贴合公安实际，培养计划执行越细致完善，对公安院校学生未来职业发展产生的积极作用越强（戴慧芬等，2919；贺佳等，2018）。

表11-1　网络安全课程满意度与课程受益程度的卡方检验

检验项目	值	自由度	渐进显著性（双侧）
皮尔逊卡方	122.924	6	<0.001
似然比	120.467	6	<0.001
有效个案数	370		

公安院校网络安全课程设置现状方面，根据问卷调查统计分析，近50%的学生认为当前专业课程难度过大且课程数过多，约75%的同学认为专业课程设置不合理，半数以上学生认为应该增加专业基础过渡课。此外，大部分学生重视实践课程，认为理论知识讲授应该结合实践教学开展，90%的学生认为学习实验平台对提高学习自主性有积极作用。

思政教育现状方面，采用卡方检验分析思政教育内容与公安院校学生评价间的相关性，相关结果如表 11-2 所示，可得渐进显著性小于 0.05，这说明公安院校学生对思政教育的评价与课程内容相关。具体分析可知，43.7% 的学生支持在专业课中融入时事政治的思政教育，以帮助学生培养公安精神；38.5% 的学生认为可以在专业课中穿插讲授社会生活和国家文化的内容，激发学生的爱国情怀，培养学生的社会责任感。

表 11-2　　　　　　　　思政教育内容与评价的卡方检验

检验项目	值	自由度	渐进显著性（双侧）
皮尔逊卡方	129.959	15	<0.001
似然比	39.661	15	<0.001
有效个案数	370		

11.3　基于评分卡方法的网络安全课程效能评估

在 562 条公安院校网络安全课程成绩数据的基础上，采用评分卡方法评估课程效能。具体流程为：变量选取、数据预处理、变量分箱、逻辑回归分析与量化评分。效能评估流程如图 11-1 所示。

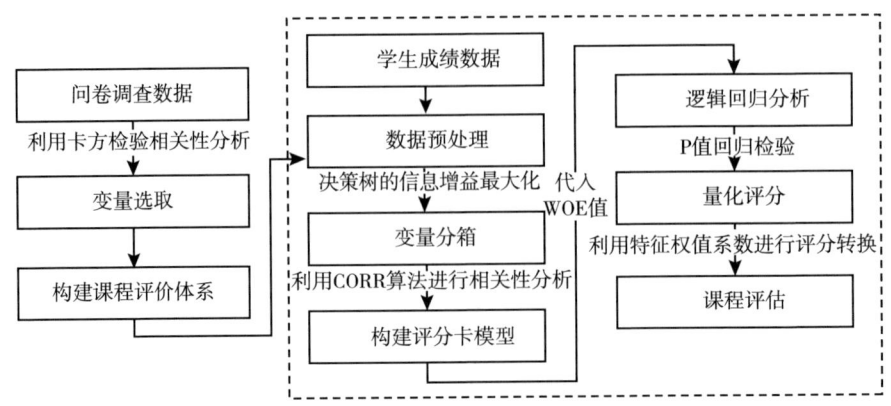

图 11-1　网络安全课程效能评估流程

11.3.1 变量选取

为量化课程的教学质量,需要基于网络安全人才培养目标,提炼可以衡量网络安全课程建设效能的指标。

在课程设置现状上,综合成绩可以用于评估学生在网络安全课程整体目标上的完成情况。论文写作是对学生专业理论、语言运用、资料搜集等能力的综合考量,侧重于评价学生的理论知识运用水平。相较于实验成绩,论文成绩主要评价课程的理论效果。

网络安全实际工作中强调实战能力,《网络安全人才实战能力白皮书》将实战能力归纳为攻防实战能力、漏洞挖掘能力、工程开发能力和战效评估能力。为此,评估指标中选取网络扫描和信息分析、渗透测试、网络加密解密实验的考核成绩作为变量,评价课程的实践效能,以契合网络安全课程面向实战的目标。

课堂表现和课堂练习是学生在课程学习过程中的主客观反映,可作为衡量课程开展过程中学生课堂反馈的重要指标。

11.3.2 数据预处理

综合上述分析,评分卡模型选取课程实验、课堂练习和论文等课程环节的六项变量和一个标签(综合成绩),具体变量说明如表 11-3 所示。

表 11-3　　　　　　　　　　变量名称说明

变量名	变量说明
网络扫描和信息分析	课程实验成绩: 0~60 分的赋值为 1,60~70 分的赋值为 2,70~80 分的赋值为 3,80~90 分的赋值为 4,90~100 分的赋值为 5

续表

变量名	变量说明
渗透测试	课程实验成绩： 0~60 分的赋值为 1，60~70 分的赋值为 2，70~80 分的赋值为 3，80~90 分的赋值为 4，90~100 分的赋值为 5
网络加密解密	课程实验成绩： 0~60 分的赋值为 1，60~70 分的赋值为 2，70~80 分的赋值为 3，80~90 分的赋值为 4，90~100 分的赋值为 5
课堂练习	网络安全作业成绩： 0~60 分的赋值为 1，60~70 分的赋值为 2，70~80 分的赋值为 3，80~90 分的赋值为 4，90~100 分的赋值为 5
课堂表现	网络安全课程课堂成绩： 0~60 分的赋值为 1，60~70 分的赋值为 2，70~80 分的赋值为 3，80~90 分的赋值为 4，90~100 分的赋值为 5
论文	课程论文成绩： 0~60 分的赋值为 1，60~70 分的赋值为 2，70~80 分的赋值为 3，80~90 分的赋值为 4，90~100 分的赋值为 5
综合成绩	按照实训占比 30%，课堂练习、课堂表现共占比 20%，期末论文占比 50% 的形式进行加权评分。 最终成绩为 0~75 分的赋值为 0，75~100 分的赋值为 1

11.3.3 变量分箱

通过分箱进行变量的离散化处理。利用证据权重 WOE 和信息价值 IV 来衡量变量的预测能力，把表现相同的学生分为一组，以最大限度地区别课程效果。为确保分箱的单调性，选择利用决策树的信息增益最大化方法来实现变量的最优分箱。

在计算 IV 值时，细分数据区间并在各区间上进行函数求和操作，使连续函数离散化，计算得出各变量的 IV 值，实验结果如图 11-2 所示。

IV 值表示信息价值，用来表示变量对目标的预测能力，IV 值越大，代表该变量的区分能力越强。同时，为避免评分卡模型中的变量存在强相关性，

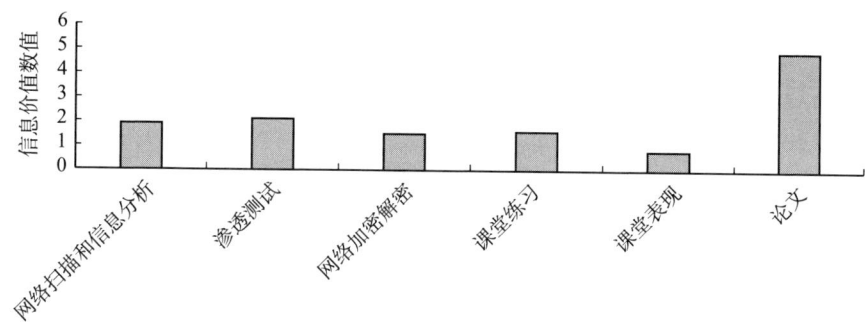

图 11-2 各变量 IV 值

需开展对变量的相关性分析,即从相关性高的多个变量中选择出一个 IV 值最高的变量。如果变量间的相关性系数大于 0.5,则认为变量间存在相关性,将保留 IV 值大的变量;如果相关性系数小于 0.5,则可以认为变量间的相关性弱,可以直接保留(陈传雄等,2022)。

利用 CORR(correlation)算法计算变量之间的相关性,并将结果制作为热力图,所得结果如图 11-3 所示。按照前述逻辑,最终留下网络扫描和信息分析、网络加密解密、课堂练习、课堂表现、论文 5 个变量。

	网络扫描和信息分析	渗透测试	网络加密解密	论文	课堂练习	课堂表现
课堂表现	0.327	0.254	0.228	0.383	0.317	1.000
课堂练习	0.449	0.422	0.413	0.515	1.000	0.317
论文	0.517	0.548	0.513	1.000	0.515	0.383
网络加密解密	0.432	0.498	1.000	0.513	0.413	0.228
渗透测试	0.495	1.000	0.498	0.548	0.422	0.254
网络扫描和信息分析	1.000	0.495	0.432	0.517	0.449	0.327

图 11-3 变量相关性分析

11.3.4 逻辑回归分析

结合上述求得的 WOE 值,将模型转换成为实数计算问题,实现逻辑回归分析(Usman Muhammad et al.,2023),分析结果如表 11-4 所示。

表 11-4　　　　　　　　逻辑回归分析结果

评估项目	网络扫描和信息分析	网络加密解密	课堂练习	课堂表现	论文
特征权值系数	1.39	2.27	1.71	1.38	6.89
标准误差	0.29	0.43	0.36	0.44	1.26
系数估计值	4.75	5.30	4.80	3.11	5.46
P 值检验	0.00	0.00	0.00	0.00	0.00
置信区间	0.82~1.97	1.43~3.1	1.01~2.41	0.51~2.25	4.42~9.37

表 11-4 中 P 值检验结果均小于 0.01,说明所有自变量具有显著的统计学意义,对因变量取值是否为 1 具有显著性影响;特征权值系数均大于 0,说明表中指标特征与目标值为 1 的概率正相关;标准误差各数值在 1.5 以下,说明模型贴合度高;置信区间反映了在满足准确率为 95% 的情况下,特征权值系数的取值范围。

11.3.5 量化评分及结果

根据每一位学生的综合得分来判定课程效果,而学生的总体得分取决于各变量得分情况。利用特征权值系数,对进入模型的每个变量对应的 WOE 结果进行评分转换,得到标准评分形式。其中,p 指该课程被评估为 1 的概率,1-p 即为该课程被评估为 0 的概率。令 p 与 1-p 的比值为 odds,其中 odds 指某种推测为真的概率与某种推测为假的概率的比值,得到式(11-1):

$$\text{odds} = \frac{p}{1-p} \quad (11-1)$$

通过将分值表示为比率对数的线性表达式来定义评分卡设定的分值刻度，结果如式（11-2）所示：

$$\text{score} = A - B\ln(\text{odds}) \quad (11-2)$$

其中，score 为计算得出的每一条数据的最终得分，A、B 皆为常数值，当该课程质量越高的时候，odds 越大，此时在式（11-2）中的 score 值就越小。

在逻辑回归中，计算式（11-3）：

$$\ln(\text{odds}) = \beta_0 + \beta_1 \text{woe}_1 + \beta_2 \text{woe}_2 + \cdots + \beta_n \beta \quad (11-3)$$

在某个特定比率设定特定预期分数并且指定比率翻倍的分数（PDO）。例如，设比率等于 θ 时分数等于 p，比率等于 2θ 时分数等于 p+PDO。

一般假定评分卡的刻度比为 {1:50}（劣：优）时的分数为 600，PDO = 20，则 B = 28.85，A = 481.86，代入计算可得：

$$\text{score} = 481.86 - 28.85\ln(\text{odds}) \quad (11-4)$$

因此，可理解为基础分数为 600，每高 20 分优劣比例翻一倍，最终将所有的分数换算成为百分制形式，实现对课程质量的量化评估，其中分数越高代表课程评估结果越佳，分数越低代表课程评估结果越差。

11.3.6 课程评估

样本的总分分布可以用来评定课程的整体表现度。由图 11-4 可知，562 位学生的课程总分多集中分布于 40~60 分的区间内，极高值数量少，由此可推测出，课程的总体质量仍有待提升。

在评估体系中，设定各指标满分为 5 分，及格分为 3 分。图 11-5 展示了各指标的平均值，其中，网络扫描和信息分析、网络加密解密、课堂练习、课堂表现的评分均低于及格分，只有论文的评分超过及格分。由此可知，当前网络安全课程仍有较大的提升空间。

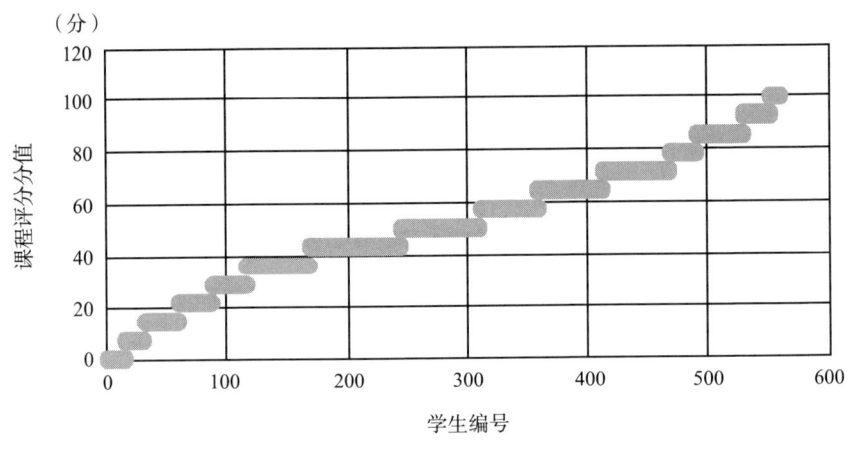

图 11-4 综合评分分布

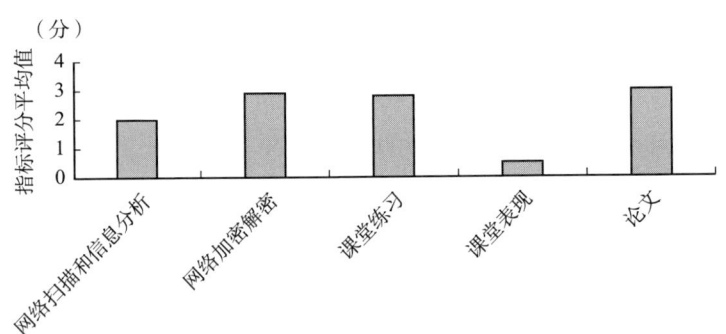

图 11-5 各个指标分数

11.4 公安院校网络安全课程构建优化路径

整合理念能有效结合多类课程内容、组织形式,构建出完整的课程主体和教育目标。为此,本章基于上述数据分析结果,提出在人才培养目标、培养条件和评价体系上运用整合理念,优化公安院校网络安全课程的构建体系。

1. 整合公安院校人才培养目标

近年来,以电信网络诈骗为代表的新型网络犯罪已取代传统接触型的犯罪，成为主流犯罪类型。公安信息化人才能在应对新型网络犯罪中发挥关键性作用，而公安院校作为专业人才的主要培养机构，需针对性变更人才培养目标，即要求学生及时掌握最新的公安专业理论知识和专业技术技能，同时还需具备持续更新知识技能的能力，以满足随着时代发展而不断变化的公安工作要求。因此，公安院校应将学习能力培养融入"公安业务理论知识"和"创新素质拓展"模块，通过支持学生申报课题、开展创新研究等路径，培养具有自主学习能力的网络安全人才，以更好地契合公安队伍正规化、专业化、职业化的建设要求。

2. 整合公安院校培养条件

根据前文分析，可知公安院校学生在网络安全课程中能较好地学习理论内容，但难以掌握操作性强的实验项目，导致课程培养的学生存在学用脱节、实战能力弱等问题。本质原因是当前课程和公安教育背景结合尚不够紧密，课程讲授多停留在理论讲解，未能与实战需求有效结合。因此，公安院校应根据社会环境变化，对公安网络安全课程内容进行整合。为保证整合的合理性和高效性，应事先制定整合方案并进行推演，同时小规模设置实践对照组，在取得较好效果后再进行推广。在课程的专业教材设置上，公安院校应将公安专业技术发展趋势、电信网络诈骗犯罪趋势等融入人才培养体系，并将相关内容整合进专业教材。在专业教师培养方面，公安院校教师应加强对公安实际工作的理解认识，在课程体系建设过程中重视教学活动与公安实战的有机结合，才能在教学活动中达成培养高素质应用型警务人才的目标。此外，公安院校还可根据新形势新变化，对公安院校教师的聘任标准提出新要求，例如通过引入驻校教官等形式，讲授公安工作对警察专业技能的要求，帮助学生对标公安实战需求，提升实战化能力。在设施环境方面，公安院校应对相关课程的实验设施环境进行改造升级，以满足多个年级、课程同时上课实践的需要，从而为学生提供更多的实战机会。

3. 整合公安院校培养评价体系

公安机关兼具治安管理、行政执法和刑事司法等职能，因此，公安机关从事网络安全保卫工作的民警，除具备相应的专业技能外，更要注重其在思政教育、法律知识、职业精神等方面的职业素养。而公安院校的人才培养评价体系作为公安院校职业化教育与培养网络安全人才的指挥棒和驱动力，需充分发挥其导向性作用。如对于网络安全与执法专业，评价体系不应过多停留在理论水平的考核上，而是进行学科、专业、职业的"三位一体"融合，将公安精神与电信网络诈骗治理技术的培养纳入网络安全课程构建评价体系中，最终培养出政治素质过硬、忠诚可靠，具备互联网思维，能够运用公安学、公安技术、网络安全技术、大数据技术等学科知识的网络安全保卫警察。

4. 整合公安院校培养资源

在网络安全人才培养过程中，高校应结合自身专业建设与发展方向，以调研等形式和公安部门、与本校相匹配的网络安全企业，在人才培养方案制定、实际教学工作开展、教学评价体系构建等环节展开合作，力求共享人才培养成果。除基础合作形式外，还可探索现代学徒制等新型合作方式，在沿袭传统学徒制的基础上构建新型师徒关系，为学生提供一线学习和实践机会。

11.5 本章小结

公安院校是培养网络安全保卫力量的主阵地。网络安全课程作为新时代网络安全保卫队伍建设的重要一环，要在整合理念的指导下，通过整合公安院校的培养目标、培养条件和培养评价体系等路径，增强网络安全课程的时代适应性，以促进专业的建设发展与学生的快速成长，更好地满足电信网络诈骗治理的需要。本章通过分析全国主要公安院校网络安全课程的相关数据，结合电信网络诈骗发展趋势与反制技术能力要求，运用评分卡模型及数理分析方法对课程效能进行量化评估，并根据分析结果，提出优化现有网络安全课程构建路径的实施建议，以提高面向电信网络诈骗治理的网络安全人才培养水平。

第 12 章

总结与展望

12.1 本书总结

电信网络诈骗犯罪是一类高科技、远程、非接触性犯罪，主要发生在网络空间，具有隐蔽性强、取证难、追捕难、定性难等特点。近年来，随着电信网络技术和互联网金融业务的快速发展，犯罪嫌疑人利用民众趋利避害、友情救助的心理，通过拨打网络电话、发送短信、语音信息等方式实施电信网络诈骗，严重危害民众生命财产安全，搅乱正常生产生活秩序，已成为影响社会和国家稳定的突出公共安全问题。尽管当前针对电信网络诈骗案件的防范和打击开展了形式多样的分析和研判，提升了打击效率，但仍旧缺乏从电信网络诈骗的策划、产生到实施过程、结果的全过程研究和电信网络诈骗情报线索快速研判方法，打击防范电信网络诈骗形势非常严峻。为此，开展电信网络诈骗网站、涉诈行为的识别研究，发挥大数据、人工智能情报搜寻作用，显得尤为必要和紧迫。

本书为浙江省基础公益研究计划项目"电信网络诈骗犯罪威胁情报平台关键技术研究"和杭州市科技项目"涉网类新型案件综合治理应用系统的研究"的主要成果，具体成果如下所示。

（1）完成对诈骗网站的特征与漏洞分析研究。

研究从诈骗网站的分类开始，对诈骗网站的内容特征、URL 特征进行分析，并从访问及源码两个角度进行诈骗网站的架构特征分析；同时，还针对诈骗网站的渗透攻击方法进行了深入探讨，并提出了针对诈骗网站的信息获取和渗透攻击操作的方法。上述研究成果为后续建立一套高效、实用的诈骗网站治理方法打下基础。

（2）提出基于卷积神经网络的诈骗网站分类识别方法。

提出了一个基于卷积神经网络的诈骗网站文本分类识别方法，通过 CRF 模型进行分词和 TextRank 算法提取关键词，以获取用于卷积神经网络模型训练的诈骗网站的中文文本语料，再采用自行搭建的 CNN 深度学习模型对诈骗网站中的色情网站和博彩网站进行了分类识别研究，模型最终分类准确率为 90.93%，能够准确地根据文本信息识别诈骗网站。

诈骗网站监测预警研究是打击防范电信网络诈骗的重要环节。研究提出基于 BERT 迁移学习模型的诈骗网站监测预警方法。该方法对完整诈骗网站文本数据及其标签进行标识化处理，在预训练模型基础上进行迁移训练，最终利用微调后的模型对诈骗网站进行预测分类。通过实战单位打击新型电诈犯罪真实数据进行验证，结果表明本方法较 TextCNN 深度学习方法，能减少人工标注数据成本且精确度更高，能够快速实现新型电诈犯罪情报的自动发现与研判。

（4）建立基于图像识别技术的诈骗网站智能识别方法。

为解决现有诈骗网站大量嵌入涉诈图片，传统的文本识别方法难以判别诈骗网站的困境，构建了基于诈骗网站图像特征的诈骗网站智能识别模型 IRMFW–CNN。通过使用 TensorFlow 框架搭建模型架构，并使用数量不对称分类图像集训练模型，以此来提高容错率并贴近实际生活实战情况，同时调整图像大小以大幅度降低计算复杂度和时耗。同时，采用较大图像分辨率与 RGB 模式尽可能保留图像更多细节特征，使图像识别更精确，并使用数据增强技术解决数据不够丰富的问题，以提升模型泛化能力。对比测试了 MobileNetV2 和 ResNet18 模型后得出结论，在诈骗网站图像分类识别任务中，IRMFW–CNN 模型对三类网站图像的识别准确率更为稳定。

（5）建立基于 RoBERTa 模型和 Inception–ResNetV2 决策融合的诈骗网站识别模型。

面对近年来诈骗网站将诈骗信息隐藏到图像中，以增大语义识别难度的趋势，本书率先提出并实现了能分析网站文本情报和图像情报，并进行综合决策的 IRWD – RIRF 模型。IRWD – RIRF 模型中的文本分类模块采用了 RoBERTa 模型，对 RoBERTa-wwm-ext 预训练模型进行迁移训练；图像识别模块采用了 Inception – ResNetV2 模型，在决策融合模块中采用了 Soft Voting Classifier 方法，将 RoBERTa 模型和 Inception – ResNetV2 模型的预测结果进行融合。实验证明相较于单一模型，IRWD – RIRF 模型拥有更好的分类效果。同时研究还基于 IRWD – RIRF 模型实现了一个诈骗网站可视化识别系统，并展示了系统中数据检索、统计、域名分类等功能的实现效果。

（6）提出基于相异模型集成的多模态诈骗网站识别方法。

针对诈骗网站中伪装信息干扰的问题，本书在考虑诈骗网站的文本与图像模态特征的基础上，进一步结合诈骗网站的 URL 特征，并结合 Stacking 集成学习思想，提出了一种基于相异模型集成的多模态诈骗网站识别方法，旨在通过增加集成学习模型中不同模态基学习器的数量来提升模型整体的性能。该方法能够有效过滤干扰信息，识别隐藏诈骗信息。通过实验验证该模型具有较高的精确度与识别率。

（7）建立基于评分卡的诈骗网站量化分析模型。

本书对诈骗网站的各项特征进行了量化分析，选择了能显著反馈网站属性的特征项，并利用选择的特征，构建了基于评分卡的诈骗网站量化分析模型。实验结果证明了本模型具备强解释性、强预测能力。

（8）提出基于被害人网络行为的诈骗网站识别预警模型方法。

从电信网络诈骗的被害人视角展开分析，对于精准防范电信网络诈骗有着重大的意义。研究首先对电信网络诈骗犯罪进行了犯罪学分析，然后通过模拟用户访问目标网站，捕获产生的数据包，并运用 SPSS 对数据包信息进行数理统计分析，构建基于逻辑回归的诈骗网站识别模型。实验结果表明，本模型在捕获数据集上的诈骗网站识别效果较好，但所挖掘的特征之间关联性不够强，且模型整体有待优化。

（9）提出基于用户网络流量的诈骗网站识别模型研究。

针对用户行为特征间关联性欠强，难以全面深入反映被害人网络行为特征的问题，提出了一种基于网络流量分析的诈骗网站识别模型。模型利用 Apriori 算法挖掘显隐性网络行为的内在相关性，重构网络行为特征序列，以加强各特征间的关联性，再结合随机森林模型识别诈骗网站。实验证明，本模型能够可靠、高效地根据网络行为访问，实现网站分类的高效判断。

（10）探讨诈骗网站治理相关的问题。

通过分析搭建诈骗网站的特点和黑灰产业链，提出了诈骗网站的综合治理框架。该框架包括宣传教育、平台自律、平台监管和技术识别等打防控全链条措施。

（11）探讨诈骗网站治理人才培养相关的问题。

通过评分卡模型，从课程实验、课堂练习和论文等课程环节中抽取特征，对当前公安院校开展的网络安全课程效果进行详细的量化分析，提出了优化公安院校网络安全课程构建体系的实施方案，包括整合公安院校人才培养目标、整合公安院校培养条件等四项内容。

上述研究从诈骗网站的文本、图像、URL 及网络流量等多个维度对诈骗网站识别方法进行了深入研究。相关研究成果将为国家网络安全战略的落地提供技术和工具支撑，有力提升实战单位诈骗网站治理能力。

12.2 未来研究展望

对诈骗网站的情报提取和分析还存在诸多挑战，本书仅从部分方面对诈骗网站的特性与建模进行了研究，还存在研究内容欠全面、研究环境较单一等问题。后续研究可从以下三个方面展开。

（1）持续更新诈骗网站识别特征指标。

诈骗网站的发展和技术更新换代十分迅速，对诈骗网站的识别工作需要进行持续性地跟进，不断地更新诈骗网站的识别特征指标。当前研究在进行特征选取时，更多的是基于实战经验而进行的人工选择，主要关注诈骗网站中的文本特征、图像特征、URL 特征等，流量特征的考虑较为浅显，尚未深入挖掘特征间的关联关系，此外还存在着大量未被纳入诈骗网站识别考量的特征，如 HTML 特征等。在后续工作中，可以考虑更新相关技术，例如，通过自动化的方式选取识别特征；着手挖掘更深层次特征，减少在非平衡数据上的分类误差；深化网络流量特征的诈骗网站识别建模，实现模型的进一步整体升级。

（2）更新、优化识别模型中的算法。

当前机器学习与深度学习相关研究发展较快，不断地涌现出高效算法模型。目前研究中已经使用了诸如 BERT 模型、Inception 模型等先进的算法模型来进行诈骗网站的识别工作，但也存在着诸如 Apriori 算法等效率较低的传统算法。此外，目前对于所用的模型进行参数调优时，主要采用基于经验的试错法，模型训练效率欠高效。在后续工作中，可以考虑更新各类算法模型，例如，对于关联规则挖掘算法，可使用较为先进的 FP – Growth 算法替代等；使用粒子群优化算法自动获取算法模型中的关键参数，提升模型参数调优的效果，以获得更加高效的诈骗网站识别模型，实现识别方法的进一步整体升级。

（3）优化诈骗网站识别模型结构。

当前模型还处于基础阶段，搭建的系统虽已拥有如数据检索、数据统计、域名分类等基础功能，但还不够完善。下一步研究计划加入特征存取栈模块，以实时监控异常网络行为，并增强模型鲁棒性，强化系统的稳定性，进而更好地助力诈骗网站的识别与治理工作。

参考文献

[1] 毕青松,梁雪春,陈舒期. 基于 mRMR-RF 特征选择和 XGBoost 模型的钓鱼网站检测 [J]. 计算机应用与软件,2020,37 (9): 296-301.

[2] 蔡鹏程. 互联网信息时代网络安全保障能力提升的困境与出路 [J]. 广东通信技术,2022,42 (9): 2-10.

[3] 曹建芳,闫敏敏,贾一鸣,等. 融合迁移学习的 Inception-V3 模型在古壁画朝代识别中的应用 [J]. 计算机应用,2021,41 (11): 3219-3227.

[4] 曹玖新,毛波,罗军舟,等. 基于嵌套 EMD 的钓鱼网站检测算法 [J]. 计算机学报,2009,32 (5): 922-929.

[5] 曹素娥,杨泽民. 基于聚类分析算法和优化支持向量机的无线网络流量预测 [J]. 计算机科学,2020,47 (8): 319-322.

[6] 陈高华,蔡其胜. 大数据环境下精准诈骗治理难题的伦理反思 [J]. 自然辩证法通讯,2018,40 (11): 26-32.

[7] 陈鹏飞. 面向手写汉字识别的残差深度可分离卷积算法 [J]. 软件导刊,2018,(11): 68-72,76.

[8] 陈巧红,王磊,孙麒,等. 卷积神经网络的短文本分类方法 [J]. 计算机系统应用,2019,28 (5): 137-142.

[9] 陈胜,朱国胜,祁小云,等. 基于深度神经网络的自定义用户异常行为检测 [J]. 计算机科学,2019,46 (S2): 442-445,472.

[10] 陈伟雄,杨晓晨,春增军,等. 电力企业网络安全威胁情报管理体系的研究与实践 [J]. 电信科学,2022,38 (7): 184-189.

[11] 陈易平,俞龙,谌颁. 大数据环境下基于小波神经网络和 ARMA 模型的流量异常检测 [J]. 重庆理工大学学报(自然科学),2019,33

(10)：149-154.

[12] 程进, 魏兴国, 聂万泉. 基于音频指纹的零权限终端设备识别方法 [P]. 浙江省：CN108510999B, 2020-07-14.

[13] 程科. 新型电信诈骗："钓鱼网站"初探 [J]. 中国公共、安全（学术版），2011（3）：100-105.

[14] 程乐. 党的十八大以来我国网络空间治理的成就与经验 [J]. 国家治理，2022（22）：16-22.

[15] 池燕玲. 基于深度学习的人脸识别方法的研究 [D]. 福州：福建师范大学，2015.

[16] 戴慧芬, 王帅, 郑毅雄. 基于整合理念的情景模拟课程改革与教学实践 [J]. 中国高等教育，2019（Z2）：76-77.

[17] 丁甲. 网络诈骗犯罪问题研究 [D]. 合肥：安徽大学，2015.

[18] 都奕冰, 孙静宇. 融合项目嵌入表征与注意力机制的推荐算法 [J]. 计算机工程与设计，2020，41（3）：682-688.

[19] 凡友荣, 杨涛, 王永剑等. 基于URL特征检测的违法网站识别方法 [J]. 计算机工程，2018，44（3）：171-177.

[20] 方俊伟, 崔浩冉, 贺国秀, 等. 基于先验知识TextRank的学术文本关键词抽取 [J]. 情报科学，2019，37（3）：75-80.

[21] 冯健, 张莹. 基于文档对象模型结构聚类的钓鱼网页检测方法 [J]. 科学技术与工程，2018，18（23）：81-89.

[22] 冯亚琴, 沈凌洁, 胡婷婷, 等. 利用语音与文本特征融合改善语音情感识别 [J]. 数据采集与处理，2019，34（4）：625-631.

[23] 傅昌波, 耿颖超. 深化电信网络诈骗综合治理的建议 [J]. 中国行政管理，2017，388（10）：153-154.

[24] 盖荣丽, 蔡建荣, 王诗宇, 等. 卷积神经网络在图像识别中的应用研究综述 [J]. 小型微型计算机系统，2021，42（9）：1980-1984.

[25] 郭聪, 崔炜. 互联网黑灰产业链研究分析 [J]. 信息网络安全，2020（S1）：6-9.

[26] 郭文忠, 张友坤, 董晨. 网络强国战略背景下的"五位一体"信

息安全人才培养模式探索 [J]. 中国大学教学, 2020 (10): 21-24.

[27] 郭旭, 朱敬华. 基于用户向量化表示和注意力机制的深度神经网络推荐模型 [J]. 计算机科学, 2019, 46 (8): 111-115.

[28] 郭志民, 彭豪辉, 牛霜霞, 等. 基于用户与网络行为分析的主机异常检测方法 [J]. 北京交通大学学报, 2018, 42 (5): 40-46.

[29] 郭志远, 潘燕杰. 大数据背景下网络空间治理的法治化研究 [J]. 理论视野, 2020 (8): 56-62.

[30] 韩春雨, 张永铮, 张玉. Fast-flucos: 基于 DNS 流量的 Fast-flux 恶意域名检测方法 [J]. 通信学报, 2020, 41 (5): 37-47.

[31] 韩浩, 刘博文, 林果园. 基于改进的 TrustRank 算法的钓鱼网站检测 [J]. 电信科学, 2018, 34 (3): 86-94.

[32] 何邦武. 数字法学视野下的网络空间治理 [J]. 中国法学, 2022 (4): 74-91.

[33] 贺佳, 李文江, 罗天泽. "网络强国"背景下公安院校培养网络安全人才浅析 [J]. 网络空间安全, 2018, 9 (10): 105-109.

[34] 胡富增, 王勇军. 基于数据挖掘的计算机用户行为分析与识别 [J]. 自动化技术与应用, 2020, 39 (6): 42-47.

[35] 胡忠义, 王超群, 吴江. 融合多源网络评估数据及 URL 特征的钓鱼网站识别技术研究 [J]. 数据分析与知识发现, 2017, 1 (6): 47-55.

[36] 胡忠义, 张硕果, 吴江. 基于 URL 多粒度特征融合的钓鱼网站识别 [J]. 数据分析与知识发现, 2022, 6 (11): 103-110.

[37] 黄波, 刘传才. 基于加权 TextRank 的中文自动文本摘要 [J/OL]. 计算机应用研究: 1-5 [2019-07-23].

[38] 黄河燕, 曹朝, 冯冲. 大数据情报分析发展机遇及其挑战 [J]. 2016.

[39] 贾海鹏, 张云泉, 袁良, 等. 基于 OpenCL 的 Viola-Jones 人脸检测算法性能优化研究 [J]. 计算机学报, 2016, 39 (9): 1775-1789.

[40] 蹇洁, 刘鑫鑫, 陈思祁, 等. 网络欺诈信息双边传播模型研究 [J]. 情报科学, 2019, 37 (11): 20-26.

[41] 寒洁, 余晓明, 陈思祁, 等. 基于产品信息欺诈的消费者感知风险测量模型研究 [J]. 重庆邮电大学学报（社会科学版）, 2018, 30 (6): 103-112.

[42] 江彤彤, 成金勇, 鹿文鹏. 基于卷积神经网络多层特征提取的目标识别 [J]. 计算机系统应用. 2017, 26 (12): 64-70.

[43] 解品娇. 新形势下电信网络诈骗犯罪成因及其防治对策 [J]. 法制与经济, 2019, (8): 125-128.

[44] 金博, 史彦军, 滕弘飞. 基于语义理解的文本相似度算法 [J]. 大连理工大学学报, 2005 (2): 291-297.

[45] 金融行业反欺诈解决方案 [EB/OL]. 360 数字安全, 2020.

[46] 金香. 基于逻辑回归的个人信用评分模型的研究 [D]. 大连: 东北财经大学, 2016.

[47] 巨永锋, 蔺广逢, 蔡占华. 基于遗传算法的图像识别方法 [J]. 长安大学学报（自然科学版）, 2004 (6): 98-101.

[48] 李博超, 邵酉辰. 改进逆向习得推理的网络异常行为检测模型 [J]. 现代电子技术, 2020, 43 (18): 14-18.

[49] 李丰沛. 网络诈骗犯罪的被害人研究 [J]. 理论观察, 2015 (6): 27-29.

[50] 李华康, 赖龙彬, 陈光宣, 等. 一种基于URL语法规则的欺诈网站识别方法 [J]. 计算机科学, 2015, 42 (B10): 28-33.

[51] 李辉. 电信诈骗情境下受害人欺诈信息接受意愿及其分享行为研究 [J]. 图书情报工作, 2021, 65 (7): 90-102.

[52] 李慧慧, 张士庚, 宋虹, 王伟平. 结合多特征识别的恶意加密流量检测方法 [J]. 信息安全学报, 2021, 6 (2): 129-142.

[53] 李力卡, 马泽雄, 陈庆年, 等. 电话诈骗防治技术解决方案与运维对策研究 [J]. 电信科学, 2014, 30 (11): 166-172.

[54] 李云燕. 计及电动汽车的虚拟电厂市场化运营决策方法研究 [D]. 北京: 华北电力大学, 2020.

[55] 连一峰, 戴英侠, 王航. 基于模式挖掘的用户行为异常检测 [J].

计算机学报, 2002 (3): 325-330.

[56] 梁晓萌, 严明, 吴杰. 基于人工蜂群算法的 Tor 流量在线识别方法 [J]. 计算机工程, 2021, 47 (11): 129-135, 143.

[57] 刘彬, 樊子婧. 被害人视阈下电信网络诈骗的过程性分析 [J]. 公安学刊 (浙江警察学院学报), 2020 (2): 79-84.

[58] 刘方园, 王水花, 张煜东. 深度置信网络模型及应用研究综述 [J]. 计算机工程与应用, 2018, 54 (1): 11-18.

[59] 刘晓华. 面向网络空间治理的社交网络信息交流协同创新机制分析 [J]. 现代情报, 2021, 41 (9): 135-143.

[60] 刘永明, 杨婧. 基于图像相似性的 Android 钓鱼恶意应用检测方法 [J]. 计算机系统应用, 2014, 23 (12): 170-175.

[61] 柳林, 姜超, 李璐. 警用视频监控的犯罪防控效果及空间差异: 以苏州市姑苏区为例 [J]. 地理科学, 2019, 39 (1): 61-69.

[62] 娄永涛, 唐祥. 大数据时代电信网络诈骗犯罪的防控反思 [J]. 重庆理工大学学报, 2020, 3: 121-128.

[63] 罗鹏宇, 吴乐, 吕扬, 等. 基于时序推理的分层会话感知推荐模型 [J]. 计算机科学, 2020, 47 (11): 73-79.

[64] 罗文华, 张耀文. 基于贝叶斯网络的网络犯罪受害人特征分析 [J]. 信息网络安全, 2021, 21 (12): 25-30.

[65] 钱叶魁, 陈鸣, 郝强, 等. ODC: 在线检测和分类全网络流量异常的方法 [J]. 通信学报, 2011, 32 (1): 111-120.

[66] 邵清, 马慧萍. 融合 self-attention 机制的卷积神经网络文本分类模型 [J]. 小型微型计算机系统, 2019, 40 (6): 1137-1141.

[67] 申龙, 曲源明, 胡书萌. 电信网络诈骗黑灰产业链剖析及应对 [J]. 中国刑事警察, 2021 (4): 51-55.

[68] 孙川, 戴翔. 电信诈骗犯罪的案件特点以及犯罪流程分析 [J]. 江苏警察学院学报, 2013 (28) 6: 43—47.

[69] 孙少石. 网络犯罪协同治理的制度逻辑 [J]. 治理研究, 2020, 36 (1): 100-113.

[70] 孙雨萌. 深度学习在计算机视觉分析中的应用分析 [J]. 中国新通信, 2018, (23): 169-171.

[71] 田新广, 孙春来, 段洣毅, 等. 基于机器学习的用户行为异常检测模型 [J]. 计算机工程与应用, 2006 (19): 101-103, 111.

[72] 田有文, 李天来, 李成华, 等. 基于支持向量机的葡萄病害图像识别方法 [J]. 农业工程学报, 2007 (6): 175-180.

[73] 佟晖, 唐卫中, 蔡家艳, 等. 电信诈骗态势与反诈新思路研究 [J]. 北京警察学院学报, 2021 (1): 1-14.

[74] 万梦翔, 姚寒冰. 面向恶意网页训练数据生成的 GAN 模型 [J]. 计算机工程与应用, 2021, 57 (6): 124-130.

[75] 王爱华, 李辉. 网络黑产犯罪的复杂结构识别与精准治理探究: 基于复杂网络理论的分析 [J]. 中国人民公安大学学报 (社会科学版), 2022, 38 (5): 9-18.

[76] 王芳, 阴宇轩, 刘汪洋, 等. 我国城市政府运用大数据提升治理效能评价研究 [J]. 图书与情报, 2020 (2): 81-93.

[77] 王海坤, 潘嘉, 刘聪. 语音识别技术的研究进展与展望 [J]. 电信科学, 2018, 34 (2): 1-11.

[78] 王嘉. 关于电信网络诈骗的被害分析 [J]. 北京警察学院学报, 2017 (5): 87-92.

[79] 王涛, 胡事民, 孙家广. 基于颜色-空间特征的图像检索 [J]. 软件学报, 2002 (10): 2031-2036.

[80] 王晓东, 赵一宁, 肖海力, 等. 使用 GNN 与 RNN 实现用户行为分析 [J]. 计算机科学与探索, 2021, 15 (5): 838-847.

[81] 王晓伟, 赵照. 电信网络诈骗犯罪人员流的构成与侦查方法研究 [J]. 中国人民公安大学学报 (社会科学版), 2022, 38 (4): 53-64.

[82] 王燕, 王兴芬, 任俊玲. 面向钓鱼网站敏感特征项选取的 IIGAIN 算法 [J]. 计算机应用与软件, 2016, 33 (4): 297-301.

[83] 王旖旎. 基于 Inception-V3 的图像状态分类技术 [J]. 液晶与显示, 2020, 35 (4): 389-394.

[84] 魏盛娜. 基于机器学习的钓鱼检测技术研究 [D]. 南昌: 东华理工大学, 2018.

[85] 吴川徽, 黄仕靖, 袁勤俭. 用户感知风险与网络信息搜寻行为关系的元分析 [J]. 情报理论与实践, 2020, 43 (6): 115-122.

[86] 吴坚, 沙晶. 基于随机森林算法的网络舆情文本信息分类方法研究 [J]. 信息网络安全, 2014 (11): 36-40.

[87] 吴劲松. 浅析计算机网络管理技术 [J]. 科技创新导报, 2016, (32): 102-103.

[88] 吴蕾, 曾慧平, 王海威. 网络非平稳流量多尺寸时间序列预测数学建模 [J]. 计算机仿真, 2021, 38 (8): 356-359, 434.

[89] 席荣康, 蔡满春, 芦天亮, 李彦霖. 基于自注意力机制和时空特征的 Tor 网站流量分析模型 [J/OL]. 计算机应用: 1-9 [2022-01-11].

[90] 向昌盛, 陈志刚. 面向海量数据的网络流量混沌预测模型 [J]. 计算机科学, 2021, 48 (5): 289-293.

[91] 向静, 刘亚岚. "杀猪盘" 电信诈骗犯罪的心理控制机制剖析 [J]. 中国人民公安大学学报 (社会科学版), 2021, 37 (4): 1-10.

[92] 向卓元, 刘志聪, 吴玉. 基于用户行为自适应推荐模型研究 [J]. 数据分析与知识发现, 2021, 5 (4): 103-114.

[93] 肖甫, 黄海平, 胡素君, 等. 双一流视域下网络安全人才培养研究: 以江苏省为例 [J]. 网络与信息安全学报, 2021, 7 (2): 1-9.

[94] 熊澄宇, 张学骞. 认知网络空间治理的系统性困局 [J]. 现代传播 (中国传媒大学学报), 2021, 43 (5): 58-64, 151.

[95] 徐立. 基于加权 TextRank 的文本关键词提取方法 [J]. 计算机科学, 2019, 46 (S1): 142-145.

[96] 徐啸炀, 周胜利, 盛蒙蒙, 等. 基于卷积神经网络模型的诈骗网站识别技术研究 [J]. 现代计算机, 2021, 27 (29): 10-17.

[97] 薛晨兴, 张军, 邢家源. 基于 GoogLeNet Inception-V3 的迁移学习研究 [J]. 无线电工程, 2020, 50 (2): 118-122.

[98] 荀静, 杨玉珍. 基于 TextRank 的文本情感摘要提取方法 [J]. 计

算机应用与软件,2018,35(10):80-84.

[99] 杨鹏,曾朋,赵广振,等.基于 Logistic 回归和 XGBoost 的钓鱼网站检测方法[J].东南大学学报(自然科学版),2019,49(2):207-212.

[100] 叶春明,李志,郑科栋,等.一种基于用户行为状态特征的流量识别方法[J].计算机应用研究,2015,32(2):560-564,578.

[101] 叶洪,段敏."杀猪盘"网络诈骗行为的个案分析与仿真实验研究[J].中国人民公安大学学报(社会科学版),2020,36(5):10-16.

[102] 殷明.电信诈骗案件受害人的实证研究:基于受害人笔录的量化统计分析[J].中国刑警学院学报,2017(3):57-62.

[103] 余志祥.面向打防通讯网络诈骗的运营商大数据分析[D].杭州:浙江工业大学,2017.

[104] 张超.黄金分割点适用与社会治安评估指标体系重构[J].中国人民公安大学学报(社会科学版),2017,33(1):143-149.

[105] 张蕾,张鹏,孙伟,等.面向高速网络流量的恶意镜像网站识别方法[J].通信学报,2019,40(7):87-94.

[106] 张向辉,黄佳庆,吴康恒,等.基于 WebRTC 的实时视音频通信研究综述[J].计算机科学,2015,42(2):1-6,32.

[107] 张新钰,高洪波,赵建辉,等.基于深度学习的自动驾驶技术综述[J].清华大学学报(自然科学版),2018,58(4):438-444.

[108] 张雪,王云峰.网络诈骗中目标网站的调查取证方法研究[J].网络安全技术与应用,2022,261(9):147-149.

[109] 张应立.被害人学视野下电信诈骗犯罪实证研究:以宁波市北仑区为例[J].公安学刊(浙江警察学院学报),2018(1):84-90.

[110] 赵蹲宇,张兆心.基于 URL 文本特征及链接关系的钓鱼网站识别算法[J].高技术通讯,2017,27(8):708-717.

[111] 赵雷,黄雪梅,陈红敏.电信诈骗中青年受骗者的信任形成及其心理:基于9名90后电信诈骗受骗者的质性分析[J].中国青年研究,2020(3):49-54.

[112] 赵联飞. 70 后、80 后、90 后网络参与行为的代际差异 [J]. 中国青年研究, 2019 (2).

[113] 赵泽栋, 谭柱钢, 朱丹. 商业银行智能化反欺诈体系建设浅析 [J]. 中国金融电脑, 2019 (6): 48-51.

[114] 赵志宏, 杨绍普, 马增强. 基于卷积神经网络 LeNet-5 的车牌字符识别研究 [J]. 系统仿真学报, 2010, 22 (3): 638-641.

[115] 郑严进. 从历史中汲取经验探寻未来: 深入学习贯彻党的十九届六中全会精神"十九个深刻理解"全媒体党课特辑 第一课 深刻理解中国共产党是什么、要干什么这个根本问题 [J]. 党课参考, 2021 (Z2): 4-26.

[116] 郑阳. 基于生成式对抗网络的恶意 URL 数据生成与检测 [J]. Computer Science and Application, 2020 (10): 935.

[117] 周传华, 柳智才, 丁敬安, 等. 基于特征选择与集成学习的钓鱼网站检测方法 [J]. 计算机应用研究, 2019 (4).

[118] 周坚, 石永革, 何美斌. 基于 A-D 模型的 K-means 算法在通话异常客户挖掘中的应用 [J]. 电信科学, 2018, 34 (4): 81-89.

[119] 周建青, 龙吟. 赋能路径与模式创新: 网络空间治理的优化逻辑: 基于区块链技术视角 [J]. 中国编辑, 2023 (5): 104-109.

[120] 周琨, 唐竞新. 基于模板匹配的选票图像识别研究 [J]. 清华大学学报 (自然科学版), 2002 (9): 1253-1256.

[121] 周孟辞. "杀猪盘"电信网络诈骗犯罪人与被害人的互动关系研究 [J]. 江西警察学院学报, 2021 (2): 28-33.

[122] 朱艾男. 论电信诈骗犯罪的特点、成因及防控 [J]. 法制与社会, 2020 (6): 78-80.

[123] Alpay Olcay, Çankaya Emel. Performance of prior and weighting bias correction methods for rare event logistic regression under the influence of sampling bias [J]. Communications in Statistics - Simulation and Computation, 2023, 52 (3).

[124] Arzhakov A. V., Troitskiy S. S., Vasilyev N. P., et al. Development and implementation a method of detecting an attacker with use of HTTP network protocol [C]//2017 IEEE Conference of Russian Young Researchers in

Electrical and Electronic Engineering. Piscataway: IEEE Press, 2017: 100 – 104.

[125] Blumer L., Giblin C., Lemermeyer G., et al. Wisdom within: Unlocking the potential of big data for nursing regulators [J]. International Nursing Review, 2017, 64 (1): 77 – 82.

[126] Bolimos I. A., Choo K. K. R. Online fraud offending within an Australian jurisdiction [J]. Journal of Financial Crime, 2017.

[127] Braga A. A., Weisburd D. L. Does hot spots policing have meaningful impacts on crime? Findings from an alternative approach to estimating effect sizes from place-based program evaluations [J]. Journal of Quantitative Criminology, 2020: 1 – 22.

[128] Chen J. "You are in Trouble!": A Discursive Psychological Analysis of Threatening Language in Chinese Cellphone Fraud Interactions [J]. International Journal for the Semiotics of Law – Revue internationale de Sémiotique juridique, 2021, 34 (4): 1065 – 1092.

[129] Chen Q., Zhang W., Yu J., et al. Embedding Complementary Deep Networks for Image Classification [C]//Proceedings of the IEEE Conference on Computer Vision and Pattern Recognition. 2019: 9238 – 9247.

[130] Comfort Anafo & Richmond S. Ngula. On the grammar of scam: transitivity, manipulation and deception in scam emails [J]. WORD, 2020, 66: 1, 16 – 39.

[131] Deep A., Kaur Gill N. Using date in telecommunications: Challenges and solutions [C]. International Multiconference of Engineers and Computers Scientists, Kowloon, PEOPLES R CHINA. 2007.

[132] Devlin J., Chang M. W., Lee K., et al. BERT: Pre-training of deep bidirectional transformers for language understanding [J]. arXiv preprint arXiv: 1810.04805, 2018.

[133] Erfani S. M., Rajasegarar S., Karunasekera S., et al. High-dimensional and large-scale anomaly detection using a linear one-class SVM with deep

learning [J]. Pattern Recognition, 2016, 58: 121 -134.

[134] FANG Y., HUANG C., LIU L., et al. Research on malicious JavaScript detection technology based on LSTM [J]. IEEE Access, 2018, 6: 59118 -59125.

[135] Fu A. Y., Liu W., Deng X. Detecting Phishing Web Pages with Visual Similarity Assessment Based on Earth Mover's Distance (EMD) [J]. IEEE Transactions on Dependable & Secure Computing, 2006, 3 (4): 301 -311.

[136] Haruta S., Asahina H., Sasase I. Visual similarity-based phishing detection scheme using image and CSS with target website finder [C]//GLOBECOM 2017 -2017 IEEE Global Communications Conference. IEEE, 2017: 1 -6.

[137] Hidasi B., Karatzglou A., Baltrnas L., et al. Session-based recommendations with recurrent neural networks [J]. arXiv: 1511.06939, 2015.

[138] Image and Video Processing; Findings on Image and Video Processing Detailed by Investigators at Silesian University of Technology (Secure Ear Biometrics Using Circular Kernel Principal Component Analysis, Chebyshev Transform Hashing and Bose-chaudhuri-hocquenghem…) [J]. Journal of Technology, 2020.

[139] Ionita D., Wieringa R. J., Wolos L., et al. Using value models for business risk analysis in e-service networks [C]//IFIP Working Conference on The Practice of Enterprise Modeling. Springer, Cham, 2015: 239 -253.

[140] Jaiyeola M. O., Oyamakin S. O., Akinyemi J. O., et al. Assessing Infant Mortality in Nigeria Using Artificial Neural Network and Logistic Regression Models [J]. Journal of Advances in Mathematics and Computer Science, 2016.

[141] Jiang J., Chen J., Choo K. K. R., et al. A deep learning based online malicious URL and DNS detection scheme [C]//International Conference on Security and Privacy in Communication Systems. Springer, Cham, 2017: 438 -448.

[142] K. A. De Jong, "An analysis of the behavior of a class of genetic adap-

tive systems," PhD Dissertation, University of Michigan, No. 769381, 1975.

[143] Kang W. C., MCAULEY J. Self-attentive sequential recommendation [C]//2018 IEEE International.

[144] Kim Y. Convolutional neural networks for sentence classification., arXiv [J]. preprint, 2014.

[145] Kirda E., Kruegel C. Protecting users against phishing attacks [J]. The Computer Journal, 2006, 49 (5): 554 - 561.

[146] Lipton Z. C. A critical review of recurrent neural networks for sequence learning [EB/OL]. (2015) [2019]. https://arxiv.org/abs/1506.00019v1.

[147] Liu G., Qiu B., Wenyin L. Automatic detection of phishing target from phishing webpage [C]//2010 20th International Conference on Pattern Recognition. IEEE, 2010: 4153 - 4156.

[148] Liu Y., Ott M., Goyal N., et al. RoBERTa: A robustly optimized BERT pretraining approach [J]. arXiv preprint arXiv: 1907.11692, 2019.

[149] Mihalcea R., Tarau P. Textrank: Bringing order into text [C]// Proceedings of the 2004 conference on empirical methods in natural language processing. 2004: 404 - 411.

[150] Mikolov T., Chen K., Corrado G., et al. Efficient estimation of word representations in vector space [J]. arXiv preprint arXiv: 1301.3781, 2013.

[151] PARK S., KIM M., LEE S. Anomaly detection for HTTP using convolutional autoencoders [J]. IEEE Access, 2018, 6: 70884 - 70901.

[152] PhishTank [EB/OL], Cisco Talos Intelligence Group, 2006.

[153] Pramanik M. I., Lau R. Y. K., Yue W. T., et al. Big data analytics for security and criminal investigations [J]. Wiley Interdisciplinary Reviews: Data Mining and Knowledge Discovery, 2017, 7 (4): e1208.

[154] Raubl R. A., Raoh R. Sawang: Visualizing Criminal Networks of Telephone Records for Tracking Possib Collaborators [C]. International Conference on Computer and Network Technology, Chennai, INDIA. 2010.

[155] Ripa S. P., Islam F., Arifuzzaman M. The emergence threat of phishing attack and the detection techniques using machine learning models [C]// 2021 International Conference on Automation, Control and Mechatronics for Industry 4.0 (ACMI). IEEE, 2021: 1-6.

[156] SchuBERT E., Sander J., Ester M., et al. DBSCAN revisited, revisited: Why and how you should (still) use DBSCAN [J]. ACM Transactions on Database Systems (TODS), 2017, 42 (3): 1-21.

[157] Sun F., Liu J., Wu J., et al. BERT 4Rec: sequential recommendation with bidirectional encoder representations from transformer [C]//Proceeding of the 28th ACM International Conference on Information and Knowledge Management. [S. l.: s. n.], 2019: 1441-1450.

[158] Sun Y., Xue B., Zhang M., et al. Automatically Designing CNN Architectures Using the Genetic Algorithm for Image Classification [J]. IEEE Transactions on Cybernetics, 2020.

[159] Szegedy C., Ioffe S., Vanhoucke V, et al. Inception-v4, Inception-resnet and the impact of residual connections on learning [C]//Proceedings of the AAAI Conference on Artificial Intelligence. 2017, 31 (1).

[160] Tang J., Wang K. Personalized top-n sequential recommendation via convolutional sequence embedding [C]//Proceeding of the Eleventh ACM International Conference on Web Search and Data Mining. [S. l.: s. n.] 2018: 565-573.

[161] Thang T. M., Kim J. The anomaly detection by using DBSCAN clustering with multiple parameters [C]//Proceeding of 2011 International Conference on Information Science and Applications. Piscataway: IEEE Press, 2011: 1-5.

[162] Urueña López, Alberto, Mateo F., Navío-Marco, Julio, et al. Analysis of Computer User Behavior, Security Incidents and Fraud Using Self-Organizing Maps [J]. Computers & Security, 2019, 83 (6): 38-51.

[163] Usman Muhammad, Kuckelkorn Jochen, Kämpfe Alexander, et al. Identification of disinfection by-products (DBP) in thermal water swimming

pools applying non-target screening by LC - /GC - HRMS [J]. Journal of Hazardous Materials, 2023, 449.

[164] Wang B., Sun Y., Xue B., et al. Evolving deep neural networks by multi-objective particle swarm optimization for image classification [C]//Proceedings of the Genetic and Evolutionary Computation Conference. 2019: 490 - 498.

[165] Wang S., Cao L., Wang Y., et al. A survey on session - based recommender systems [J]. ACM Computing Surveys (CSUR), 2021, 54 (7): 1 - 38.

[166] Wang Z., Wei W., Cong G., et al. Global context enhanced graph neural networks for session-based recommendation [C]. Proceedings of the 43rd International ACM SIGIR Conference on Research and Development in Information Retrieval (SIGIR). New York, USA: ACM, 2020: 169 - 178.

[167] Whitty M. T. Is there a scam for everyone? Psychologically profiling cyberscam victims [J]. European Journal on Criminal Policy and Research, 2020, 26 (3): 399 - 409.

[168] Woodbridge J., Anderson H. S., Ahuja A., et al. Predicting domain generation algorithms with long short-term memory networks [J]. arXiv preprint arXiv: 1611.00791, 2016.

[169] Wu X., Cai Y., Li Q., et al. Combining Contextual Information by Self-attention Mechanism in Convolutional Neural Networks for Text Classification [C]//International Conference on Web Information Systems Engineering. Springer, Cham, 2018: 453 - 467.

[170] Xiaomei Gong. Optimization of Enterprise Performance Management System based on Balanced Score Card Model [C]//. Proceedings of the First International Symposium on Economics, Management, and Sustainable Development (EMSD 2019). Clausius Scientific Press, 2019: 201 - 205.

[171] Xu J., Jiang H. An improved information gain feature selection algorithm for SVM text classifier [C]//2015 International Conference on Cyber - Ena-

bled Distributed Computing and Knowledge Discovery. IEEE, 2015: 273 – 276.

[172] Xu Z. RoBERTa a-wwm-ext Fine – Tuning for Chinese Text Classification [J]. arXiv preprint arXiv: 2103. 00492, 2021.

[173] Yang W., Zuo W., CUI B. Detecting malicious URLS via a keyword-based convolutional gated-recurrent-unit neural network [J]. IEEE Access, 2019, 7: 29891 – 29900.

[174] Yu Y., Liu G., YAN H., et al. Attention-based Bi – LSTM model for anomalous HTTP traffic detection [C]//Proceeding of 2018 15th International Conference on Service Systems and Service Management. Piscataway: IEEE Press, 2018: 1 – 6.

[175] Zang X. D., Gong J., HU X. Y. Detecting malicious domain names based on AGD [J]. Journal on Communications, 2018, 39 (7): 15 – 25.

[176] Zhang M., Han G., Long W., et al. A new fraudulent website detection technology based on transfer learning [C]//2022 IEEE 5th International Conference on Automation, Electronics and Electrical Engineering (AUTEEE). IEEE, 2022: 902 – 906.

[177] Zhang M., Lu S., Xu B. An anomaly detection method based on multi-models to detect Web attacks [C]//Proceeding of 2017 10th International Symposium on Computational Intelligence and Design. Piscataway: IEEE Press, 2017 (2): 404 – 409.

[178] Zhang X., Zeng Y., Jin X. B., et al. Boosting the phishing detection performance by semantic analysis [C]//2017 ieee international conference on big data (big data). IEEE, 2017: 1063 – 1070.

[179] Zhao F., Shi Y., Yao K. Challenges and Countermeasures of China's Cyberspace Governance in the New Era [J]. SHS Web of Conferences, 2021, 96.

[180] Zhou S. L., Wang X., Yang Z. R. Monitoring and early warning of new cyber-telecom crime platform based on BERT migration learning [J]. China Communications, 2020, 17 (3): 140 – 148.

[181] Zolotukhin M., Hämälälnen T., Kokkonen T., et al. Analysis of http requests for anomaly detection of Web attacks [C]//Proceeding of 2014 IEEE 12th International Conference on Dependable, Autonomic and Secure Computing. Piscataway: IEEE Press, 2014: 406-411.